湖北省社会科学基金项目（2012049）资助

网络师生互动的心理学研究

张艳红　著

Wangluo Shisheng

Hudong De

Xinlixue Yanjiu

中国社会科学出版社

图书在版编目（CIP）数据

网络师生互动的心理学研究/张艳红著 . —北京：中国社会科学
出版社，2018.2
ISBN 978 - 7 - 5203 - 1702 - 3

Ⅰ.①网… Ⅱ.①张… Ⅲ.①网络教育—教育心理学—
研究 Ⅳ.①G44

中国版本图书馆 CIP 数据核字（2017）第 314223 号

出 版 人 赵剑英
选题策划 罗 莉
责任编辑 刘 艳
责任校对 陈 晨
责任印制 戴 宽

出 版 中国社会科学出版社
社 址 北京鼓楼西大街甲 158 号
邮 编 100720
网 址 http://www.csspw.cn
发 行 部 010 - 84083685
门 市 部 010 - 84029450
经 销 新华书店及其他书店

印 刷 北京明恒达印务有限公司
装 订 廊坊市广阳区广增装订厂
版 次 2018 年 2 月第 1 版
印 次 2018 年 2 月第 1 次印刷

开 本 710×1000 1/16
印 张 20
插 页 2
字 数 301 千字
定 价 89.00 元

目　　录

序

互联网和信息技术的飞速发展，使我们处在一个全新的网络时代。网络与信息技术的不断革新及在教育中的应用，改变着教育教学方式，推动着教育的现代化。《国家中长期教育改革和发展规划纲要（2010—2020年）》指出要加快教育信息化进程，越来越多的学校正在建设成为数字校园、信息校园。教育部颁发的《基础教育课程改革纲要》（试行）也明确指出，大力推进信息技术在教学过程中的普遍应用，促进信息技术与学科课程的整合，逐步实现教学内容的呈现方式、学生的学习方式、教师的教学方式和师生互动方式的变革。

在教育信息化、校园数字化背景下，网络互动作为一种全新的互动模式已为越来越多的师生所接受、所应用，并与课堂互动互为补充，共同构成了当前师生交流、交往的重要模式，良好的网络师生互动成为构建师生和谐关系的有效途径。因此，网络师生互动成为学者们探讨的热点问题。

网络师生互动作为一种新型的互动模式，有许多课题值得研究、探讨。事实上，有不少学者从教育学、社会学、计算机学科、传播学等视角出发对网络师生互动进行了分析，取得了很多研究成果。张艳红博士的这本《网络师生互动的心理学研究》，是以她的博士学位论文为主体内容，经过进一步研究和拓展而完成的著作，是从心理学视角探讨网络师生互动的前沿成果。

本书主要按照"描述—解释—预测—促进"的主线，在文献梳理与理论探讨的基础上，采用多种研究方法对网络师生互动进行了定量与定性相结合、微观与宏观相结合的考察，主要回答了网络环境下的中学师生互动在内容上具有什么样的特征？师生交流的消息反映出什么样的行为模式？师生互动所形成的网络具有怎样的结构模式？学生对网络师生互动持有什么样的态度？如何测量网络师生互动的现状？哪些学生变量可以预测师生之间的网络互动，以及教师如何更好地促进师生互动等问题。

通过呈现的网络师生互动的研究内容，我们会看到本书有这样一些特点：其一，研究方法多样化，个案研究、实验研究、调查研究等研究方法互为补充。在个案研究中，采用社会网络分析方法宏观呈现网络结构模式；采用内容分析方法微观探讨了师生互动的内容质量；采用滞后序列分析方法动态呈现网络互动的行为趋势。其二，以中学师生为研究对象。以往网络互动研究多以大学生或远程教育学习者为研究对象，本书的研究对象既包括中学师生，也包括高校师生，扩展了网络师生互动的研究群体。其三，分析技术有创新，体现了信息技术的应用。基于已有网络互动的特点以及"消息树"的理念，作者提出了"父消息"的概念并自主设计开发消息树构造、LSA 和关系网数据构建算法的软件 Msgsa。其四，研究内容比较系统和丰富。本书不仅采用个案研究对网络师生互动的特点、模式进行了纵深考察，还探讨了影响网络师生互动的学生和教师因素，丰富了师生互动的心理学研究。可以说，本书在网络师生互动领域中做出的心理学探讨不仅从理论上丰富与完善了师生互动相关研究，而且在教育实践中也为广大师生提供了促进师生互动的策略与建议，也为后期学者的深入研究提供了借鉴与参照。

张艳红博士是一位勤于学习、善于思考的大学青年教师，对于心理学教学充满热爱，对于心理学研究充满激情。这本书是她从心理学视野对网络师生互动进行的初步却是较为系统深入的研究成果，通过这一成果我们可以感知到这位青年心理学人的研究目标、思考方法和策略。当然，本书也有不足的地方，例如，无论是从研究群体的广泛性还是代表性上，对网络师生互动的调查可以更加广泛，对网络师生互动的实验研究还可以做到动态化等。作为她的指导老师，我对于这本书的出版感到由衷高兴。"长风破浪会有时,直挂云帆济沧海"。我期待她在今后为推动我国的教育信息化实践与促进师生有效互动做出更多更有益的心理学探索。

佐斌于华中师范大学

2016 年 12 月

前　言

当学生有情感困惑时，往往羞于向老师启齿；在家里学习有疑问时，又不便向老师请教；在当前中国教育的大班体制下，学生人数众多，传统的课堂互动因为时间的限制，终不能进行深入的点对点互动；私密性话题在面对面交流中难以开展；高校规模不断扩大的同时，老师穿梭于各个校区，上课才来，下课即走，出现了学生难以与老师深入交流的尴尬局面，诸如此类情况，在当今的教育实践中非常普遍。传统的师生互动模式促进了老师与学生之间的交流与交往，然而也存在以上种种遗憾。

幸好，我们赶上了一个教育发展的大好时代；我们赶上了互联网迅猛发展的数字时代；我们赶上了信息技术不断进步的科技时代。

"老师，论文已经发到您的邮箱了，请查收并指正哦。"

"老师，您的微博真的太给力了，不仅有正能量，而且还有大智慧啊！"

"老师，最近发生了一些事情，让我心情很郁闷，想找您当面聊聊，却又不好意思。我就在这里给您留言了……"

"同学们，我们制作了一些微课程，大家如果课堂上没听明白，可以点击微课程进行复习，并欢迎大家在网上即时提问。"

……

如今，这些交流就发生在我们师生的日常互动之间。"创客""微课""英语流利说"等一系列"互联网＋"背景下的教育新形式的相继涌现，让人不得不感慨"互联网＋"时代真的到来了。在我们的教育实践中已经离不开信息技术，它让我们的教育教学变得更高效、更有趣、更开放。"新潮教师如今受追捧，擅用网络平台加强师生互动""华中师大教师研发课堂'微助教'促互动""西安电子科技大学师生巧用网络媒体互动沟通""网络和 QQ 成师生互动新平台"等新闻频繁出现，武汉某高校甚至要求 45 岁以下教师必须开微博以加强师生交流。我们欣喜地发现，随着信息技术的发展、"互联网 +"时代的到来，教育迎来了开创师生互动新局面的契机。许多社交媒介比如 QQ、微信、微博、电子邮件，甚至是专门开发的师生互动系统与软件都为网络背景下师生互动提供了技术支撑，使得网络师生互动现象越来越普遍。教师可以便捷地利用这些媒介进行答疑解惑、交心谈心。学生通过网络与教师交流也可以克服面对面交流时的羞涩与时间限制的不便。

那么，在网络的背景下老师如何与学生进行互动呢？这样互动的知识建构体系如何？它们呈现出什么样的特点？具有什么样的互动模式？当今网络师生互动的现状如何？学生在哪些情况下更愿意与老师交往？教师作为学生成长过程中的引路人，怎样利用恰当的方式对学生进行教育与引领，真正做到教育"随风潜入夜，润物细无声"？

互动也叫相互作用，在教育学和心理学中大多是指人与人或群体之间发生的相互影响。网络师生互动是以计算机和互联网为媒介，采用文本、语音或视频等方式进行的教师和学生之间的人际交流。这种交流既可以发生在师生群体之间，也可以发生在师生个体之间；它既包括在线同步交流，也包括线下异步交流；既可以发生教学情境中，也可以发生在教学情境之外；交流的内容既有教师对学生的知识传递、方法辅导、人格培养、情感教育或解疑答惑，也有学生向教师提出的问题、困惑或者观点，还有师生之间的信息或情感分享以及师生共同的知识构建等。

对于这样一个涵盖面很广的研究主题，教育学、社会学、传播学、管理学等不同学科的研究者对网络互动进行了探索。网络最本质的特征是交互，它在教育领域促进师生互动上的巨大潜力还有待大力挖掘。笔者试图从心理学的视角来一探网络背景下师生互动的特征与缘由。

本书的主要内容包括：核心概念界定；网络师生互动研究的理论基础；网络师生互动的个案研究；网络师生互动影响因素的实验研究；高校网络师生互动的实证研究；网络师生互动研究的结论及对教育的启示六个章节。

在第一章核心概念界定部分中，作者比较了互动、师生互动、网络互动、网络师生互动这几个核心概念，并尝试从心理学的角度对网络师生互动进行了界定。

第二章基础理论部分首先从相关理论出发，对教师角色研究、网络师生互动测量、网络师生互动的影响因素等研究现状进行了分析，并总结了以往研究存在的问题。

在第三章网络师生互动的个案研究板块中，选取国家信息化教育的典型学校——上海市闵行二中，采集来自闵行二中专门开发的"师生互动家园"系统的数据，采用内容分析法、滞后序列分析法、社会网络分析法对该校的网络师生互动进行深入研究。利用 E-Prime、Msgsa（自主开发）、Pajek、SPSS 等工具进行实验编程、数据处理和统计分析。首先，改进 Gunawardena 编码系统，对师生互动消息进行编码，采用内容分析法，从微观的角度对中学网络师生互动的内容和深度特征进行分析与描述；在此基础上，提出"消息树"概念，构造网络师生互动的"发帖—回帖—再发帖"消息链，采用滞后序列分析法，计算消息转移频数矩阵、条件概率矩阵、频数期望矩阵和 Z 分数矩阵，探究网络师生互动的行为模式；然后，采用社会网络分析法，计算互动网络的基本属性，绘制互动网络社群图，分析网络的中心性和等级性，从宏观上对网络师生互动的结构模式进行描述和解释。结果表明：（1）上海闵行二中的"德育讨论区"和"学科交流区"中的知识建构都以信息分享和比较为主，但在知识建构深度阶段的分布上具有各自鲜明的特征。师生在"德育讨论区"互动过程中知识建构的深度有待加强，同时还表现出了师生情感支持的特点。和"德育讨论区"相较而言，师生在"学科交流区"互动过程中知识建构的水平更高。（2）该中学网络师生互动的行为模式主要以连续迁移型为主。"德育讨论区"中的师生互动行为模式包括连续迁移型、知识人际互迁型和知识情感互迁型。"学科交流区"中的师生互动行为模式包括连续迁移型、知识正向跃迁型、知识负向跃迁型以及人际情感互迁型。知识正向序列能够促进知识互动质量的提高。（3）该中学师生互动网络的结构呈现出复杂多样化的网状模式。大部分的网络结构具有多个中心，并往往以这些中心形成若干小的群体，中心由不同类型的节点构成，且根据中心组成的不同情况，师生互动的网络结构可细分为教师中心网状模式、学生中心网状模式、师生共同中心网状模式；不同类型节点的参与程度存在明显差异；网络中心节点显示出明显的等级性，教师的声望总体上高于学生的声望，核心节点学生的声望高于普通学生的声望。

第四章网络师生互动影响因素的实验研究主要从学生因素与教师因素两个方面展开。学生因素主要采用问卷调查法和模拟情境实验法，就互动情境、学生人格特质、学生情绪状态以及不同效价的情感事件对网络师生互动的影响进行探讨。结果发现：互动情境、不同效价的情感事件对学生与教师进行网络互动的意愿程度有着显著影响。和学习情境比较，学生更愿意在社会情境中与教师进行网络互动。消极情感事件和积极情感事件相比，学生更愿意就消极事件与教师进行网络互动。互动情境和人格特质共同影响学生与教师进行网络互动的意愿程度，内向型的学生更愿意在社会情境中与教师进行网络互动，而外向型的学生更愿意在学习情境中与教师进行网络互动。情感事件和情绪状态共同影响学生与教师进行网络互动的意愿程度，在消极的情绪状态下，学生更愿意就消极情感事件与教师进行网络互动，在积极的情绪状态下，学生没有出现这种选择效应。教师因素主要采用实验法探究教师自我表露、交流风格和交流情境对网络师生互动的影响。结果发现：教师在网络中进行高水平的自我表露、采取文本和表情图标相结合的交流方式、以社会情感为交流情境都是促进学生与教师网络交流的策略。同时，教师的自我表露对学生互动意愿程度的影响与交流风格对学生互动意愿程度的影响都要受到交流情境的制约，教师在社会情感情境中进行高水平的自我表露以及教师在社会情感情境中采用文本和表情图标相结合的交流方式均更能促进学生与教师进行网络互动的意愿程度。最后，基于网络师生互动的心理学实证研究结果，本书对当前信息化教育实践提出了针对性的启示与建议。

第五章高校网络师生互动的实证研究主要从问卷编制及应用、特征分析以及考察学生对网络师生互动的内隐态度这三个方面入手。问卷编制结果表明自编的《高校师生网络互动问卷》（学生版）包括四个维度，情感依赖性、行为主动性、内容分享性、互动有用性。其中情感依赖性的方差解释量最大。自编的《高校师生网络互动问卷》（学生版）信度和效度良好，符合心理测量学的技术要求，作为进一步研究的工具时需要进一步地修订与完善。高校师生间网络互动使用网络工具，依其频繁程度依次为QQ、空间及博客、E-mail、微博、微信、BBS。师生网络互动问卷施测结果发现，男生和女生的情感依赖性、行为主动性、内容分享性、互动有用性差异均不显著；不同专业之间的差异不显著；不同年级在情感依赖性、行为主动性、内容分享性三个维度上的差异也不显著，但在互动有用性上，不同年级之间的差异显著，在该维度上，大四学生的得分最高，大三学生得分最低。基于社会网络分析的网络师生互动研究以及大学生对网络师生互动的内隐态度研究。基于社会网络分析的网络师生互动数据采集自高校某个班级QQ群，结果发现该群中大部分学生和老师有直接联系，但仍接近一半的学生未与老师互动，形成的关系网络密度较低，属于稀疏型，表明师生之间联系不太紧密。老师在群互动入度高，但出度较低，说明老师在互动中较受欢迎，声望较高，但并没有成为学生的意见领袖。内隐态度研究发现大学生对网络师生互动态度的内隐效应显著，大学生对网络师生互动的内隐态度是积极的，男女大学生在对网络师生互动的内隐态度上不存在显著差异。

第六章的内容主要包括网络师生互动的研究结论、对当前信息化教育实践与理论研究的启示和建议以及对未来理论研究的展望。

随着网络通信技术渗透到教育教学中，异地同步或异步师生互动成为可能，传统班级授课教学模式受到了一定程度的冲击，传统的师生互动也正发生着变革。网络师生互动的本质与特征不是课堂师生互动本质与特征的替代品，两者之间呈现出互补而非割裂的关系。在建设数字化校园、智慧型校园的 21 世纪，网络师生互动的内涵不断深化，外延不断拓展。希望网络师生互动的心理学研究能为推动教育信息化实践与构建和谐师生关系尽一分绵薄之力。最后，由于作者的水平有限，恳请广大读者就拙作提出宝贵意见！

张艳红

2016 年 12 月

绪　　论

网络从开始应用于社会到逐渐普及，无不显示出其强大的"爆发力"。2016 年第 38 次中国互联网络发展状况统计报告显示，截至 2016 年 6 月，我国网民规模达到 7.10 亿人，半年共计新增网民 2132 万人，半年增长率为 3.1%。互联网普及率为 51.7%，较 2015 年年底提升 1.3 个百分点。在经济发达的大城市，互联网使用者低龄化发展趋势更加明显，小学高年级学生以及中学生已经成为互联网使用的重要群体。①

网络在迅猛发展的过程中，又显示出其广泛的"影响力"。它正以惊人的速度改变着人们的生存方式、学习方式、交流方式以及认识世界的方式，将人类带入了全球化的网络时代。② 网络以其超强的渗透力影响了社会生活的方方面面，对教育也产生了深远的影响，教育环境也已经从传统的课堂环境扩展到了新的数字环境。过去，只有少数教师熟悉因特网，而现在，几乎所有的教师都使用邮件、网络社交媒介以及其他网络资源。同时，程建伟等在对 1277 名深圳市中小学生网络使用状况的调查中，发现 96.1% 的家庭拥有电脑，80.6% 的孩子在家中可以方便地上网，且 89% 的中小学生主要在家中上网。毫无疑问，网络逐渐成为学校教育、师生交流和家校联系非常重要的媒介。

---

① 程建伟、刘华山、黄国辉：《中小学生互联网使用状况调查与对策研究》，《中国教育信息化》2010 年第 10 期。

② 黄华新、徐慈华：《符号学视野中的网络互动》，《自然辩证法研究》2003 年第 1 期。

　　教育部颁发的《基础教育课程改革纲要》（试行）中明确指出，大力推进信息技术在教学过程中的普遍应用，促进信息技术与学科课程的整合，逐步实现教学内容的呈现方式、学生的学习方式、教师的教学方式和师生互动方式的变革。《国家中长期教育改革和发展规划纲要（2010—2020年）》中也强调加快教育信息化进程，把教育信息化纳入国家信息化发展整体战略。随着计算机的普及和网络技术的发展，国家对教育信息化的日益重视，学校硬件设施的日趋改良，网络已经从当初的"奢侈品"成为一个现今的日常性资源。越来越多的学校借助于网络这一媒介来加强教学和促进师生之间的互动。互动是教育教学中的重要元素，是预测网络教育情境中良好学习效果的有效指标之一。无论在面对面的环境中，还是在网络环境中，互动都是有意义的学习中不可或缺的要素。

　　在各种类型的互动中，师生互动成为教育领域，特别是网络教育的研究焦点之一。建立积极、适宜、和谐的师生互动更是我国教育改革在21世纪的重要任务。[①] 教育信息化的逐步发展，使得网络教育、远程教育走在了前列。在基础教育新课程改革的过程中，紧随而至的信息技术与课程整合也发展迅速，研究者对网络环境下的师生互动日益重视。网络在教育上的广泛应用改变了以往师生交往以及教与学的特点，使得传统的师生互动发生着深刻的变化，表现出不同的特点和模式。网络最本质的特征是交互，它在教育领域促进师生互动上的巨大潜力还有待我们去大力挖掘。

---

① 叶子、庞丽娟：《师生互动的本质与特征》，《教育研究》2001年第4期。

第一章　核心概念界定

第一节　网络互动的心理学解读

一　互动的心理学含义

互动一直是教育情境和过程中的典型要素和关键要素。在英语中，经常以"Interaction""Communication"或"Interplay"表示。最早对"互动"这一概念进行解释的是米德，他在"符号互动"思想中提出，互动是一种"基于符号和语言的相互作用过程"①。西方学者赖斯（Reis）与韦勒（Wheeler）认为互动是指"两个或两个以上的人们之间的行为互相影响的过程"②。瓦格纳（Wagner）将互动界定为"一种至少需要两个目标和两个行为的互惠活动，当这些目标和活动互相影响时，互动才会发生"③。麦克伊萨克（McIsaac）等主张互动就是某一特定环境下两个或两个以上的行动者之间相互作用的过程。④

在中文词源上，互动的主要释义为相互作用、相互影响，强调人际间相互作用和相互影响的方式和过程，也强调了一种人与人之间的

---

① ［美］乔治·H. 米德：《心灵·自我与社会》，赵月瑟译，转引自佐斌《师生互动论：课堂师生互动的心理学研究》，华中师范大学出版社 2002 年版，第 73 页。

② Reis, H. T., and Wheeler, L., "Studying social interaction with the Rochester interaction record", *Advances in Experimental Social Psychology*. San Diego：Academic Press, 1991.

③ Wagner, E. D., "In support of a functional definition of interaction", *The American Journal of Distance Education*, Vol. 8, No. 2, 1994.

④ Vrasideas, C., and McIsaac, M. S., "Factors Influencing Interaction in an Online Course", *The American Journal of Distance Education*, Vol. 13, No. 3, 1999.

相互关系。① 周晓虹认为，"当个体把行动指向他人，和他人发生关系时，这种行动就是社会行动，此相互的社会行动即互动"②。佐斌认为，互动指相互作用或相互影响，存在于物与物之间、人与人之间、人与物（环境）之间。心理学关注的是人与人之间的互动（人际互动）和人与环境的互动。③

二　网络互动的心理学含义

目前，关于网络互动的定义还没有一个统一的界定，不同的学者从不同的角度对网络互动进行了描述与解释。

互联网络空间是一种人类心理过程与心理社会性发展的新型空间，发生在互联网空间内的"以计算机为中介的人际沟通"（Computer-Mediated Communication，CMC）是一种全新的沟通方式，它不同于传统的"面对面的人际沟通"（Face to Face Communication，FTF）。④在网络互动研究中，也有用"计算机媒介沟通（CMC）"、"计算机媒介互动"（Computer-Mediated Interaction）、"网络社会交互"（Social Interaction on the Internet）、"互联网交流"（Internet Communication）、网络交往等来表示网络交流或互动。

詹尼森（Jenison）等认为网络互动是现实互动在虚拟空间的一种延伸。与现实互动比较而言，在网络互动中，个体更关注私下的自我意识。⑤ 在教育情境中，穆尔（Moore）基于交流框架，提出远程教育中的三种重要形式：师生交互、生生交互和学生与学习资源

① 杨刚、徐晓东、谢海波：《从课堂到网络：多学科视角下师生互动透视》，《远程教育杂志》2010 年第 6 期。

② 周晓虹：《现代社会心理学》，江苏人民出版社 1991 年版，第 330 页（http://max. book118. com/html/2015/0810/23041812. shtm）。

③ 佐斌：《师生互动论：课堂师生互动的心理学研究》，华中师范大学出版社 2002 年版，第 74 页。

④ 李宏利、雷雳：《计算机为中介的人际沟通研究进展》，《首都师范大学学报》（社会科学版）2003 年第 4 期。

⑤ Zahoric, P., and Jenison, R., "Presence as being in the world", *Presence-Teleoperators and Virtual Environments*, No. 7, 1998.

交互。① 瓦格纳（Wagner）认为网络互动是相互作用的活动，每个活动中至少包括两个目标和两个行为。当这些目标和行为之间相互影响、相互作用时，互动才会发生。希尔曼（Hillman）、威利斯（Willis）和古纳瓦德纳（Gunawardena）认为所有的互动是通过媒介来进行的②。综合已有定义，缪尔黑德（Muirhead）等将网络互动描述为两个或更多人与目标之间同步或异步发生的对话或事件，它受到对方反应或反馈的调节，并以技术作为交互的界面。③

在国内研究中，孟威从传播学角度，提出"网络互动是指处在信息传递两端的行为主体（个人或组织）借助于网络符号及其意义实现的相互联系、相互影响、相互作用的动态信息交流过程和方式"④。祝建华从社会学角度，将网络互动界定为信息化网络社会，即人与人之间以计算机为载体，借助虚拟空间相互作用的网上交往行为与方式。⑤ 谢宝婷也从社会学角度提出，网络互动是指在网络社区中网络个体及网络群体之间的人格交互、社会行为和社会关系。⑥ 从心理学角度来看，网络互动侧重于从人的情感与心理活动交流方面去理解，又称为网络沟通。它是指人们使用文本化的信息及副语言（Paralinguistic）通过互联网进行的一种人际沟通方式。⑦

---

① Moore，M. G.，"Three types of interaction"，*The American Journal of Distance Education*，Vol. 3，No. 2，1989.

② Hillman，D. C.，Willis，D. J.，and Gunawardena，C. N.，"Learner interface interaction in distance education. An extension of contemporary models and strategies for practitioners"，*The American Journal of Distance Education*，Vol. 8，No. 2，1994.

③ Muirhead，B.，and Juwah，C.，"Interactivity in computer-mediated college and university education: A recent review of the literature"，*Educational Technology & Society*，Vol. 7，No. 1，2004.

④ 孟威：《网络互动：意义诠释与规则探讨》，博士学位论文，中国社会科学院，2002 年，第 12 页。

⑤ 祝建华：《网际互动对大学生社会化的影响分析》，《杭州师范学院学报》（人文社会科学版）2001 年第 5 期。

⑥ 谢宝婷：《浅析网络互动内涵》，《社会》2002 年第 7 期。

⑦ 李宏利、雷雳：《计算机为中介的人际沟通研究进展》，《首都师范大学学报》（社会科学版）2003 年第 4 期。

第二节　师生互动的心理学解读

一　师生互动的心理学含义

关于师生互动的界定，学者从社会学、教育学、心理学等不同角度对师生互动进行了阐释。马维娜和陈振中均从社会学的角度对师生互动进行了分析。马维娜从师生的角色分析入手，指出"互动是角色的互动，角色是通过互动表现出来的"[①]。陈振中直接指出师生互动的研究对象是师生角色互动。[②] 袁维新从教育学的角度提出，师生互动是"教师和学生之间的一切相互作用和相互影响"[③]。叶子和庞丽娟认为，"作为一种特殊的人际互动，师生互动是指在师生之间发生的各种形式、性质和各种程度的相互作用和影响"[④]。王芳认为，"师生互动是指在教育教学过程中教师和学生之间的一切交互作用和影响。而且这种交互作用既可以发生在有组织的教学活动中，也可以发生在非正式的课外活动中；其内容既有教师对学生的知识传递、情感教育、行为指导、生活能力培养等，也有学生向教师的提问或阐述观点等"[⑤]。刘尧和戴海燕从师生互动的本质上，提出"师生互动是教师与学生由于教与学的关系所形成的一切相互影响和作用"[⑥]。李虹从社会心理学的角度对互动进行了阐释，他认为"社会互动指在共同的活动背景中人们在心理与行为上的相互影响、依赖、作用和制约。在现代社会心理学的语境中，社会互动是作为人的社会行为的主要表现形式而加以阐释的"[⑦]。佐斌认为"师生互动具有广义与狭义两个层次上的

①　马维娜：《大学师生互动结构类型的社会学分析》，《教学研究》1999 年第 3 期。
②　陈振中：《重新审视师生冲突——一种社会学分析》，《教育评论》2000 年第 2 期。
③　袁维新：《论教学过程中的师生互动》，《教育理论与实践》2002 年第 22 期。
④　叶子、庞丽娟：《师生互动的本质与特征》，《教育研究》2001 年第 4 期。
⑤　王芳：《小学师生互动的差异性研究》，硕士学位论文，安徽师范大学，2003 年，第 4 页。
⑥　刘尧、戴海燕：《课堂师生互动研究述评》，《教育科学研究》2010 年第 6 期。
⑦　李虹：《课堂师生互动模式及其社会心理学分析》，《齐齐哈尔大学学报》（哲学社会科学版）1998 年第 6 期。

理解。广义是指教师和学生之间的一切相互作用和影响"。无论这种影响是发生在师生群体还是师生个体之间，无论它是发生在教学情境之中还是教育情境之外。狭义的师生互动是指"在教育教学情境中教师个体与学生个体或群体之间在活动中的相互作用和影响"①。

从以上界定我们看出，社会学角度强调角色的互动，教育学强调师生相互之间的行为过程，心理学强调师生在心理与行为上的相互影响和作用。

二 师生互动的类型与模式

师生互动类型反映了师生间互动的总体特征，已有研究从不同角度对师生互动进行了类型划分。国外学者主要根据以下标准对师生互动类型进行划分：一是根据师生互动中的主体地位来划分，以艾雪黎（B. J. Assley）等人为代表人物。他们依据社会学家帕森斯的社会体系的观点，把师生互动分为教师中心式、学生中心式与知识中心式三种。二是根据师生行为来划分，以利比特（R. Lippitt）、怀特（G. White）和弗兰德斯（N. A. Flanders）为代表人物。利比特与怀特等人把教师在课堂上的领导行为分为权威式、民主式和放任式三种，由此形成了教师命令式、民主协商式和师生互不干涉式师生互动类型。弗兰德斯的"课堂社会互动模型"把师生的行为概括为 10 类，其中教师 7 类，分别为接纳学生感受、表扬、延伸学生想法、提问、发出命令、讲解、批评与维持纪律；学生有两类，即回答问题、主动提问；最后一类为师生共有的，即沉默。三是根据师生之间的不同情感和态度以及教师的行为作风来划分，以勒温（K. Lewin）为代表人物。他把师生互动分为三种类型，即专制型、放任型和民主型。② 也有学者依据师生互动的内部因素进行分类，如皮安塔（Pianta）根据亲密、依赖和矛盾三个维度，将师生互动分为积极参与型、正常型、依赖

---

① 佐斌：《师生互动论：课堂师生互动的心理学研究》，华中师范大学出版社 2002 年版，第 76 页。

② 傅维利、张恬恬：《关于师生互动类型划分的研究》，《教育理论与实践》2007 年第 3 期。

型、依赖—矛盾型、互不参与型和不良型 6 种。前两种为积极互动，后四种为困难或消极互动，需要予以矫正。[1] 利恩奇（Lynch）等人从儿童心理接近渴求程度和情感质量这两个维度，将师生互动划分为理想型、一般型、不参与型、矛盾型和消极型 5 类。前两种为积极、安全的师生互动，后三种则为消极、不安全的师生互动。[2] 豪威斯（Howes）等人从情感的安全性、依赖性和社会性指导等角度将师生互动划分为三种，即安全型、躲避型和矛盾型。[3]

国内学者对师生互动类型进行划分的标准有：一是根据教师行为对象来划分，如吴康宁等学者认为，课堂教学中的师生互动行为种类众多，根据教师行为对象划分可分为师个互动、师组互动和师班互动三种类型。[4] 如李宁玉也将师生互动类型划分为师个互动与师群互动，但他又以师生互动中教师的期待与角色为标准，将师个互动与师群互动进行了细分：其中师个互动又分为公务型互动和人际型互动，师群互动又分为谋同型互动和求助型互动。[5] 二是根据师生行为属性来划分，如吴康宁将师生互动分为控制—服从型、控制—反控制型和相互磋商型。三是根据师生互动的方式来划分。如有学者将师生互动分为强硬专断型、仁慈专断型、放任自流型和民主型师生互动四类，其中又将强硬专断型和仁慈专断型归结为"教师中心"的师生互动，将放任自流型归结为"学生中心"的师生互动，并且提倡民主型的师生互动。[6]

傅维利、张恬恬为了改进师生互动类型划分在探讨学生的情感、人格、道德和社会性发展方面的不足，提出了以师生互动中表现出权

---

① Robert C. Pianta, "Patters of relationships between children and kindergarten teachers", *Journal of School Psychology*, Vol. 32, No. 1, 1994.

② Michael Lynch, Dante Cicchetti, "Children's relationships with adults and peers: An examination of elementary and junior high school students", *Journal of School Psychology*, Vol. 35, No. 1, 1997.

③ Carollee Howes, Claire E. Hamilton, Leslie C. Philiosen, "Stability and continuity of child-caregiver and child-peer relationships", *Child Development*, Vol. 69, 1998.

④ 吴康宁：《教育社会学》，人民教育出版社 1998 年版，第 289—299 页。

⑤ 傅维利、张恬恬：《关于师生互动类型划分的研究》，《教育理论与实践》2007 年第 3 期。

⑥ 郑金洲：《教育通论》，华东师范大学出版社 2000 年版，第 342—343 页。

威主导地位和转移特征为主要判别标准的新的分类方式。他们认为，因受多种复杂因素的影响，互动经常表现出权威的特征，即教师或学生中的一个方面决定或控制着互动的目标、内容、方式和进程。那么根据权威的主导地位这一分类标准，可以将师生互动类型划分为师权型师生互动、生权型师生互动和平等型师生互动三种基本类型。师权型师生互动的主要特点是：教师在师生互动中表现出高度的权威性，始终把握着师生互动过程中的主动权，决定着师生交往的目的、内容、方式和时间；而学生处于被动的地位，扮演着服从和依赖的角色。"命令"是师权型师生互动类型的核心话语方式。生权型师生互动的特点是：学生把握师生互动过程中的主动权，学生自主决定师生互动的目的、方式与内容、时间。"要求"是生权型师生互动类型的核心话语方式。平等型师生互动的特点是：教师与学生对相互间的平等关系都有清晰的认同，教师与学生相互尊重。教师不依赖自己的优势地位武断地决定事务，而是依靠自己的人格与道德的魅力以及深厚的知识底蕴和处理事务的公正性和恰适性来赢得学生的信服与尊敬；学生也不凭借着人多势众来要挟教师做出符合自己意愿的决定。教师与学生主要采取协商、讨论的方式决定师生共同关心的问题。"协商""民主"是平等型师生互动类型的核心话语方式。①

第三节　网络师生互动的心理学解读

一　网络师生互动的心理学含义

杨刚和徐晓东认为，网络师生互动相对于课堂师生互动而言，是"以一种抽象的数字化图文符号为网络交流中介，师生在一定规则、策略和反馈的机制下共同构筑和谐的人与人之间关系的社会实践活动"②。之后，杨刚等又从多个角度对网络师生互动的内涵进行了剖析。他们

---

① 傅维利、张恬恬：《关于师生互动类型划分的研究》，《教育理论与实践》2007年第3期。
② 杨刚、徐晓东：《远程教育中网络师生互动的本质与特征》，《中国电化教育》2009年第12期。

认为，从教育学视角来看，网络师生互动是教与学过程中的一种人际交往，具有教育性；从社会学视角来看，网络师生互动是以数字化符号为中介的"人—人"关系；从计算机科学视角来看，网络师生互动是一种觉知与协调过程；从心理学视角来看，网络师生互动是心理情感距离的接近方式。[①]

综合起来，本研究将"网络师生互动"界定为以计算机和互联网为媒介，采用文本、语音或视频等方式进行的教师和学生之间的人际交流。这种交流既可以发生在师生群体之间，也可以发生在师生个体之间；它既包括在线同步交流，也包括线下异步交流；既可以发生教学情境中，也可以发生在教学情境之外；交流的内容既有教师对学生的知识传递、方法辅导、人格培养、情感教育或答疑解惑，也有学生向教师提出的问题、困惑或者观点，还有师生之间的信息或情感分享以及师生共同的知识构建等。

二　网络师生互动的形式

随着互联网和信息技术的不断发展，网络互动的形式越来越多样化，互动的内容越来越丰富，交流也越来越便利。在形式上，网络媒介中有多种形式都可用来支持师生互动，包括文本交流、音频交流和视频交流等。在时间上，可以采用同步或异步交流。在数量上，师生既可以个别交流，也可以群体交流。在身份上，师生既可以实名交流，也可以匿名交流。

对网络师生互动的形式又可以按照不同的工具或功能进行详细划分，其中，应用于教育领域的具有较大影响力的网络师生互动方式主要有：即时通信（Instant Messaging，IM）、博客/个人空间（Blog）、微博（Micro Blog）、校园网站讨论区、电子邮件（E-mail）、微信等。

（1）即时通信（QQ 或 QQ 群）

截至 2011 年 6 月底，我国即时通信用户规模为 3.85 亿人，即时

---

① 杨刚、徐晓东、谢海波：《从课堂到网络：多学科视角下师生互动透视》，《远程教育杂志》2010 年第 6 期。

通信网民使用率增长至 79.4%，即时通信成为使用率最高的互联网应用。即时通信（IM）是指能够即时发送和接收互联网消息的业务。在即时通信工具中，QQ 是我国应用最为广泛的即时沟通工具，也是在教育行业中应用最多的即时通信工具。教师和学生既可以根据自己的喜好和特定的对象交谈，也可以与多个对象交流，学生既可以使用自己的真实姓名，也可以采用匿名形式与教师交流。与此同时，QQ 在教学中具有多种应用方式，例如：搭建远程教学支撑平台，构建课外教学平台，开展讨论式教学和学习，促进学生的认知策略，促进教学中的情感互动等。另外，随着 QQ 功能的不断完善和扩展，它已经成为一种集多种功能为一体的教学工具。QQ 的普及和发展必然带来其在教育领域中的广泛应用。①

QQ 群是一项可以多人线上线下交流的服务。群主建立一个 QQ 群后可邀请指定的人加入此群，并通过发言、群空间、群相册、群共享和群邮件等服务进行群内的交流和沟通。利用 QQ 群可以延展有限课堂，开展学习讨论，交流分享教学资料和增进师生感情。②

（2）博客/个人空间

中国互联网络信息中心（CNNIC）发布，截至 2011 年 6 月底，我国博客和个人空间的用户规模为 3.18 亿人，使用率为 65.5%，较 2010 年年底增长 2318 万人，增长率为 7.9%。博客/个人空间已经成为众多网络应用的基本组件（CNNIC，2011）。乔恩·巴杰（Jorn Barger）在 1997 年 12 月最早提出博客，其全名是 Web Log，中文意思是"网络日志"，后来缩写为 Blog，而博客（Blogger）就是写 Blog 的人。简单地说，博客就是网络上的公开日记本，是继 E-mail、BBS、ICQ 之后出现的第四种网络交流方式。③ 教育领域的博客，按照功能

---

① 叶晓玲：《QQ 促进大学生交流互动的小样本实证研究》，《网络教育与远程教育》2009 年第 8 期。

② 王逻逻、宋宣、梁英健等：《QQ 群平台在外科学教学中的应用》，《西北医学教育》2011 年第 3 期。

③ 陈萍：《基于博客的商务英语写作中的师生互动模式》，《科技信息》2010 年第 35 期。

进行区分，可以分为个人博客和班级或学校博客。个人博客主要是教师或者学生以网络为载体，简易迅速地发布自己的想法与观点、表达自己情感或者上传资料的一个平台。班级博客是教育博客（Edublog）的一种，是一个以班级为单位，老师、学生和家长共同参与，集老师和学生、学生和学生、家长与教师、家长与学生之间思想交流、资源共享和互助互进的平台，挑战传统学生思想交流、资源共享的教育博客类网站。① 班级博客近来推广迅速，很多基础教育学校已经开通了班级博客，但部分学校和班级还处于初步试用和探索阶段。陶天梅和刘智斌对学生使用班级博客的现状进行了调查，发现班级博客最大的功能首先是分享资源；其次是表达思想情感；再次是备份资料和寻求支持；最后是辅助学习。调查结果表明，作为班级管理与学生学习新方式的班级博客得到了师生的认可，它在班集体团结协作、学习与交流和学生的写作方面发挥了较大的作用。但是，由于班级博客受到硬件环境、家长与学生观念以及教师有效指导等多因素的影响，它的开展还受到限制，其应用现状还不尽如人意。②

（3）微博

微博，即微博客（Micro Blog）的简称，是一个基于用户关系的信息分享、传播以及获取平台，用户可以通过 Web、WAP 以及各种客户端组件个人社区，以 140 字以内的文字更新信息，并实现即时分享。

当前，微博作为能实现人们表达情绪、分享感受、传递信息等诉求的新型沟通工具，因其便捷性、原创性等特点受到网民的强烈推崇，用户数呈现出"爆发"式增长。中国互联网络信息中心（CNNIC）发布的报告显示，2011 年上半年，我国微博用户数量从 6311 万人快速增长到 1.95 亿人，半年增幅高达 208.9%，在网民中的使用率从 13.8% 提升到 40.2%，成为用户增长最快的互联网应用模式。在

---

① 王晓：《班级博客（Blog）平台的创建与应用研究》，硕士学位论文，华中师范大学，2006 年，第 10 页。

② 陶天梅、刘智斌：《班级博客在中小学教育应用中的调查研究——以上海上南中学为个案》，《软件导刊》2008 年第 3 期。

微博用户暴涨过程中，手机网民使用微博的比例从 2010 年年末的 15.5% 上升至 34%（CNNIC，2011）。

微博在教育领域也不断得到关注。李红艳对微博在教育中的应用进行了探讨，她总结出，教师利用微博可以鼓励互动，提高课堂学习的积极性；学生利用微博可以进行移动学习，扩展课堂学习；微博还利于团队合作，促进协作学习；可以帮助学生积累资料促进知识结构的改变；同时，微博可以作为师生之间便捷有效的沟通工具去交流或互动。[①]

（4）校园网站讨论区

中国互联网络信息中心（CNNIC）发布，讨论区或论坛的使用率占到 29.7%。校园网站讨论区是指在校园网站上设立一个或多个论坛，以真实身份或者匿名的方式向师生提供访问的权利，使得师生以电子信息的方式发布自己的观点。如今，各大高校校园网都设有电子公告牌（Bulletin Board System，BBS），BBS 也是校园网站讨论区。BBS 互动关系的建构至少需要 BBS 电子空间、话题、角色、帖子等结构性要素。[②] 讨论区按照不同的主题可以分成多个论坛，比如，学科交流区、德育讨论区等。师生既可以在论坛上发布自己的想法和观点，也可以对他人的观点作出回复或评论。在讨论区里，师生之间的交流打破了空间和时间的限制。在与他人交流的时候，无须考虑自己的身份，老师与学生之间可以平等自由交谈。讨论区为师生提供了一个随时交流、答疑、解惑、启发、帮助甚至热烈讨论的场所，因此，也受到广大学生的欢迎和青睐。

（5）电子邮件

根据 CNNIC（2011）的调查，中国大陆网民中有 51.9% 的人使用电子邮件相互传递信息、提供资料、交流思想。电子邮件（Electronic Mail，E-mail），是以电子或者数字的形式将交往一方的邮件打成数据包，并通过网络发送到对方邮箱内的一种方式。[③] 电子邮件使

---

①　李红艳：《浅析微博在教育中的应用》，《中国教育信息化》2011 年第 2 期。

②　白淑英、何明升：《BBS 互动的结构和过程》，《社会学研究》2003 年第 5 期。

③　平凡：《网络交往中的自我研究》，博士学位论文，华中师范大学，2011 年，第 3 页。

用简易、投递迅速、易于保存、一信多发、全球畅通无阻，因而被广泛使用，并且，它是目前最常用、使用最广泛的一种网络交往方式。

电子邮件是师生之间交流的重要工具。老师和学生可以通过电子邮件探讨教与学的问题，学生可以对自己信任的老师讲述心里话，老师可以通过 E-mail 鼓励学生等。电子邮件也可以帮助教师营造人文气息浓郁的教学环境，发挥教师的主导作用。同时，电子邮件还可以成为收发作业、管理作业的阵地，如课程公共邮箱等。

（6）微信

一般认为，微信是腾讯公司开发推出的，用户可以通过手机、平板和网页，跨运营商、跨平台快速发送文字、图片、语音、视频等，可以单聊、群聊，以及通过"摇一摇"、搜索号码和附近的人、扫二维码等方式添加好友，并可以将内容分享给好友、分享到朋友圈，以及提供公众平台和消息推送等功能服务，基于流量无通信费用的移动即时通信应用程序。2012 年 8 月 23 日，在单聊与群聊的基础上，腾讯公司又推出了微信公众平台。通过这一平台，个人和企业都可以打造一个微信公众号群发信息，具有很强的大众传播特性。①

总体而言，学者倾向于认为微信的本质是一种社交工具（或社交媒介或社交平台或社交网络等）。关于微信传播的特征，不同学者提出了不同的看法。谢新洲、安静等认为微信传播具有四个特征：第一，以人际传播为主，重社交轻内容。微信的重点是通信功能，侧重人际传播，社会交往，而不是大众传播。第二，结合线下熟人关系建立强关系连接。微信好友从手机通讯录、QQ 好友等发展而来，这种基于熟人建立的关系，有效增强了用户之间的连接强度。第三，微信圈子成员数量快速增长。第四，传播内容具有隐蔽性。微信是以手机通讯录和QQ 好友为基础的拓展，用户之间的对话是私密的。② 方兴东等则认为微信传播具有三个特征：第一，准实名性。微信好友主要

---

① 王勇、李怀苍：《国内微信的本体功能及其应用研究综述》，《昆明理工大学学报》（社会科学版）2014 年第 2 期。

② 谢新洲、安静：《微信的传播特征及其社会影响》，《中国传媒科技》2013 年第 6 期。

来源于手机通讯录和 QQ 好友，微信更多应用于通讯录好友间的交流，它的功能设计鼓励实名交友，带有典型的准实名制特征。第二，私密性。微信好友之间发送的信息具有保密性与隐蔽性。第三，大众传播能力薄弱。微信着眼于点对点的精准定位，设计了限制信息分享的功能限制，导致大众传播能力较弱。①

关于微信的功能，学者们大多认为，其一，微信的主要功能是满足人们社会交往的需要。其二，微信可以实现人们近距离——熟人交际圈、中距离、千米交际圈、远距离、陌生人交际圈的社交，扩展了人们的社交面。其三，微信还具有低成本（仅耗少许流量，近乎免费）、即时性、私密性、精准性（到达率接近百分之百）、交互性、便捷化、人性化等优势。作为一种具有强大功能的传播工具，微信必然会给社会带来广泛而深远的影响，王勇、李怀苍认为其主要集中在社会交往、学生思想政治工作、新闻传播等三个方面。

三　网络师生互动的特点

在传统的课堂互动中，教师在教学中面对的是众多的学生，受到条件的限制，师生互动的受众面小，互动的程度不充分，但是随着网络时代的到来，网络在教育上的广泛应用改变了以往教学和学习交流的局限性。网络师生互动最大的特点便是互动性，特别是学生的主动参与。这种交互方式形成了新的互动模式，表现出新的特点。师生互动不再只是简单的人—人互动模式，而是以图文符号为主要载体、以计算机网络技术为中介工具的人际交流活动。② 跟师生传统的面对面互动相比较，网络师生互动的特点主要表现为以下几个方面。

（1）间接性

传统的面对面互动主要是以言语表达为主，以身体语言、表情语

① 方兴东、石现升、张笑容等：《微信传播机制与治理问题研究》，《现代传播》2013年第 6 期。

② 杨刚、徐晓东：《远程教育中网络师生互动的本质与特征》，《中国电化教育》2009年第 12 期。

言为辅，随着网络、媒体和计算机技术的介入，师生的互动模式从言语表达方式转向了读写交流方式，从肢体表达方式转向了图文符号相结合的表达方式。而且，在网络空间中，数字化符号的外延和内容会随着社会文化的发展发生变化，并拥有特殊且约定俗成的文化意义，如：^_^表示高兴，❓表示疑问等。

在传统的面对面环境下，师生之间的交互是"人—人"的互动模式。而在网络环境下，教师和学生在时间和空间上是分离的，他们的互动是一种"人—机—人"的交互模式。[①] 在"人—人"的互动模式中，师生往往会比较真实地呈现自己，包括语言和非语言的表情、手势、姿态、动作等信号都会直接地呈现在对方面前。而在"人—机—人"的交互模式中，信息的传递要经过计算机这一中间环节，它虽然能准确无误地传递语言文字所表达出的文本信息，但对方的非语言信息，包括情绪、态度、身体语言等却无法捕捉得到，所以网络师生互动具有间接性。

（2）开放性

网络的开放性主要体现在师生之间的交流和交往可以突破时间、空间以及对象的限制。首先，师生之间基于网络的互动打破了课堂时间、教学时间的限制，师生之间既可以进行同步的交往，也可以进行非同步的互动。只要有网络，师生之间便可以随时进行非实时联系，从而把教学和教育延伸到了课外，从而交往的时间具有无限开放性。其次，交往的空间也具有无限开放性。以前的师生互动大多是在学校，而基于网络的互动则可以延伸到家里，延伸到有网络的地方。最后，交往的对象具有多元化。传统的教学一般不超过本班和本校，交往的对象具有很大的局限性，而网络环境下的师生互动则可以超越班级，超越学校，甚至超越地域的限制。

（3）虚拟性

"虚拟性"是网络社会的首要特点。在网络空间里，人际交往是以数字信息的交流为基础的，人们面对的不再是物质世界，而是生活

---

① 王英芳：《网络环境对师生互动的影响》，《中国青年科技》2004 年第 9 期。

在一个虚拟的空间里。网络的虚拟性使得师生之间的交往也带有虚拟的特点。随着信息化的发展，现在已有一部分学校采取网络教学和课堂教学相结合的教学形式。在网络教学中，师生的交流常常是非即时的。借助于网络教学系统或者校园网络上传教案和教学资料、递交作业、解答学习困惑、进行师生互评等教学活动。在校园网的讨论区中，师生既可以实名发帖，也可以匿名发言或回帖，不再像传统的师生交往那样透明。匿名交互使得师生的身份在这里得以弱化，图文符号的传递使得师生交往也不像传统的面对面交往那样具有可感性、可视性和可触性，网络师生互动因此也带有了虚拟的色彩。白淑英更是认为网络时代师生互动的环境具有现实与虚拟两重性特征。教育的过程和要素也是置身于这两种生存环境中，即现实的生活世界和虚拟的网上世界，同时，现实和虚拟这两种教育环境不是孤立存在，而是相互交叉和相互包含。[①]

（4）平等性

在传统的师生互动中，教师往往处于权威地位，学生处于从属地位。在知识上，教师往往拥有资源上的优势。但是，网络时代的到来，使得传统的师生交互发生了新的变化。一方面，"人—机—人"的交互模式使得学生从教师的权威中脱离出来，敢于平等地表达自己的观点和想法，使得学生和教师的交往更加无拘无束。同时，由于资讯的发达，信息的丰富，学生也可以拥有更多好的学习资源，并且可以进行自主选择；另一方面，教师也可以利用网络成为学生的良师益友。教师既在学习上为学生提供进一步的帮助和指导，同时，利用网络的间接性，对学生进行心理辅导和调适，促进学生良好人格的养成。这些都为教师和学生之间建立真正平等的交往关系提供了可能，从而有助于改善师生关系。

网络师生互动除了具有以上特点，祝建华还认为"师生的互动动机具有多样化与情感性的特征"。[②] 杨刚和徐晓东指出，"师生网络交

---

① 白淑英：《网络时代师生互动的结构简析》，《云南财贸学院学报》2003 年第 1 期。

② 祝建华：《网际互动对大学生社会化的影响分析》，《杭州师范学院学报》（人文社会科学版）2001 年第 5 期。

互是一种双向动态的形式，而不是单向静态的形式"。① 赵颖认为"网络教学平台下的师生互动具有突破传统课堂教学空间和时间的限制；突破受教育对象的限制；对知识的广度与深度进行拓展；激发学生自主学习的积极性等优点"。②

四 网络师生互动的分类

根据不同的划分角度，网络互动也会具有多种分类。辛娜敏对远程教学中的互动分类进行了概括，见表1-1。她认为，在这些互动的种类中，学习者与教师之间的互动是远程教育中人文因素的重要组成部分。其主要功能是帮助远程学习者更好地学习以及如何与学习内容进行互动。它不仅促进学习者习得知识，还能更好地检查学生的学习情况，提供学习支持。③

表1-1 　　　　　　　　互动的典型分类（辛娜敏，2003年）

代表人物	网络互动的种类与形式	分类依据
Moore（1989）	学习者与学习间的交互 学习者与教师间的交互 学习者与学习者间的交互	交互的对象
Hillman, Willis & Gunawardena（1994）	学习者与学习界面的交互	学习者运用数字媒体的技巧
Cookson & Chang（1995）	教学交互 社会交互	互动的性质
Kearsely（1995）	书面交互 音频交互 视频交互	传播媒体或系统

---

① 杨刚、徐晓东：《远程教育中网络师生互动的本质与特征》，《中国电化教育》2009年第12期。
② 赵颖：《网络教学平台下如何实现师生互动》，《考试周刊》2011年第8期。
③ 辛娜敏：《远程教育中互动的理念及派别之述评》，《中国远程教育》2003年第6期。

续表

代表人物	网络互动的种类与形式	分类依据
Berge（1995）	同步交互 异步交互	反馈所需要的时间
Saunders et. al.（1997）	课堂内交互 课堂外交互	交互的物理性地点和时间

　　穆尔（Moore）将远程教育中的互动分为师生交互、生生交互和学生与学习内容之间的交互。[①] 希尔曼（Hillman）、威利斯（Willis）和古纳瓦德纳（Gunawardena）认为所有的互动是通过媒介来进行的。在前人研究的基础上，他们增加了第四种互动，即学习者和学习界面的互动。[②] 更有争议的是，萨顿（Sutton）基于已有成果，提出了又一个颇有争议的分类——替代交互，即第五种互动，它指当某个学生主动观察并对直接交互的双方作出反应时，替代交互便会产生，直接交互的双方是另外两个学生，或者是另一个学生与教师。[③]

　　吴安艳、熊才平、黄勃以师生互动途径为依据，给不同的网络通信媒介分类，结合师生互动的形式、性质及互动强度和受益面的变化，构建了网络通讯技术环境下的师生互动变革理论模型，如图1-1所示。该模型将师生互动途径分为同步互动、同步异步共存互动和异步互动三大类共八个层次；越在正梯形的底层，师生主要是视频、同步互动，其互动强度越大，但互动受益面越窄；越在正梯形的顶层，师生互动主要是文字、异步互动，其互动强度越弱，但互动受益面越广。[④]

　　① Moore, M. G., "Three types of interaction", *The American Journal of Distance Education*, Vol. 3, No. 2, 1989.

　　② Hillman, D. C., Willis, D. J., and Gunawardena, C. N., "Learner interface interaction in distance education. An extension of contemporary models and strategies for practitioners", *The American Journal of Distance Education*, Vol. 8, No. 2, 1994.

　　③ Sutton, L. A., "The principle of vicarious interaction in computer-mediated communications", *International Journal of Educational Telecommunications*, Vol. 7, No. 3, 2001.

　　④ 吴安艳、熊才平、黄勃：《网络通讯环境下的师生互动变革研究》，《远程教育杂志》2011年第3期。

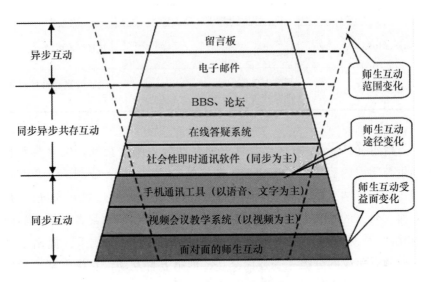

图 1 - 1　网络通讯技术环境下的师生互动变化理论模型

王陆对互动的分类进行了分析和总结，她认为教师、学生、教育媒体和交互发生的时间这四个要素均包含在各种典型的互动中。并且，她对信息化环境下的互动分类的认识进行了解释。首先，互动的发生一定是借助于媒体，按照媒体的不同可分为文字、音频和视频互动三种类型；其次，师生互动按照其发生的情境来看，可分为课堂互动和社会互动，课堂互动指发生在课堂内的互动，社会互动指发生在课堂外的互动；最后，按照师生互动发生的时间特征为依据，师生互动可以划分为同步互动或异步互动。[①]

孟威对相关的网络互动文献进行了回顾，并指出有的学者将网络互动分成四种类别，这种分类法能更清楚地反映出网络互动形式之间的区别。第一种是个人对个人的异步互动，如电子邮件；第二种是多人对多人的异步互动，如讨论组、电子公告牌和论坛等；第三种是个人对个人、个人对少数人、个人对多人的同步互动，如多人用户游

---

① 王陆：《虚拟学习社区的社会网络结构研究》，博士学位论文，西北师范大学，2009 年，第 28 页。

戏、在线闲谈等；第四种是多人对个人、个人对个人和个人对多人的异步互动。[①]

五　网络师生互动与课堂师生互动的比较

吉尔伯特（Gilbert）和穆尔（Moore）将师生互动分为社会互动和教学互动。社会互动指那些没有教学含义，但是具有文化含义的互动。这些互动是有情感的，体现在许多互动是通过身体语言、语调和面部表情来进行。而在网络互动中则比较缺乏情感上的互动。社会互动可能对于教学目标的实现没有直接的作用，但是对于营造学习氛围可能会有着间接的作用。另外，学生对课程中社会互动有效性的感知会影响其学习效果。教学互动包括和教师对教学内容的控制和学习者对教学内容呈现和反应的控制相关的因素。在面对面的课程中，教学互动是明显存在于教师所做的改正和调节中。好教师会运用适应性行为（例如，放慢教学的节奏、个性化的提问、提供反馈和选择性的解释）去满足学习者特殊的要求。而网络课程则不能在既定时间内满足学习者的特别要求。[②]

在传统的面对面课程中，师生互动的过程是同步的，并且在诸如教师办公室等物理空间中进行。而在网络情境中，师生对话是在虚拟的空间中进行，既可以是同步，也可以是异步。虽然一些交流工具是同步的，但是大多数课程都是通过异步交流工具来开展。因为异步工具能为师生的交流提供更多的便利，异步交流也允许师生在回复帖子之前对某个主题或者观点进行核查或进行更深入的思考。

麦克尼尔（McNeil）、罗宾（Robin）和米勒（Miller）将教室面对面课堂和网络课堂的特点进行了比较，他们认为两者之间最主要的区别是课堂情境中的互动类型不同。大学教师和学生在传统教室中主要的互动类型是讲课和讨论。师生经常以三个不同的组别——大组、

---

① 孟威：《网络互动：意义诠释与规则探讨》，博士学位论文，中国社会科学院，2002 年，第 17 页。

② Gilbert, L., and Moore, D. R., "Building interactivity into Web courses: tools for social and instructional interaction", *Educational Technology*, Vol. 38, No. 3, 1998.

小组和个别来进行互动。学生在传统课堂中的互动内容主要是记笔记、总结和提问。而在网络环境中，教师和学生的角色都发生了变化。教学材料以电子的形式进行组织和呈现，学生通常不必记笔记。取代传统的听课形式，学生往往有机会与音频和视频资源进行互动。网络课堂上，教师也通常要求学生提出自己的想法和观点，讨论和验证他们的假设，和其他学生合作开发项目。学生的角色从一个信息的接收者变成了学习过程中积极的参与者。①

　　杨刚和徐晓东对网络师生互动与课堂互动进行比较，发现课堂互动与网络互动既有联系，也有区别。它们的联系首先表现在两者的互动主体是一致的。也就是说，课堂互动的主体是教师与学生。网络互动虽然表现为"人—机—人"的交互模式，但是最终交互两端呈现的还是师生作为主体。其次，网络互动强调交互途径与方式的多样化，这与师生传统课堂互动的多途径探索也是一致的。它们的区别表现在：第一，网络师生互动是在网络情境中开展，要遵守一定的网络法则或规范，课堂互动遵守的是班级课堂管理制度。第二，网络情境扩展了师生的身份范围，课堂互动更多的只是局限在课堂中的成员。而且，网络情境中的身份或虚拟或真实，而课堂互动中的身份都是真实的。②

　　师生交互是贯穿教学整个过程的重要概念之一。网络作为一种开放的信息环境，比传统的教育环境更支持师生之间的互动。吴安艳、熊才平和黄勃通过研究生课程《教育技术理论发展研究》的教学实践，从师生互动主题、形式、性质、内容、方式、强度和受益面共七个方面，对网络通讯环境下的师生互动与传统教学环境中的师生互动进行了比较，其不同点见表1-2。③

---

　　① McNeil, S. G., Robin, B. R., and Miller, R. M., "Facilitating interaction, communication and collaboration in online courses", *Computers & Geosciences*, Vol. 26, 2000.

　　② 杨刚、徐晓东：《远程教育中网络师生互动的本质与特征》，《中国电化教育》2009年第12期。

　　③ 吴安艳、熊才平、黄勃：《网络通讯环境下的师生互动变革研究》，《远程教育杂志》2011年第3期。

表 1-2　　　　传统教学环境中的师生互动与网络环境中的师生互动比较

	传统教学环境中的师生互动	网络环境中的师生互动
互动主体	凸显教师的主体作用	由教师主导变为师生互为主导
互动形式	面对面互动为主	借助网络通讯技术的非面对面互动
互动性质	同步互动为主	同步互动、同步异步共存、异步互动
互动内容	知识为主、语言信息、肢体语言	知识、情感、网络资源、语言信息
互动方式	师生面对面的师问生答、师讲生问、生讲师评、生问生答	借助网络通讯技术的师问生答、师讲生问、生讲师评、生问生答
互动强度	单位时间信息量大，反馈及时，监控力度大，总体互动强度大	师生互动途径不同，其互动强度也不同，总体上师生互动强度弱
互动受益面	互动内容少，互动的接触面较小，收益面窄，影响范围小	互动的内容丰富，互动的接触面大，受益面广，影响范围大

孔祥艳和任瑞仙则从交互主体、交互关系、交互方式、交互控制和交互频率这几方面对师生传统的互动和网络师生互动的区别进行了比较，比较内容见表 1-3。①

表 1-3　　　　　　传统师生互动和网络师生互动的比较

维度	传统师生互动		网络师生互动	
	特点	具体解释	特点	具体解释
交互主体	单一性	师生的交流限制在固定的时空结构中，基本上是教师个体和学生群体间的交往，交往活动仅仅表现为由教到学的单向运动	多元化	在网络环境中，教师不仅是指主讲教师，还可以是辅导教师、教学管理人员和虚拟的教学代理等，可以实现教师和学生的双向互动
交互关系	命令—服从型	教师享有绝大多数教学资源的特权，教师控制和操纵学习生活，教学过程失去了平衡，学生的主动性和参与性往往被忽视	民主—平等型	教师通过网络提供教学情境，学生不再只是知识的接受者，而是教学主题的建构者，学生和教师都以积极主动的姿态参与教学活动，进行教学交往

---

① 孔祥艳、任瑞仙：《网络教学中的师生交互》，《中小学电教》2005 年第 5 期。

维度	传统师生互动		网络师生互动	
	特点	具体解释	特点	具体解释
交互方式	直接面对面	直接的眼神、手势和姿势语言增强了交互的生动性、清晰性。但是外显的形态无形中施加于学生的威严使得学生产生了羞怯心理	间接隐蔽性	打消了师生之间原有的羞涩、拘谨和隔膜,学生以平等的心态去面对教师,增强了自信心。但也削弱了教师对学生的人格影响
交互控制	教师主导	教师掌握着交互过程的控制权限,什么时候讲授、什么时候提问都由教师来决定	师生互导	交往控制权可以在不同主体间均衡分配,可以是高度集中,也可以是随学习的需要动机变化设计安排的。灵活性大,但增加了控制难度
交互频率	相对封闭	相对封闭,只存在于教师与学生群体的"授—受"活动,教师与单个学生的交流也只局限于课堂提问和作业批改上。师生交互的次数很少	不受时空限制	不受时空限制,利用各种交互技术进行同步交互和异步交互,增加了交互次数,加快了交互节奏,使学习者在短时间内完成大量的交互

第二章　网络师生互动研究的理论基础

第一节　网络师生互动的相关理论

一　社会建构理论

科诺尔（Conole）等指出不同的学习理论可用于解释网络学习环境中的不同活动，但大多数研究者似乎都主张将建构主义作为网络学习的理论基础。社会建构主义者认为，人是社会人，人从一出生就进入人际交往的世界，作为主体的人和社会是互相联结的。我们通过社会互动在不同的情境中长大，学习与发展就发生在人与人之间的交往和互动中，在社会交往的环境中不断建构知识。学习者基于个人自身的经验背景，通过学习和社会实践来不断获取认识，形成对客观世界的主观理解。知识的有意义建构正是发生在人际关系和社会活动中。达菲（Duffy）和乔纳森（Jonassen）认为我们对这个世界的理解没有固定的意义，相反，需要我们采用多种方法去建构这个世界，任何一件事情都会具有多种含义或对它持有多种观点。建构主义理论主张，教师的主要目标应该是帮助学生获得经验，不断丰富学生的主观体验和认识，而不是旨在向学生传授知识。[①]

近来，许多教育家开始看到社会建构论作为设计有效学习环境理论基础的价值。他们主张学习主要是对话、讨论和谈判过程中产生的社会产品，并通过三个概念来解释学习的基础过程，这三个概念分别

---

① Hrastinski, S., "A theory of online learning as online participation", *Computers & Education*, Vol. 52, 2009.

是最近发展区（the Zone of Proximal Development，ZPD）、主体间性（Intersubjectivity）、文化适应（Enculturation）。[1] 社会建构主义者认为知识建构的主要特征表现为：其一，积极的知识构建是以对物质和社会世界已有的知识以及体验为基础的；其二，强调最近发展区的需要；其三，强调人类文化和社会文化情境对建构的影响；其四，通过对话和协商来识别知识的社会建构；其五，强调知识的主题建构；其六，知识具有多重解释。知识建构是建构主义理论中的一个核心术语，知识建构观主张知识的获得不是学习者被动接受或简单复制的过程，而是一个积极主动建构的过程。[2]

建构主义理论的基本内容可以从"学习的含义"和"学习的方法"这两个方面来进行阐释。建构主义认为，学习者在一定情境下，借助于他人的帮助，利用必要的学习资料，通过意义建构的方式去获取知识，而不是通过教师的传授获得知识。至于学习的方法，建构主义提倡在教师指导下的、以学习者为中心的学习。也就是说，建构主义理论既强调学习者的认知主体的作用，又重视教师的指导作用。[3]

国外学者利用社会建构论对网络学习中的意义互动进行了研究。当互动对学习者的智力的增长有直接影响的时候，就认为互动是有意义的。[4] 在网络学习环境中，有意义的互动包括在解决一些真实任务时的反应、社会性的理解、对已有观点的争辩、增加发展的观点和彼此提供可供选择的观点等。[5]

---

① Woo, Y., and Reeves, T. C., "Meaningful interaction in web-based learning: A social-constructivist interpretation", *Internet and Higher Education*, Vol. 10, 2007.

② 杨惠、吕圣娟、王陆等：《CSCL 中教师的教学组织行为对学习者高水平知识建构的影响研究》，《中国电化教育》2009 年第 1 期。

③ 张刚要、王苏平、沈大为：《基于 BlackBoard 平台的"小组协作式"教学模式探索》，《教育探索》2008 年第 7 期。

④ Hirumi, A., "The design and sequencing of E-learning interactions: A grounded approach", *International Journal on E-learning*, Vol. 1, No. 1, 2002.

⑤ Woo, Y., and Reeves, T. C., "Meaningful interaction in web-based learning: A social-constructivist interpretation", *Internet and Higher Education*, Vol. 10, 2007.

二　归属需要理论

英国心理学家麦独孤在 1908 年提出群体性是人类的本能之一，之后许多不同的人格理论流派都对此动机做过相关的阐述。直到人本主义学家马斯洛提出归属需要（the need to belong）这一概念，也称社交需要，群体本能才被取而代之。归属需要指"参加一定的组织或依附于某个团体的需要。这种与他人建立和维持积极情感关系的动机称为依恋动机（affiliation motivation）或亲密动机（intimacy motivation）"①。之后，鲍迈斯特（Baumeister）和利里（Leary）明确把归属需要界定为"人们为寻求和维持一种最小限度的、持久的、积极的和有意义的人际关系的普遍驱动力"②。

已有文献表明归属需要能解释大量和定期的社会互动。③ 鲍迈斯特等提出的归属需要理论主张，社会互动是人固有的动机，人们会本能地趋向建立和维持归属感。因此，归属需要理论能解释学习过程中社会互动的动机，即通过依恋动机（形成社会联系）和关系承诺（维持这些联系）动机。

鲍尔比（Bowlby）将依恋动机界定为"一种反映个人对社会互动的渴望和与他人交流的感觉的人格特质"。人类学家库恩（1946）认为形成自然群体是人类的特点，他主张人类需求形成了社会联系。④ 赖斯（Reis）和帕特里克（Patrick）也认为人们在联系中，彼此感觉安全。这也正是人们积极从社会网络中寻求支持的原因。⑤ 希尔（Hill）假设社会联系的动机是人们行为的主要影响因素，将对社会

---

① 李霞、朱晓颖、李文虎：《归属需要的研究进展》，《心理学探新》2010 年第 2 期。
② Baumeister, R. F., and Leary, M. R., "The need to belong: desire for interpersonal attachments as a fundamental human motivation", *Psychological Bulletin*, Vol. 117, No. 3, 1995.
③ Ma, W. W. K., and Yuen, A. H. K., "Understanding online knowledge sharing: An interpersonalrelationship perspective", *Computers & Education*, Vol. 56, 2011.
④ Coon, C. S., "The universality of natural groupings in human societies", *Journal of Educational Sociology*, Vol. 20, No. 3, 1946.
⑤ Reis, H. T., and Patrick, B. C., *Attachment and intimacy: component processes*, New York: Guilford Press, 1996, pp. 523 – 563.

联系的渴望界定为"依恋动机"。并且他基于前人研究发展了一种测量依恋动机的工具。这个工具包括四个特别的社会奖励，包括积极情感、人际亲密或激励、关注或表扬、通过社会联系减少消极情感以及社会比较。[①]

跟陌生人的交往是人际关系的第一步，但是人们不会满足于仅和陌生人或者他们不喜欢的人互动。经常和那些冷漠的人交往不会提升个人的总体幸福感，也不会满足其归属需要。韦斯（Weiss）认为孤独感或者是由于社会联系不够（社会孤独感）或者是由于亲密关系的缺乏（情绪孤独感）。因此，归属需要是和那些人们感觉有联系的人经常性地进行社会交往的需要。

当社会目标激发人们的归属需要之后，人们会倾向于找出彼此的人际联系，并且培养可能的关系，然后一直持续下去，直到这些联系达到社会互动的最低限度。社会目标影响个人的认知和情感过程，包括学习。归属需要动机使得人们不需要特别的相关背景，就可以容易地形成社会联结。另外，认知过程关注于关系的形成和维持，情绪反应紧跟在归属需要是否满足的结果之后。形成并稳固社会联系之后，个体便会表现出积极情绪；而当关系破裂、受到威胁或者被拒绝的时候，消极情绪便会随之产生。

研究表明，人类对关系的即将终结感到伤心几乎是普遍存在的，甚至在不同的文化和时代中。由于害怕面对关系结束后产生的消极情感，人们不愿意结束关系，即使是坏的或者有害的关系。[②] 互倚理论为人们有维持关系的倾向提供了进一步的支持，将关系依赖水平界定为一个人需要关系或者仅仅依赖关系去获得某种想要结果的程度。基于互倚理论，鲁斯布尔特（Rusbult）、马茨（Martz）和阿格纽（Agnew）提出承诺是理解为什么一些关系得以坚持而另一些关系则没有

---

① Hill, C. A. , "Affiliation motivation: people who need people, but in different ways", *Journal of Personality & Social Psychology*, Vol. 52, No. 5, 1987.

② Ma, W. W. K. , and Yuen, A. H. K. , "Understanding online knowledge sharing: An interpersonalrelationship perspective", *Computers & Education*, Vol. 56, 2011.

的关键，他们将承诺界定为维持关系的决心。① 鲁斯布尔特（Rus-bult）和法雷尔（Farrell）在另一项研究中，将关系承诺界定为"一个人维持关系的内在动机"②。关系承诺是友谊和亲密关系的一个重要决定因素，尤其在组织环境中，更为如此。有研究表明，个人维持关系的需要越强烈，越容易作出更多的关系承诺，因而，个人也将会花更多的时间和努力去维持和继续与同伴的互动。归属需要和人们维持关系的倾向会激励个人去经常地、频繁地和关系同伴进行互动，这些结论既经过了实证研究的检验，也为归属需要理论作出了进一步的阐释。

三　心理契约理论

心理契约理论起源于 20 世纪 60 年代，80 年代后逐渐受到重视。"心理契约"的概念来自于社会心理学，发展于组织行为学，用来描述组织中雇佣双方之间微妙的人际关系和互动状态。心理契约不同于正式契约，它是非正式、不成文，但却真实存在具有约束作用的隐性契约。卢梭主张，心理契约主要建立在雇员个人对组织状态感知的基础上。而盖斯特则强调组织与个人之间的互惠关系，更重视背景因素的影响。③ 心理契约理论从本质上而言，是一种关系理论。由于心理契约存在的情境不同，因此，心理契约的形成机制还未得出统一的结论。田海洋认为，从心理契约的本质特性及其内容特征来看，它也同样存在于网络道德教育中，因此，心理契约理论也可以用于网络道德教育领域。④ 心理契约因其内含渴望和预期，可以成为行动的动力。

① Rusbult, C. E., Martz, J. M., and Agnew, C. R., "The investment model scale: measuring commitment level, satisfaction level, quality of alternatives, and investment size", *Personal Relationships*, Vol. 5, No. 4, 1998.

② Rusbult, C. E., and Farrell, D., "A longitudinal test of the investment model: the impact on job satisfaction, job commitment, and turnover of variations in rewards, costs, alternatives, and investments", *Journal of Applied Psychology*, Vol. 68, No. 3, 1983.

③ 彭正龙、沈建华、朱晨海：《心理契约：概念、理论模型以及最新发展研究》，《心理科学》2004 年第 2 期。

④ 田海洋：《网络德育心理机制初探——基于心理契约理论的分析》，《思想政治教育研究》2008 年第 6 期。

并在师生相处的过程中，按照对方的期望而行动，并在达到对方预期时获得一种成就感和满足感。[①] 曹威麟和赵利娜采用量表法研究发现，教师的契约期望比未被学生接受的单向期望具有更高的激励效应，而且期望值较高的"契约期望"又比期望值较低的"契约期望"具有更强的激励作用。[②]

四　符号互动理论

米德在总结前人研究和思想的基础上，提出符号互动理论（symbolic interaction theory）。该理论是带有社会学特色的社会心理学理论，它强调事物的意义、符号在社会过程及在社会心理、社会行为中的作用。[③] 米德指出自我由"主我"（I）与"客我"（Me）构成。"主我是机体对他人态度的反应，客我是一个自己采取的一系列他人的态度。"主我是由行为反应表现出来的，客我则体现了社会关系的影响。自我是与他人互动的结果，个人的思想就是在与他人的互动中产生的。符号互动理论的核心是把握人与人之间的社会关系，人与人之间互动的媒介是有意义的"符号"，符号包括语言、文字、动作、手势等，它表示个体的感觉、情感与价值等。各种有意义的符号构成社会情境，人正是在社会情境中不断实现自我。

符号互动论对教育有着重要的意义。教育是一个互动的过程，师生之间的互动、生与生的互动、班级之间的互动、学校各层机构之间的互动过程都是维持学校组织运转的条件。作为文化传递者和社会代表者的教师，其言行举止、价值观、态度等都会对学生产生潜移默化的影响。所以，教师一定要发挥正向的指导作用，使学生获得良好的"镜中我"感觉，形成积极的自我认知和理解。在教学中，教师也要

---

① 陆静萍：《思政课教师亲和力的养成与师生之间的心理契约》，《华中农业大学学报》（社会科学版）2011 年第 5 期。

② 曹威麟、赵利娜：《高校师生心理契约中教师期望效应的实证研究》，《黑龙江高教研究》2007 年第 12 期。

③ 渠改萍：《符号互动理论述评》，《太原大学学报》2010 年第 3 期。

创设有意义的情境，推动学生的社会化发展。①

随着网络时代的到来，网络为人类个体间的互动提供了更为宽广的空间，我们在网络环境中会接触到更多元化的信息，这些信息是符号与意义的集合体。在虚拟的网络情境下，现实的生活被还原，而虚拟的生活也得以创造，网络情境的新变化必然会给个体的"自我感知""自我实现"等带来新的变化。②

五 对话理论

巴赫金（Bakhtin）提出的对话理论（dialogic theory）认为，人类情感的表达、理性的思考乃至任何一种形式的存在都必须以语言或话语的不断沟通为基础，对话是人类生存的本质。该理论已广泛应用于哲学、文学和语言学、心理学、社会学以及教育学等领域。网络互动的本质是交流，对话理论为网络交互研究提供了一个理论框架。在该理论中，语言被视为社会语境的一部分，在社会语境中，一个词汇所具有的多种含义会相互影响，甚至可能相互冲突，进而影响词汇未来的意义。因而，意义不是存在于任何一个话语（或消息）之中，相反，意义来自于对多个话语（例如，一条消息以及对该消息的回复）关系的研究中。通过对话语之间的相互关系以及社会交换导致的话语碰撞的思考，意义得以重新协商；通过更多的交流，意义得以重新构建。这种碰撞会激发和驱使个人不断询问、反思和关联其观点和潜在的假设。该理论的重点在于通过对话推理、比较和声音来获得对概念之间的关系进行透彻的理解。对于产生这样的碰撞和有意义的社会建构而言，社会互动是非常必要的。

六 认知负荷理论

斯韦勒（Sweller）提出的认知负荷理论（Cognitive Load Theory）主要是从资源分配的角度考察学习和问题解决的理论。它是继建构

① 渠改萍：《符号互动理论述评》，《太原大学学报》2010年第3期。
② 苏振东：《网络情境下的符号互动理论》，《新闻传播》2011年第4期。

主义理论后对教学起着重要指导作用的又一个心理学理论。认知负荷理论建立在工作记忆、产生式等信息加工心理学基本概念的基础上，认知负荷存在的基础是有限的认知加工容量和可利用的心理资源。①

斯韦勒（Sweller）基于认知负荷的不同来源，将认知负荷分为内在认知负荷（Intrinsic Cognitive Load）、外在认知负荷（Extraneous Cognitive Load）和相关认知负荷（Germane Cognitive Load）。内在认知负荷指由学习材料难度水平带来的认知负荷。外在认知负荷是与学习过程无关的活动引起的认知负荷，若学习材料的设计和呈现不当，容易带给学生较高的外在负荷，这种认知负荷对学习起着干扰作用。如果认知任务较为简单，学习者为了促进图式的建构，可以投入额外的一些认知资源。这种有利于图式建构，但又不是建构图式所必需的认知负荷即为关联认知负荷。②

认知负荷理论可以更好地促进对交互式多媒体学习环境的设计，并对使用过程中出现的一些问题的解决起到指导作用。如果是对于那些知识水平、经验水平都很低的学习者而言，呈现过于复杂的内容和进行复杂的操作，会使这些学习者产生较高的内在认知负荷。如果呈现的材料与主题无关，又会增加过多的外在认知负荷。对于学习者而言，在认知资源固定的情况下，内在认知负荷基本是不变的，教师可以采取有效的教学设计来降低外在认知负荷，增加相关认知负荷，促进深层理解，从而更好地促进学生的学习。③ 例如，通过言语表征和图像表征互补，使学习者尽快从浅层语义表征与视觉影像转换到命题表征与心理模型。④

---

① 辛自强、林崇德：《认知负荷与认知技能和图式获得的关系及其教学意义》，《华东师范大学学报》（教育科学版）2002 年第 4 期。

② 庞维国：《认知负荷理论及其教学涵义》，《当代教育科学》2011 年第 12 期。

③ 蒋珊珊：《基于认知负荷理论的交互式多媒体学习环境设计》，《社会心理科学》2010 年第 6 期。

④ 刘儒德、赵妍、柴松针等：《多媒体学习的认知机制》，《北京师范大学学报》（社会科学版）2007 年第 5 期。

七　去个性化理论

去个性化理论（Deindividuation Theory）是描述群体中个体心理与行为的理论。它起源于法国社会学家古斯塔夫（Gustave）对群众的研究。费斯廷格（Festinger）、佩皮通（Pepitone）和纽科姆（Newcomb）第一次将"去个性化"概念引入心理学。赖歇尔（Reicher）、波斯特米斯（Postmes）和斯皮尔斯（Spears）针对已有去个性化理论中的疑问和争执，提出"去个性化效应的社会认同模型"（Social Identity Model of Deindividuation Effects，SIMDE）。该模型从认知维度和策略维度对去个性化进行了解释，其基本观点有：从认知维度上说，去个性化并不代表自我的丧失，而是自我由个人认同转化为了社会认同，在认知上增加了社会认同的显著性，因此个体表现为对群体规则的遵守；从策略维度上说，去个性化操作会影响群体成员策略性的表达认同行为。当遇到外群成员的反对时，群体规则行为的表达便会受到阻碍。去个性化操作将为群内成员提供力量，表达相应的认同行为。[①]

CMC 最大的特点是具有匿名性，去个体化理论认为，计算机提供了引起去个体化的一种环境，用户在使用计算机的过程中会不自觉地进入去个体化的状态。[②] SIDE 模型在 CMC 领域得到了发展与应用，有助于研究者更好地探究在人们在匿名条件下所表现出来的行为及其解释。

八　交流隐私管理理论

彼得罗尼奥（Petronio）提出交流隐私管理理论（Communication Privacy Management Theory），该理论的基本原理对教师的自我表露研究提供了指导和支持。该理论将自我表露概念集中于私人信息。其

---

① 兰玉娟、佐斌：《去个性化效应的社会认同模型》，《心理科学进展》2009 年第 2 期。

② 谢天、郑全全、陈华娇：《以计算机为媒介的沟通对人际交流关系的影响》，《心理科学》2009 年第 1 期。

次，它将公共关系和私人信息之间的关系比喻为边界。在教室情境中，教师和学生将建立公共关系，同时教师也要管理其私人信息的表露内容。是否表露以及何时表露私人信息的决策基于各种规则，即由各种因素决定，诸如文化、动机、个体差别、情境和性别等。教师可能会有意无意运用这些规则去决定在教室里是否表露信息。受到应用于学生主导的虚拟社会网络新技术的指导，为了让学生看到教师积极的方面，教师会有目的地限制其在博客或网站上个人信息表露的数量（如同教室里的面对面互动）。

根据教师隐私管理理论，麦克布赖德（McBride）和华尔（Wahl）认为，教师是教育情境中的社会人。作为社会人，教师必须平衡其私人信息，从而更好指导地私人信息边界管理过程。为了创造一个更舒适的可以培育学生学习的教室环境，教师会决定对学生表露哪些信息；同时，为了保护教师的信任感，他们也要决定向学生隐藏哪些信息。①

九 情绪的相关理论

（一）情绪一致性效应（mood congruence effect）

范·克里夫（Van Kleef）、戴·德勒（De Dreu）和门斯蒂德（Manstead）指出情绪的个人效应（intrapersonal effects of emotions）是指个人的情绪对自身行为的影响。② 情绪的个人效应理论主要研究个人的情绪如何影响他自身的认知、动机和行为。③ 其中，情绪的加工一致性效应便是个人效应中的一种，它指当个体处于某种情绪状态时，会有选择地利用与情绪状态相一致的信息，它是情绪启动效应中常见的表现之一。它主要表现在以下几个方面：第一，学习中的情绪

---

① McBride, M. C., and Wahl, S. T., "'To say or not to say?' Teachers' management of privacyboundaries in the classroom", *Texas Speech Communication Journal*, Vol. 30, 2005.

② Van Kleef, G. A., De Dreu, C. K. W., and Manstead, A. S. R., *Advances in Experimental Social Psychology*, Burlington: Academic Press, 2010, pp. 45 – 96.

③ Forgas, J. P., "Mood and judgment: The affect infusion model (AIM)", *Psychological Bulletin*, Vol. 117, 1995.

一致性效应。与情绪状态一致的学习材料会得到更多的认知资源与精细加工，由此更好地学习。第二，情绪一致性提取。情绪会影响个体对材料的提取，个体会提取和他情绪状态一致的材料。第三，内隐记忆中的情绪一致性效应。目前，研究者已在行为预测、偏好、情绪管理、归因、自我知觉等领域发现了情绪一致性效应。[①]

（二）相关理论

施瓦兹（Schwarz）和克罗尔（Clore）提出情感即信息模型（Affect-as-Information Model）用于解释情绪一致性效应。该模型认为情绪是使判断简单化的启发式，人们根据自己的情绪而不是任务特征来作出判断，也不用整合外部信息和自己的内部记忆和联想。用自己的感受作为判断的标准。[②] 但该理论仅适用于当情绪源不明的时候，情绪才被作为影响判断的因素。庄锦英认为，从某种程度上来说，情绪启动可以运用于整个认知过程，是一个更为普遍的概念。当被试采用开放的、建构性的或者精细的加工策略时，情绪启动是引发一致性效应的主要机制；而当被试采用简单的、启发式的加工策略时，情绪即信息是主要机制。这两种机制在多数情况下是相辅相成的。[③] 情感渗透模型（Affect Infusion Model）则从以往对加工内容的关注转移到对加工内容与方式并重。情绪渗透指情绪影响或者成为个体建构性加工的一部分，它会有选择地影响个体的学习、记忆、注意和联想，最终使得个体的认知结果向着与情绪相一致的方向倾斜。[④] 情感渗透模型以个体完成任务所采用的特定加工策略和认知资源的节省为前提。

韦斯（Weiss）和克罗潘扎罗（Cropanzano）提出的情感事件理论（Affective Events Theory，AET）是一个探讨组织成员在工作中经历的

---

① 庄锦英：《情绪影响决策内隐认知机制的实验研究》，博士学位论文，华东师范大学，2003 年，第 19 页。

② Schwarz，N.，and Clore，G. L.，*Affect，cognition，and social behavior*，Toronto：Hogrefe，1988，pp. 44 – 62.

③ 庄锦英：《情绪影响决策内隐认知机制的实验研究》，博士学位论文，华东师范大学，2003 年，第 23 页。

④ Forgas，J. P.，"Mood and judgment：The affect infusion model（AIM）"，*Psychological-Bulletin*，Vol. 117，1995.

情感事件（affective events）、事件引起的情感反应（affective reactions）与其态度及行为关系的理论。[1] 它认为工作环境特征会导致积极或消极工作事件（work events）的发生，这些工作事件的体验会引发个体的情感反应（这个过程受到个体特质的影响），情感反应又进一步影响个体的态度与行为。[2]

第二节　网络师生互动的研究现状与分析

一　教师角色的研究

对于所有的教师而言，和学生进行网络交流或互动，一个特别的挑战在于为了有助于学生的学习，打算从多大程度上干预学生的讨论，并且以何种方式干预，而不是在这一过程中完全掌控，特别对于网络课程而言，尤其如此。教师在和学生的网络互动中应该扮演何种角色？又应该起到什么样的作用？很多研究者对此进行了探讨。

一部分文献表明，教师在讨论论坛中发挥积极的、可见的作用是很重要的。教师对学生的帖子给出精心的评论，可以引发进一步的讨论，促使学生在论坛中（和面对面的课堂相比）学习更深入。一般认为，教师经常参与讨论可以鼓励学生进行参与。其中，一个影响学生互动和参与的重要因素是教师的参与水平。如果教师通常在论坛中发帖或者通过电子邮件给学生评论，这会提高学生的网络参与度。哈拉西姆（Harasim）等对教师和学生就网络教育中的角色进行了调查。许多被调查者指出了教师和学生的角色都发生了变化，例如，参与者指出传统的教师转化成帮助者和指导者，学生也变得更加积极主动。[3]

教师由传统教学中单一的教师角色变为了网络环境下教学互动中

---

① Weiss, H. M., and Cropanzano, R., "Affective eventstheory: A theoretical discussion of the structure, causesand consequences of affective experiences at work", *Research in Organizational Behavior*, Vol. 18, 1996.

② 段锦云、傅强、田晓明等：《情感事件理论的内容、应用及研究展望》，《心理科学进展》2011年第4期。

③ Harasim, L., Hiltz, S., Teles, L., and Turo, M., *Learning Networks: A Field Guide to Teaching and Learning Online*, Cambridge, MA: MIT Press, 1995, p. 329.

的引导者、教学秩序的监督者，同时又是互动讨论中的聆听者和参与者。在互动讨论的时候，教师不仅可以进行引导与启发，对讨论内容进行有效监督，而且可以通过改变网络 ID 地址的方式变为学生身份和学生平等对话，更加真实了解学生的学习状况和思想动态，然后反馈到教学应用上，增强教学效果。① 但是，莱维奇（Levitch）和米尔黑姆（Milheim）认为，"教师需要在参与太少和参与太多之间维持平衡。教师没有必要给每个学生的帖子回复，但是相反，应该决定参与、评论、提问或者再次讨论的恰当时间。过多地参与会减少学生之间的互动，学生会对教师产生一个不必要的依赖感"②。

那么，教师应该在什么时候并如何参与到网络上的讨论？马佐利尼（Mazzolini）和麦迪逊（Maddison）就网络师生互动中，教师应该扮演何种角色进行了探讨。如果教师以主导者的角色参与，那么他们会积极发起讨论，也有可能在合适的地方中止讨论。他们将是频繁师生互动的推动者和贡献者。如果教师作为指导者，他们将鼓励发起讨论并对学生的问题进行回答，但是不会去控制学生的讨论。③ 那么，教师究竟以何种角色参与互动效果会最好？尽管大多数教师都有自己的看法，但却缺乏数据的支持。马佐利尼和麦迪逊对大学师生在网络非同步论坛的参与情况进行了调查和分析。几年之后，马佐利尼和麦迪逊又进行了后续研究，他们扩展了时间长度，通过对 3 个学年（6个学期）的论坛帖子的分析，以便探明学生参与的比例、讨论链的长度、学生对于在线讨论论坛中的学习感知是否受到以下三方面影响。（1）教师在讨论论坛中的参与频率的影响；（2）教师发帖时间的影响；（3）教师帖子性质（是对学生问题的回复、新问题或者既回答又继续提出问题或者作出其他评论）的影响。调查结果表明，平均而言，教师发帖越多，学生发帖越少，讨论越短。教师在讨论论坛上发

---

① 赵颖：《网络教学平台下如何实现师生互动》，《考试周刊》2011 年第 8 期。

② Levitch, S., and Milheim, W., "Transitioning instructor skills to the virtual classroom", *Educational Technology*, Vol. 42, No. 2, 2003.

③ Mazzolini, M., and Maddison, S., "Sage, guide or ghost? The effect of instructor intervention onstudent participation in online discussion forums", *Computers & Education*, Vol. 40, 2003.

挥的作用更突出，学生发帖会更少。他们的研究表明，（1）SAO（Swinburne Astronomy Online）论坛上，老师发挥突出作用，会导致学生参与更少。但是，对学生填写的评估问卷进行分析之后，发现学生认为那些经常发帖的老师更热情、更专业。（2）教师是在讨论期间还是在即将结束之时发帖与学生的发帖率不相关。（3）教师帖子性质（是对学生问题的回复、新问题或者既回答又继续提出问题或者作出其他评论）和学生的发帖不相关。但是，没有面对面的反馈，对于教师而言，判断学生讨论的健康与否并不容易。因为仅凭师生发帖数来判断互动的良好与否，是不够的，还需要更精确的测量工具来测量教学中非同步论坛的有效性和互动质量，同时对教师的作用或角色还需进行更深入的探讨。

柏格尔（Berge）构建了一个教师角色四维模型，他把教师的角色分为教学性、管理性、社交性和技术性四个维度。其中，教学性角色是在线教师最为重要的角色之一，它主要指教师为了帮助学生理解关键概念、原理和技能所开展的促进教学的过程；管理性角色是指组织和管理与学习环境有关的任务；教师的社交性角色指建立一个友好的环境和有助于学生形成共同体；教师的技术性角色指为满足学生特定的学习目标，向其提供合适的软件，并帮助他们顺利使用这些软件。[①]

古德伊尔（Goodyear）及其同事提出了一个网络课程中教师作用的综合模型，他们认为教师主要具有六种主要的作用：（1）教师是过程促进者，即教师进行的有助于支持学生网络学习的活动；教师也是内容促进者，即教师让学生能更好地理解课程内容。（2）教师是建议者和顾问，即教师提供建议或辅导，从而帮助学生更好地利用课程活动。（3）教师是评价者，即教师提供学生的成绩、反馈和对学生工作的核查。（4）教师是研究者，即教师对所教的内容及其相关新知识进行研究。（5）教师是技术专家，即作出或帮助作出技术性的选择，以便能

---

① Berge, Z., "Facilitating computer conferencing: recommendations from the field", *Educational Technology*, Vol. 35, No. 1, 1995.

改善学生的学习环境。（6）教师是设计者，即设计出有价值的网上学习任务。[1]

邦克（Bonk）等开发出一个教师提供的网络支持模型，它包括：社会和认知确认、提问、直接指导、建模/举例、反馈/表扬、认知任务结构、认知解释、探索、培养自我意识、鼓励谈话、日常忠告/建议和管理。[2]

张艳红、佐斌探讨教师在与学生的网络互动中应该扮演何种角色，起到什么作用方面提出教师应该在学生网络参与中发挥积极作用；教师应成为网络师生互动的推动者、指导者而不是控制者。[3]

尽管古德伊尔等和邦克等开发出一个教师提供的包括社会和认知确认、提问、直接指导等的网络支持模型，该模型对于今后的研究具有一定的指导意义，但是目前，它们还只是描述性的，还需要经过实证研究的检验。有关网络情境中教师的作用或角色还有待进一步去研究。

二　网络师生互动的测量

尼斯贝特（Nisbet）对测量网络互动的方法进行了总结，他认为测量网络互动主要有两种方法：第一种是使用学习者反馈，如调查问卷；第二种是以内容分析、序列分析以及社会网络分析法等为代表的研究方法，侧重于研究网络互动的质量、结构以及互动模式。[4]

拉瓦艾（Rovai）使用学习者反馈方法，开发了教室社区问卷，其中对网络学习的评价中大多数是关于互动的内容。[5] 葛缨和张大均

---

① Goodyear, P. , Salmon, G. and Spector, J. M. , "Competences for online teaching: aspecial report", *Educational Technology Research and Development*, Vol. 49, 2001.

② Bonk, C. J. , Hara, N. , Dennen, V. , Malikowski, S. and Supplee, L. , "We're in TITLE todream: envisioning a community of practice, 'The Intraplanetary Teacher Learning Exchange'", *Cyberpsychology & Behavior*, No. 3, 2000.

③ 张艳红、佐斌：《教师在网络互动中的角色分析》，《长江大学学报》（社会科学版）2012 年第 12 期。

④ Nisbet, D. , "Measuring the Quantity and Quality of Online Discussion Group Interaction", *Journal of eLiteracy*, No. 1, 2004.

⑤ Rovai, A. P. , "Development of an instrument to measure classroom community", *Internet and Higher Education*, Vol. 5, No. 3, 2002.

编制了大学网络教学师生互动调查问卷（教师问卷和学生问卷）。教师问卷包括两部分，一共 11 个因素，42 道题目。分别是意义认知（即对网络教学师生互动含义的理解）和互动特点。其中，意义认知包括形式灵活性、选择自主性、效果综合性、手段新颖性；互动特点包括广泛参与性、民主平等性、角色互换性、主体自我调控、对学生的知觉和期待、及时反馈性、主体自我体验。学生问卷也包括两个部分，一共 10 个因素，41 道题目。分别是意义认知与互动特点。学生的意义认知包括内容、对象广泛性、环境超时空性、手段多样性、目标制约性；互动特点包括主体意识充分性、民主平等性、广泛参与性、及时反馈性、角色互换性、选择自主性。教师和学生问卷都采用 5 级自评式量表，从 1 表示完全不同意到 5 表示完全同意。教师问卷和学生问卷的信效度都比较良好。①

第二种方法，是基于内容分析等研究方法。潘塔姆贝克（Puntambekar）和勒克林（Lucklin）对以前的文献进行了回顾，他们认为网络互动的测量主要包括三个方面：一是定量计算出消息线的长度、帖子的数量等；二是考虑互动模式；三是探讨互动质量。通过定量方法去测量网络互动已经众所周知，它相对直接，通常使用相应的软件来计算。而互动模式和互动质量引起了研究者更大的兴趣，其成果也日益丰富起来。互动质量中按照一定的标准对交互内容进行分类的研究取得了较有成效的成果。②

奥利弗（Oliver）和麦克洛克林（McLoughlin）通过对师生交互信息的分析，把交互的内容按照从浅到深分为五种类型，如表 2 - 1 所示。③

---

① 葛缨、张大均：《大学网络教学师生互动的调查分析》，《现代远距离教育》2005 年第 1 期。

② Puntambekar, S., and Lucklin, R., "Documenting collaborative learning: what should be measured and how?" *Computers and Education*, Vol. 41, 2003.

③ Oliver, R., and McLoughlin, C., "Interactions in audiographics and learningenvironments", *The American Journal of Distance Education*, Vol. 11, No. 1, 1997.

表 2-1　　　　　　　　　Oliver 和 McLoughlin 交互维度模型

类型	解释
社交型（Social）	与课程内容不直接相关的社会礼节，例如："Hi""谢谢""我来报到了"
过程型（Procedual）	与课程有关的过程要求、说明、考评等。例如："什么时候交作业？""考试考什么样的题型？""考试主要考些什么？"
说明型（Expository）	举例说明一些知识点或实例的情况，不做过多的分析和阐述。例如："在组织中管理的三个基本层次是：作业层、管理层、决策层"
阐述型（Explanatory）	对知识的深度解析，并通过学习者的反馈给出进一步的解释说明。例如："在三个管理技能中，你认为哪个对高层管理者更重要？""概念能力对高层管理者非常重要，因为他们常常面对复杂的问题。职位的提升要求管理者本身能力不断地更新"
认知型（Cognitive）	通过独立的思考、客观性的评价，给出详细的阐述和建设性的意见，从而把握知识的实质以及对其正确地应用。例如："你认为这个企业的组织结构设计得合理吗？哪种组织结构更适合它？为什么？""是否可以使用其他的观点来评价泰勒的科学管理理论？"

　　费伊（Fahy）提出了一个网络文本分析工具（Transcript Analysis Tool，TAT），为网络互动分类又提供了一种新的分类方法。他将交互的内容划分为五个类别：第一个类别包括垂直问题（第一层次）和水平问题（第二层次）；第二个类别包括没有参考的陈述（第一层次）和含有参考的陈述（第二层次）；第三个类别指反思；第四个类别指主动参与；第五个类别指引述和释义（第一层次）和解释（第二层次），具体内容见表 2-2。[①]

表 2-2　　　　　　　　　文本分析工具（Fahy，2003）

代码	类别	定义
1A	垂直问题	假设正确的答案存在并且能被发现
1B	水平问题	就一个似乎合理的答案进行协商
2A	没有参考的陈述	没有参考他人的意见或观点

---

　　① Fahy, P. J., "Indicators of support in online interactions", *International Review of Research in Open and Distance Learning*, April 2003.

代码	类别	定义
2B	含有参考的陈述	直接或间接地参考他人的观点
3	反思	通常是谨慎的个人思想、判断、观点或经历
4	主动参与	特意发起、继续、鼓励或响应互动，使互动环境的气氛变得热烈或者富有个性
5A	引述和释义	来自于各方面的资料
5B	解释	对引述和释义的材料进行解释

与 TAT 分类法进行比较，布利格劳特（Blignaut）和特罗利普（Trollip）提出了一个和教师帖子相关的分类法：管理的、情感的、其他的、更正的、信息的。[①] 布雷斯·戈万（Brace-Govan）以讨论进程、小组形成和讨论发展三个变量为基础，建立了一个版主评价矩阵。[②]

萨蒙（Salmon）通过采用内容分析和焦点小组访谈法，提出一个五阶段模型（如表 2-3 所示）。该模型包括：阶段 1——进入和激发（access and motivation），指参与者进入而且能够使用网络讨论论坛，并且发帖。网络上，教师在该阶段的作用便是解决论坛登录的问题和鼓励、激发学生参与讨论。阶段 2——网络社会化（online socialisation），指参与者介绍自己，当参与者在网络上分享自己的观点时，该阶段结束。教师在此阶段中的作用是尽力创造相互尊重的氛围，让富有成效的、建设性的观点得以交流。阶段 3——信息交换（information exchange），交流开始更自由，并且开始集中于课程内容，因此该阶段发生学生与内容的互动、师生互动和生生互动。该阶段教师发挥指导和组织的作用，例如，发起和结束讨论主题，并加以总结。阶段 4——知识建构（knowledge construction），参与者能够系统阐述观点、

① Blignaut, S., and Trollip, R. R., "Developing a taxonomy of faculty participation in asynchronous learning environments—an exploratory investigation", *Computers and Education*, Vol. 41, 2003.

② Brace-Govan, J., "A method to track discussion forum activity: the Moderators' Assessment Matrix", *Internet and Higher Education*, No. 6, 2003.

通过讨论与合作理解和深化观点。这一阶段，学生开始为自身的学习履行更多的责任，教师开始建立并维持团体。阶段5——发展（development），明显的是，参与者开始对自己的学习负责，有经验的参与者指导那些少经验的参与者制定学习日程。最后一阶段，无论是教师还是学生都运用建构主义的方法去探索思想和建构知识。①

唐宁（Downing）、拉姆（Lam）、邝（Kwong）等以师生在异步讨论板中一学期（共持续17个星期）的互动记录为数据，将师生互动按时期分成阶段1（0—3周）、阶段2（4—9周）、阶段3（10—16周）三个阶段。将互动内容按照主题分为师生教学互动、师生情感/社会互动、生生学习互动、生生情感/社会互动四种类别。个案研究结果发现，阶段1是社会形成阶段，在该阶段中，教师起到了鼓励和支持的作用。阶段1中的师生互动具有社会性，社会互动的帖子多于学习互动。这也为良好的学习氛围打下了基础。阶段2是社会工具阶段，在这个阶段，师生学习互动的数量超过社会互动。阶段3是缩回阶段，在此阶段，师生互动的数量开始大量减少，但是社会互动和学习互动的平衡得以维持。②

表2－3　以网络讨论小组形式开展的教与学模型（Salmon，2000）

阶段	学习者	教师在网络中的作用
进入和激发	进入讨论区并发帖	解决登录问题并鼓励参与
网络社会化	自我介绍和彼此分享	创造相互尊重的氛围且缓和意见的分歧
信息交换	就课程内容进行交换	组织富有成效的讨论
知识建构	通过讨论和协作形成观点	建立和维持小组学习
发展	对自己的学习及其建构负责	支持且根据需要作出回答

---

① Salmon, G. E., *Moderating—the key to teaching and learning online*, London: Kogan Page, 2000.

② Downing, K. J., Lam, T. F., Kwong, T., Downing, W. K., and Chan, S. W., "Creating interaction in online learning: a case study", *Research in Learning Technology*, Vol. 15, No. 3, 2007.

有学者采用混合方法，既包括定量方法（内容分析和序列分析），也包括定性的原始记录分析法（Original Protocol Analysis）对教师在博客中的互动进行了研究。该研究根据 Gunawardena 等提出的互动分析模型（Interaction Analysis Model，IAM）的五个方面，同时，增加与知识建构主题无关的讨论，一共六个方面去分析社会知识建构的深度。他们把一篇博客文章作为一单元，把一篇文章的内容记为第一条消息。然后，基于时间顺序给每个回复的帖子编码（一篇文章可能有多个回复）。如果一条消息显示两个或多个不同的代码，编码将基于出现的顺序（例如，如果第一部分的消息被编码为 K1，后面两部分被编码为 K3，那么这条消息被编码为 K1K3）。在给所有的文章编完码之后，每篇博客文章都有一套编码。他们的数据采集来自于为期85 天的 110 个教师的博客文章，一共 869 篇文章，共有 1395 条消息，经过编码之后产生了 1455 个代码。通过对消息进行内容分析，发现大于 90% 的教师在博客上的互动是关于知识构建（K1—K4 占到93%）。而构建的内容，大多数是简单地分享或者信息比较（88.25%），紧接着是与主题无关的文章或回复（7%），知识的深入探索（4%）。其他的知识建构例如提出不同的观点或者意见（1%）或者深入比较（0.21%）则很少看到。结果表明大多数教师重点关注教学知识的分享和比较，很少进行深入的分析、讨论和发起不同的评论和提出有创造性的想法。通过滞后序列分析，发现与教学无关的互动水平和知识的连续性高于教学知识分享的互动水平和知识连续性。为了更好地理解互动的内容和过程，同时也是为了考察以上结果的原因和细节，研究者接着对教师博客上的文章进行了一个定性的原始记录分析。通过分析，发现教师在博客中的知识分享通常局限于分享感觉/体验或者无关的信息，而没有导致深入的知识建构。[①]

许（Heo）、林（Lim）和金姆（Kim）采用两种不同的框架对网络互动进行了研究。研究者同时以微观和宏观的角度，采用内容分析

---

① Hou, H. T., Chang, K. E., and Sung, Y. T., "An analysis of peer assessment online discussions within a course that uses project-based learning", *Interactive Learning Environment*, Vol. 15, No. 3, 2007.

和社会网络分析两种方法考察了项目学习中的网络互动。社会网络分析用来分析成员之间的关系模式（宏观水平）。内容分析用来分析小组内（一共有 7 组）共享的消息（微观水平）。被试来自韩国女子大学教育信息课程的 49 名大学生。社会网络分析采用了网络密度、中间中心性等指标来阐明互动模式。结果表明，每个小组都有不同的阅读和回复网络以及具有不同的网络互动模式。C 组的在线互动最频繁，有着高度的群体凝聚力。证实了高水平的互动影响交流、支持和团队成员的凝聚力。然而，令人惊奇的是，该组在小组成绩中得分最低，这和其他研究报告的网络互动对学习成绩的积极作用的结论相左。Heo 等采用 Gunawardena 等提出的五阶段模型来分析网络互动的质量。内容分析的结果正好可以解释这个意料之外的结果。与得分最高的小组相比，C 组成员之间的大多数互动仅仅限于信息分享和接受新观点，而讨论太少。他们参与了最低水平的认知过程，因而取得了最差的结果。因此，互动的数量对于小组的合作是必要的，但是要想取得更好的效果，互动的质量却是关键的。①

另外一些学者采用社会网络分析方法（SNA）描述了两门网络课程的互动本质。他们记录了互动的类型（看帖、发帖、回复等）、互动的时间、互动的目标对象、行动者，也就是说，他们系统地记录了谁、什么时候、怎样以及在哪里互动的详细资料。该研究中 SNA 的指标包括网络密度（Network Density）、点度中心度（Centrality Degree）、网络中心性（Network Centralization）。SNA 图示法及其测量的结果显示出两门课程中互动模式的一些相似性。第一，教师在两门课程中都发挥了关键作用。教师的消息表明了工作开始和对互动的鼓励。学生倾向于看教师的帖子，这个通过比较有教师和无教师的模式图可以加以论证。第二，互动模式受到任务类型的影响。例如，学生在个体的活动上显著少于同伴评议活动，这也显示有关互动的研究和网络学习中的社区研究应该在给学生布置的任务类型上给予更多关

① Heo, H., Lim, K. Y., and Kim, Y., "Exploratory study on the patterns of online inter-action and knowledgeco-construction in project-based learning", *Computers & Education*, Vol. 55, 2010.

注。任务类型的作用和它对网络学习互动的影响需要进一步地研究。第三，网络中心性显示这两门课程的网络不是完美的星形网络，它表示师生之间的互动不是均匀分布的，一些学生比另外一些学生更积极地去和老师交流，两门课程中都发生了这种情况。

同时，SNA 的结果也显示了两门课程中互动模式的不同之处。在课程 A 中，有着高互动分数的学生通常都是主动发起和其他成员互动的人，而不是等待着和他人互动。在课程 B 中，有着高互动分数的学生是那些和他人互动而不是发起互动的人。这表明了在两种课程中互动多的学生可能发挥了不同的作用。假设在课程 B 中，互动多的学生可能是那些对班级信息流有影响的学生，也许是因为他们的学习效果好于其他人或者他们的帖子或想法比其他人更有意义，所以另外一些学生和他们进行互动。用另外的话说，其他学生有目的地选择和他们互动，是因为他们对学习的社会建构作出了更多的贡献。对于这些不同之处，SNA 却不能给予很好的回答，这表明为了更好考察网络情境中的互动研究，除了采用社会网络分析法，还需要和其他方法结合使用。[1]

国内，白淑英和何明升以社会互动理论为分析框架，在实证研究的基础上，参考网络空间的特征，认为 BBS 互动关系的建构至少需要电子空间、话题、角色和帖子四个结构性要素。[2] 同时，白淑英又指出，网络师生互动的环境具有现实与虚拟两重性特征，探讨网络时代师生互动的结构，就要在虚拟技术影响下的现实世界和现实影响下的虚拟世界这两种教育环境的背景中去进行考察。她认为师生互动的结构包括：（1）师生互动的情境。在教育领域师生分别对互动的情境有一个主观定义的过程。在网络时代，同时受虚拟与现实两种社会规范影响的师生，在互动的过程中能否遵循同一规范、角色认定是否一致是互动顺利进行的基础。（2）师生互动的过程。她认为，在互动的过程中，最核心的是互动的内容和方式。网络学习与传统学习方式

---

[1] Shen, D., Nuankhieo, P., Huang, X., Amelung, C., and Laffey, J., "Using social network analysis to understand sense of community in an online learning environment", *Educational Computing Research*, Vol. 39, No. 1, 2008.

[2] 白淑英、何明升：《BBS 互动的结构和过程》，《社会学研究》2003 年第 5 期。

的差异将体现在师生互动的过程是知识的传递过程还是方法的指导过程。这两种学习方式同时影响着网络时代的互动过程。（3）师生互动的结果。包含师生对互动结果的认识、情感体验、满意程度及互动过程中问题解决的效果对师生双方的直接或间接、显现或潜在的影响等。她认为互动过程因素将对互动结果产生直接的影响，网络师生互动的结果体现在虚拟和现实两个世界中。①

杨刚等借助 VNCIS（visual network collaborative interaction system，可视化网络协作交互系统）平台开展了一系列协作活动，他们采用观察法，发现师生互动结构是随着话题和师生角色的转换而不断变化的。他们考察了三人型的协作互动结构形式，结果发现，该结构分为民主型、主导型、私聊型、无反馈型和孤立型五种类别（如图2-1所示）：（1）民主型。其特点是成员之间是一种多向交流的方式，三组两两连通。（2）主导型。主导型的特点是其中两组双向连通，其中一位与另外两位有着双向通路。（3）私聊型。私聊型的特点是只存在一组双向通路，成员中有两人是相互交互，而另外一位成员仅仅只有单向通路，或没有通路，呈现孤立的状态。（4）无反馈型。其特点是三个成员自己说自己的，彼此之间没有反馈和回应。（5）孤立型。孤立型的特点是三个成员之间没有任何通路。②

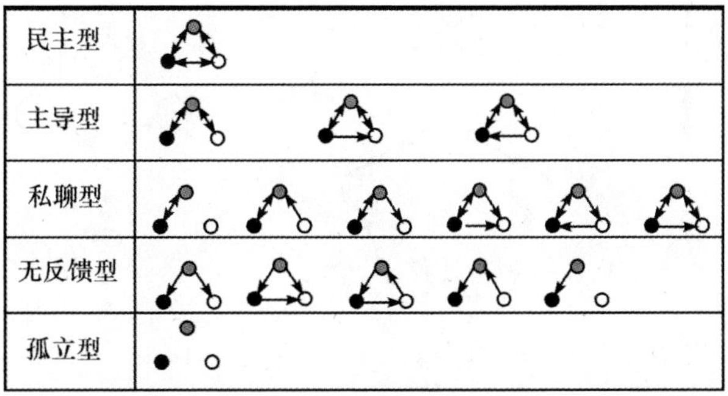

图2-1　三人型网络师生互动的结构类型

① 白淑英：《网络时代师生互动的结构简析》，《云南财贸学院学报》2003年第1期。
② 杨刚、徐晓东、谢海波：《从课堂到网络：多学科视角下师生互动透视》，《远程教育杂志》2010年第6期。

　　已有大多师生互动研究是置放在传统的课堂情境中开展的，然而，在网络情境成为教育又一背景性因素之后，传统的师生互动模式不可避免地会发生变化，而出现新的网络师生互动模式。在西方，莱维特（Leavitt）等人用社会网络分析法对师生互动的小团体互动模式进行了研究，结果表明，存在链式结构、轮式结构、全渠道式结构、环式结构和 Y 式结构这五种师生互动的模式。他们用社会网络的图示法对这五种互动模式进行了描述，具体如图 2 - 2 所示。链式结构是一种纵向逐级传递的社会网络结构；轮式结构是以核心人物为沟通中枢的社会网络结构，其特点表现为系统的高稳定性和成员的低满意度；全渠道式结构，也叫网状结构，是一种成员之间充分互动，满意度高，但组织无力的互动模式；环式结构表明，组织成员之间的距离是导致成员之间交流障碍的主要因素，只有临近成员之间才有沟通；Y 式结构也是一种逐级传递结构，但是，该结构中有一个关键节点，即节点 N3，它拥有两个上级和两个下属。目前传统的师生互动模式中，大部分都是轮式结构或轮式结构的扩充。①

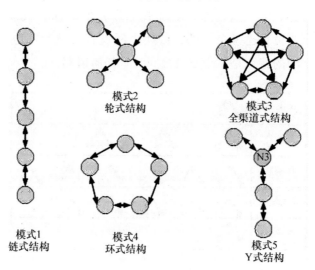

模式2
轮式结构

模式3
全渠道式结构

模式1
链式结构

模式4
环式结构

模式5
Y式结构

图 2 - 2　师生小团体互动模式（Leavitt，1958 年）

---

　　① 王陆：《虚拟学习社区的社会网络结构研究》，博士学位论文，西北师范大学，2009 年，第 30 页。

　　张豪锋、李瑞萍和李名根据已有相关研究，提出社会网络互动结构主要有星形、链状和网状三种类型模式。相较于星形和链状的互动结构，具有网状结构的社群成员之间交互更加深入、更为频繁。① 王陆通过观察学习小组的学习过程，根据合作学习中的师生互动与生生互动两个维度，对典型合作学习中的师生互动模式、教师角色等进行了描绘（如表2－4所示）。②

表2－4　　　　　　　**典型合作学习模式的师生互动特点**

模式序号	师生互动模式	生生互动模式	教师角色	学习形式
1	一对多模式	星形模式	组织者、辅导者和管理者	讲授、群体辅导等
2		环形模式		
3		网状模式		
4		层级模式		
5	一对多模式	星形模式	辅导者和助学者	个别答疑或辅导等
6	一对一模式	环形模式		
7		网状模式		
8		层级模式		
9	借助技术手段实现教师角色扮演或"分身"，从而开展"多对多"的互动	星形模式	组织者、管理者、辅导者和助学者	借助技术手段实现教师角色扮演或"分身"从而开展"多对多"的互动
10		环形模式		
11		网状模式		
12		层级模式		

三　网络师生互动的影响因素

（一）环境因素

　　在有关以电脑为媒介的（CMC）学习环境和面对面的学习环境对于不同任务的影响方面，研究者得出了不同的结论。波迪亚（Bor-

<hr>

　　① 张豪锋、李瑞萍、李名：《QQ虚拟学习社群的社会网络分析》，《现代教育技术》2009年第12期。
　　② 王陆：《信息化教育研究中的新内容：互动关系研究》，《电化教育研究》2008年第1期。

dia）认为在 CMC 中，学生感觉到更少的压力，能产生更多的想法和进行更多平等的互动。① 路皮科尼（Luppicini）回顾相关文献，总结出，和面对面相比较，在 CMC 中，小组在深度思维、个人观点的分享、任务为主的互动方面有着更好的表现。在面对面中，被试则评价了更好的凝聚力和更多的同伴影响。②

希尔兹（Hiltz）发现 69% 的学生感觉虚拟课堂比传统课堂更方便，71% 的学生完成在线课程，感觉 CMC 环境提供了更好的与教师接近的机会。③ 哈特曼（Hartman）等指出大学教师评价网上教学更灵活，交互性更强。④

霍尔（Hall）、伊尔夸德里（Elquadri）、瑞恩伍德（Reenwood）等发现小学生提问或回答教师只占到上学时间的 1%。纳恩（Nunn）报告，在大学课程中，也仅有 6% 的时间用来课堂讨论，讨论中仅有 25% 的学生参与。⑤ 研究者用 National Survey of Student Engagement（NSSE）测量美国大学生的主动参与水平，调查发现，大一学生中只有 25% 报告经常在课堂上提问或者参与到课堂讨论，大四学生中有 39% 报告他们经常参与这些活动。⑥ 卡斯皮（Caspi）等认为低社会参与模式可能部分是由于诸如教学环境等环境因素导致。教师似乎更倾向于采用教学主义而不是建构主义，他们给学生更少的机会在课堂上讨论、参与社会交往。

随着网络媒介在教育中的广泛渗透，例如，异步或同步网络交

① Bordia, P., "Face-to-face versus computer-mediated communication: a synthesisof the experimental literature", *Journal of Business Communication*, Vol. 34, No. 1, 1997.

② Luppicini, R., "Review of computer mediated communication researchfor education", *Instructional Science*, Vol. 35, 2007.

③ Hiltz, S. R., "Impacts of college-level courses via asynchronous learning networks: some preliminary results", *Journal of Asynchronous Learning Networks*, Vol. 1, No. 2, 1997.

④ Hartman, J., Dziuban, C. and Moskal, P., "Faculty satisfaction in ALNs: A dependent or independent variable", *Journal of Asynchronous Learning Networks*, Vol. 4, No. 3, 2000.

⑤ Nunn, C. E., "Discussion in the college classroom: Triangulating observational and survey results", *Journal of Higherducation*, Vol. 67, No. 3, 1996.

⑥ Caspi, A., Chajut, E., Saporta, K., and Beyth-Marom, R., "The influence of personality on social participation in learning environments", *Learning and Individual Differences*, Vol. 16, 2006.

流，为学生提供了参与学习活动的机会。但是，调查表明情况更为复杂。首先，学生参与少。卡斯皮（Caspi）等考察了选修课程中学生网络参与的比例。[①] 他们发现仅有12%—18%的学生参与，而且在这些人中，大多数仅仅发一次帖。在必修课程中的情况也是类似，尽管学生获得了学分，但是他们的参与也很少。[②] 其次，创造和维持网络学习社区存在问题，网络环境缺少位置感和同步性等比缺少身体语言和社会存在对使用者更有影响。与报告的课堂参与和学习成绩的正相关形成对比的是，在网络教学环境中，"潜水者"（例如，被动的学生）和那些积极参与者的分数相当甚至更高。

教室和网络环境究竟具有哪些区别？表2-5总结了两者在结构上的区别。两者除了在结构上具有不同之外，在心理上也存在区别：其一，承诺和规范。和面对面不同，虚拟的教学环境通常不需要建立以下规范。例如，在虚拟环境中，学生能够选择不去看他们所提问题的答案，他们不会因为没有积极参与而受到批评。这也反过来导致网络环境比面对面环境中的承诺水平更低。其二，社会化、学生的角色和自我期待。在学生的生活中，班级规则的社会化开始非常早，而在网络环境中，它可能开始更迟，因此，规则可能更不清楚。而且，自我期待的程度要低于教室环境中的自我期待。因为社会化很迟，角色不清晰，学生的自我期待可能会模糊。其三，社区感。在面对面课堂中，有多条途径可以帮助建立社区感，而在网络情境中，这些途径的影响作用降低，需要更多的努力去建立社区感。其四，反思和高级思维。其五，由于交流不同步，所以网络环境能提供参与者更多思考的时间。

基于学生的需要或者人格特点，这两种教学环境下的区别会鼓励不同的学生去参与。如果同类型的学生始终参与，可以根据他们的人格特质进行识别。然而，不同类的学生在每种教学环境中都参与也是

---

① Caspi, A., Chajut, E., and Saporta, K., "Participation in class and in online discussions: Gender differences", *Computers and Education*, Vol. 50, 2008.

② Pena-Shaff, J. B., & Nicholls, C., "Analyzing student interactions and meaning construction in computer bulletin board iscussions", *Computers and Education*, Vol. 42, No. 3, 2004.

可能的。因此，不同的人格特质会出现在这个情境，也会出现在另一个情境中。一个有意思的有关环境对行为影响的测量是测量出做事意愿和实际做的区别。试想一个学生，在教室里，想要做出评论或提问，他会举手，示意参与的意愿，但是教师也许不会给他这个机会。在这样的例子里，由于教师，他的意愿没有落实。因此，测量参与的意愿会提供一个测量不同教学环境对参与影响的基线。

表 2 – 5 　　　　　　　　　　　　教室和网络教学媒体的区别

	教室	网络教学媒体
地点	空间界定	虚拟界定
参加（出席/未出席）	可见的	可能是看不见的（如潜水者）
对讨论的贡献	语言、身体言语	文本
反应	立即的	延迟的（对于异步的讨论）
记录	取决于笔记	打印稿

　　卡斯皮（Caspi）等[①]的研究发现环境影响了参与意愿的实现。首先，参与意愿的基线显著不同，大多数学生愿意在课堂上参与互动，而只有一小部分报告愿意在网络上参与。而另外一些学者的研究表明学生通常更愿意参加网络的讨论而不是在课堂上进行讨论。研究结论的不一致，一个主要的区别可能在于技术使用的问题。一部分使用网络同步互动，而另一部分是使用网络异步互动。另一个区别在于学业领域，一些学者考察的是在外语课堂中的学生行为，外语课堂会很重视学生的积极参与，而其他课程可能没有如此重视。而且更重要的，他们对两种环境下的参与意愿和参与行为进行了比较，发现在那些在课堂中想要参与的学生，只有少部分学生实际上没有做到，而在网络环境中，大多数想要发帖的学生，实际上却没有做到。对于这种区别，一个可能的解释在于教学环境的特性不同。教室气氛会促进互

---

① Caspi, A., Chajut, E., Saporta, K., and Beyth-Marom, R., "The influence of personality on social participation in learning environments", *Learning and Individual Differences*, Vol. 16, 2006.

动，而网络可能会抑制教学参与。这主要取决于网络的一些特性。首先，文本交流的永久特性。其次，媒介的异步特性可能会促使学生避免参与，因为反应或反馈会被延迟，而其他媒介可能会更好地服务学生的这一需求。最后，文本交流对于一些学生可能是有问题的，因为它需要更好的技术，也需要更多的表达技巧。

已有研究揭示了两种环境中参与的显著差异，并且发现人格差异发挥了第二作用。今后的研究可以去尝试揭示这两种环境中各是什么因素影响了学生的参与。

（二）人格特质

人的行为既由外部因素决定，也由内部因素决定。[1] 阿米凯·汉布格尔（Amichai-Hamburger）、文阿佩尔（Winapel）和福克斯（Fox）认为人格是理解人们网络行为的主导因素。[2] 汉布格尔（Hamburger）和本·阿奇（Ben-Artzi）也认为网络行为和人格特质有关。这些研究致力于探讨网络使用或网络交往与人格特征之间的关系，以期探明什么类型的人更喜欢通过网络进行人际交往，以及不同人格特质的人在网络使用和交往中有着什么样的表现行为。[3]

西方研究者大多使用人格五因素模型来探讨人格与网络交往或网络使用的关系。五因素模型（Five-Factor Model，FFM）将人格分成5个独立的维度，分别是外向性（extraversion）、神经质（neuroticism）、随和性（agreeable）、尽责性（conscientiousness）、开放性（openness）。[4] 也有用艾森克人格问卷（Eysenck Personality Questionnaire，EPQ）来探讨人格与网络使用或交往的关系。EPQ 包括三个基本因

---

① Caspi, A., Chajut, E., Saporta, K., and Beyth-Marom, R., "The influence of personality on social participation in learning environments", *Learning and Individual Differences*, Vol. 16, 2006.

② Amichai-Hamburger, Y., Winapel, G., and Fox, S., "On the Internet no one knows I'm an introvert: Extroversion, neuroticism, and internet interaction", *Cyberpsychology and Behavior*, Vol. 5, No. 2, 2002.

③ Hamburger, Y. A., and Ben-Artzi, E., "The relationship between extraversion and neuroticism and the different uses of the internet", *Computers in Human Behavior*, Vol. 16, 2000.

④ Costa, P. T, and McCrae, R. R., "Four ways five factors are basic", *Personality and Individual Differences*, Vol. 13, No. 6, 1992.

素，分别是内外向性（Extraversion）、神经质（Neuroticism）和精神质（Psychoticism）。

法赛德（Farsides）和伍德菲尔德（Woodfield）就人格五因素和学业成绩之间的关系，对大量研究进行了回顾和分析。[①] 有大量的证据表明尽责性、开放性、神经质以及外向性这四个因素和学业成绩正相关。对于第五因素——随和性，虽然也有一些正相关的证据存在，但是还有待进一步检验。

有少量文献报告了人格特质和课堂参与的关系。弗兰汉姆（Furnham）和梅德赫斯特（Medhurst）检验了人格和教师评价的学生课堂行为之间的关系，这些行为包括对课堂学习内容主旨的掌握、学习习惯、动机、文字表达、口头表达和课堂参与的数量。[②] 他们发现外向性和课堂参与正相关。在后续研究中，弗兰汉姆（Furnham）、查莫洛·普雷姆兹克（Chamorro-Premuzic）和麦克杜格尔（Mc-Dougall）观察到尽责性、随和性和教室行为之间有显著的相关。[③] 与之矛盾的是，查莫洛·普雷姆兹克（Chamorro-Premuzic）和弗兰汉姆（Furnham）则没有发现五因素中任何一个因素和教室行为之间存在相关。[④]

那么，在网络环境中，人格特质和学生的网络使用有着什么样的关系？恩格尔伯格（Engelberg）采用大五人格问卷考察互联网使用与人格之间的关系，结果没有发现二者之间存在相关。[⑤] 施维科特

[①] Farsides, T. L., and Woodfield, R., "Individual differences and undergraduate academic success: The roles of personality, intelligence and application", *Personality and Individual Differences*, Vol. 34, 2003.

[②] Furnham, A., and Medhurst, S., "Personality correlates of academic seminar behaviour: A study of four instruments", *Personality and Individual Differences*, Vol. 19, 1995.

[③] Furnham, A., Chamorro-Premuzic, T., and McDougall, F., "Personality, cognitive ability, and beliefs about intelligence as predictors of academic performance", *Learning and Individual Differences*, Vol. 4, No. 1, 2002.

[④] Chamorro-Premuzic, T., and Furnham, A., "Personality predicts academic performance: Evidence from two longitudinal university samples", *Journal of Research in Personality*, Vol. 37, No. 4, 2003.

[⑤] Engelberg, E., and Sjöberg, L., "Internet use, social skills, and adjustment", *Cyber Psychology and Behavior*, Vol. 7, 2004.

（Swickert）、希特纳（Hittner）、哈里斯（Harris）等也发现人格特质和电脑使用之间只有低相关。[①] 斯思丽（Scealy）、菲利普斯（Phillips）和史蒂文森（Stevenson）为了更好地探讨人格特质如何影响网络使用，采用问卷法对 177 名被试进行了调查和研究。[②] 结果表明电子邮件及聊天室的使用和害羞与焦虑不相关，也就是说害羞和焦虑并没有对人们在网络中的交流和互动造成阻碍。

但是也有研究者发现不同的人格特质和网络使用或交往之间有着不同的关系。杨洋和雷雳发现，外向型人格特征与互联网服务偏好之间不存在显著的交互作用，但是随和性与互联网社交服务偏好却具有显著的交互效应。[③] 柏格尔（Berge）发现，网络环境更适合外向性的学生。[④] 埃米尔（Amiel）和萨金特（Sargent）的研究表明，外倾者更多地将网络当作目标定向的工具使用。[⑤] 汉布格尔（Hamburger）等通过对网络中的社会互动和面对面互动进行比较，发现内向型和神经质的人在网络中能找到自己的"真实自我"，而外向型和非神经质的人则通过传统的社会互动找到自己的"真实自我"。[⑥] 图顿（Tuten）和博斯纳（Bosnjak）运用人格五因素模型，考察了人格和网络使用之间的关系。[⑦] 他们对 400 名大学生被试进行的调查，结果表明在这五个因素中，开放性与神经质和网络使用之间有高相关，开放性

---

① Swickert, R. J., Hittner, J. B., Harris, J. L., and Herring, J. A., "Relationships among Internet use, personality, and social support", *Computers in Human Behavior*, Vol. 18, No. 4, 2002.

② Scealy, M., Phillips, J. G., and Stevenson, R., "Shyness and anxiety as predictors of patterns of Internet usage", *Cyberpsychology and Behavior*, Vol. 5, 2002.

③ 杨洋、雷雳:《青少年外向/宜人性人格、互联网服务偏好与"网络成瘾"的关系》,《心理发展与教育》2007 年第 2 期。

④ Berge, Z., "Facilitating computer conferencing: recommendations from the field", *Educational Technology*, Vol. 35, No. 1, 1995.

⑤ Amiel, T., and Sargent, S. L., "Individual differences in Internet usage motives", *Computers in Human Behavior*, Vol. 20, 2004.

⑥ Hamburger, Y. A., and Ben-Artzi, E., "The relationship between extraversion and neuroticism and the different uses of the internet", *Computers in Human Behavior*, Vol. 16, 2000.

⑦ Tuten, T. L., and Bosnjak, M., "Understanding differences in Web usage: The role of need for cognition and the five factor model of personality", *Social Behavior and Personality*, Vol. 29, 2001.

和网络娱乐以及信息动机正相关，而神经质和网络使用负相关。

沃伏瑞德（Wolfradt）和多尔（Doll）却发现，神经质与网络交往有着密切联系。[1] 他们将电脑使用动机分为信息、娱乐和人际交流三种。对122名青少年电脑使用者进行的调查，结果发现神经质和娱乐以及人际交流动机正相关，而外向性只和人际交流正相关。瓜达尼奥（Guadagno）等研究者发现，神经质高分者似乎更喜欢更新个人博客。[2] 神经质得分和博客的关系受到性别的影响，也就是说，高神经质得分的女性发表博客数量比低神经质得分女性更多。埃米尔（Amiel）和萨金特（Sargent）发现，神经质者会经常使用博客。[3] 可能是由于博客常被人们用作获取信息的方式，它令使用者知道且确定他人的处境。并且，神经质者与教育目标这类的网络行为有关，高度神经质个体希望通过更多地了解世界来增强安全感。[4] 但是，神经质和网络信息使用关系的研究结果仍然存在着不一致，例如，汉布格尔（Hamburger）和本·阿奇（Ben-Artzi）发现，神经质男性与信息活动有关。[5] 而沃伏瑞德（Wolfradt）和多尔（Doll）却认为，大五人格中没有一个因素，包括神经质，与网络信息使用动机相关。

在其他人格特质与网络使用、网络交往的关系研究中，汉布格尔（Hamburger）和本·阿奇（Ben-Artzi）主张网络交往的特殊性能帮助内向者通过网络自由地表达自己，尤其是女性。卡斯皮（Caspi）等的研究揭示了仅仅参与课堂互动的学生比那些在课堂和网络两种环境

---

① Wolfradt, U., and Doll, J., "Motives of adolescents to use the internet as a function of personality traits, personal and social factors", *Journal of Educational Computing Research*, Vol. 24, No. 1, 2001.

② Guadagno, R. E., and Allmendinger, K., "Handbook of research on compurer mediated communication" Hershey, PA: IGI Global, 2008, pp. 401–410.

③ Amiel, T., and Sargent, S. L., "Individual differences in Internet usage motives", *Computers in Human Behavior*, Vol. 20, 2004.

④ Tuten, T. L., andBosnjak, M., "Understanding differences in Web usage: The role of need for cognition and the five factor model of personality", *Social Behavior and Personality*, Vol. 29, 2001.

⑤ Hamburger, Y. A., and Ben-Artzi, E., "The relationship between extraversion and neuroticism and the different uses of the internet", *Computers in Human Behavior*, Vol. 16, 2000.

中都参与的同伴更为外向，仅仅只参与网络互动的学生比那些两种情境下都不参与的或者不参与网络互动的学生更为内向。[①] 只参与网络互动的学生和那些只参与课堂互动的学生相比，更为神经质。

通常，外向的教师可能感觉通过网络来教学很困难，因为在这里，没有身体语言和非言语线索，其个性也只能够通过文本文字来表达。与此相反的是，不太外向的教师可能喜欢这种方式，因为他们可以花时间去精雕细琢，从而对学生的帖子做出更好的回复，并且能够发挥他们在面对面教学中不具有的作用。[②]

不同的研究者就人格特质和网络行为之间的关系得出了不同的结论，研究结果的不一致可能是由于研究者采用了不同的研究方法；在利用问卷法进行的研究中，测量工具的信效度还有待进一步检验；而且由于被试的取样等问题导致结论的推广性还有待进一步证实和加强。

（三）性别

学者对 CMC 中性别差异的关注扩展了教育领域文献中有关男女不平等的研究。如，弗兰汉姆（Furnham）和布尔梅格特（Buhrmester）以及哥文达瑞（Govindara）的研究发现，女生与教师有更密切的师生关系。[③④] 许多有关 CMC 的研究也证实了性别差异。布鲁姆（Blum）发现学生在网络上的消息显示出男学生和女学生之间的差异，这也证明了性别不平等现象的存在。[⑤] 帕纽奇（Pagnucci）和马里奥（Mauriello）的研究结果表明许多女性感觉为了增强可信度，选

---

① Caspi, A., Chajut, E., Saporta, K., and Beyth-Marom, R., "The influence of personality on social participation in learning environments", *Learning and Individual Differences*, Vol. 16, 2006.

② Mazzolini, M., and Maddison, S. Sage., "guide or ghost ? The effect of instructor intervention on student participation in online discussion forums", *Computers and Education*, Vol. 40, 2003.

③ Furnham, W., and Buhrmester, D., "Age and sex differences in perceptions of networks of personal relationships", *Child development*, Vol. 63, 1992 .

④ Govindara , G., "Enhancing oral communication between teachers and students", *Education*, Vol. 112, No. 2, 1991 .

⑤ Blum, K., "Gender differences in asynchronous learning in higher education: learning styles, participation barriers and communication patterns", *Journal of Asynchronous Learning Networks*, Vol. 3, No. 1, 1999.

择使用一个男性网名是很必要的。[①] 另一方面，并不是所有有关 CMC 的研究都显示了性别差异效应。Ory 等对大学生在使用 CMC 一年后就网络互动及其态度进行调查，结果没有发现显著的性别差异。[②]

卡斯皮（Caspi）、洽佳特（Chajut）和沙伯塔（Saporta）的研究发现男生在面对面的教室中交流更多，而女生在网络环境中发帖更多。[③] 有两种可能的解释，要么女性比男性更喜欢书面交流，或者因为在文本交流和语言交流中，女性更喜欢文本交流。在一些研究中，控制了性别基准比率，发现女性比男性发帖更多。[④] 内向型女性认为在网络上可以感觉到较少的干扰，希望在网络上寻找支持。[⑤] 阿米凯·汉布格尔（Amichai-Hamburger）认为，由于网络的匿名性，内向型男性意识到网络社会服务能够满足他们的社会需求，使得他们可以自由表达。[⑥] 有学者就师生性别对大学师生互动状况的影响进行了考察，结果在课外互动中发现了同性别偏爱现象。

王耘和王晓华的研究发现，男生和女生在师生关系的亲密性和反应性上有显著差异，女生的师生关系比男生更为积极。[⑦] 佐斌就教师性别对课堂师生互动的影响进行了探究，研究表明，教师性别对课堂师生互动行为类型和互动倾向有影响。[⑧] 男教师在课堂上倾向于知识

[①] Pagnucci, G., and Mauriello, N., "The masquerade: Gender, identity, and writing for the web", *Computers and Composition*, Vol. 16, No. 1, 1999.

[②] Ory, J., Bullock, C., and Burnaska, K., "Gender similarity in the use of and attitudes about ALN in a university setting", *Journal of Asynchronous Learning Networks*, Vol. 1, 1997.

[③] Caspi, A., Chajut, E., and Saporta, K., "Participation in class and in online discussions: Gender differences", *Computers and Education*, Vol. 50, 2008.

[④] Bostock, S. J., and Lizhi, W., "Gender in student online discourse", *Innovations in Education and Teaching International*, Vol. 42, No. 1, 2005.

[⑤] Hamburger, Y. A., and Ben-Artzi, E., "The relationship between extraversion and neuroticism and the different uses of the internet", *Computers in Human Behavior*, Vol. 16, 2000.

[⑥] Amichai-Hamburger, Y., Winapel, G., and Fox, S., " 'On the Internet no one knows I'm an introvert': Extroversion, neuroticism, and internet interaction", *Cyberpsychology and Behavior*, Vol. 5, No. 2, 2002.

[⑦] 王耘、王晓华：《小学生的师生关系特点与学生因素的关系研究》，《心理发展与教育》2002 年第 3 期。

[⑧] 佐斌：《师生互动论——课堂师生互动的心理学研究》，华中师范大学出版社 2002 年版，第 146 页。

互动，女教师则倾向于情感互动；在情感互动中，女教师的正向情感多于男教师；男教师的言语互动相对多于女教师，而女教师的非言语互动及互动双向性要多于男教师。

（四）教师自我表露

惠利斯（Wheeless）和格罗兹（Grotz）将自我表露（self-disclosure）界定为"一个人向他人交流有关自己的信息"，信息包括个人想法、感觉和经历等。[1] 他们指出，自我表露的维度具有多维性，包括意图、数量、效价、深度、诚实度以及准确性。教师自我表露的数量指的是教师向他人交流有关自己信息的多少；效价指表露内容的性质是积极或消极；相关指教师表露的内容和课程内容的关联。[2] 福萨尼（Fusani）认为，教师自我表露是丰富师生交流的个人来源。[3] 而且，教师将自我表露作为培养学生学习的一种有效教学工具。[4] 研究表明教师往往通过幽默、故事和热情来使自己的教学个性化，在教师解释课程内容的过程中，学生认为教师的自我表露有助于他们更好地理解课程内容。[5]

学者指出，在讲解课程内容的时候，教师通过采用叙述和幽默来自我表露，可以提高信息的清晰度。索伦森（Sorensen）报告教师的自我表露和学生感知到的情感学习之间的关系呈正相关。[6] 教师的自我表露使得学生更清楚地理解教师，同时创造了鼓励学生积极参与的

① Wheeless, L. R., and Grotz, J., "Conceptualization and measurement of reported self disclosure", *Human Communication Research*, Vol. 2, 1976.

② Cayanus, J. L., and Martin, M. M., "An instructor self-disclosure scale", *Communication Research Reports*, Vol. 21, 2004.

③ Fusani, D. S., "Extra-class communication: Frequency, immediacy, self-disclosure, and satisfaction in student-faculty interaction outside the classroom", *Journal of Applied Communication Research*, Vol. 22, 1994.

④ Cayanus, J. L., "Effective instructional practice: Using teacher self-disclosure as an instructional tool", *Communication Teacher*, Vol. 18, 2004.

⑤ Mazer, J. P., Murphy, R. E., and Simonds, C. J., "I'll see you on 'Facebook': The effects of computer-mediated teacher self-disclosure on student motivation, affective learning, and classroom climate", *Communication Education*, Vol. 56, 2007.

⑥ Sorensen, G., "The relationship among teachers' self-disclosive statements, students' perceptions, and affective learning", *Communication Education*, Vol. 38, 1989.

气氛，无论是在课内，还是课外。麦克布赖德（McBride）和华尔（Wahl）也指出自我表露是一种策略，教师可以利用它去创造一种富有亲和力的课堂气氛。①

自我表露是一种隐私行为，它也可以作为维护关系的一种策略。利用在不同时间段收集到的纵向数据，斯普雷特（Sprecher）和亨德里克（Hendrick）探究了自我表露和个体特质（如，反应、自尊）以及关系特征（如，满意、爱）的关系。② 总体而言，男性和女性显示了相似的高水平的自我表露水平。自我表露和自尊、反应呈正相关；同时，自我表露和满意、爱也呈正相关。

乔伊森（Joinson）通过三个研究论证了 CMC 是以高水平的自我表露为特征。③ 研究一的结果表明，CMC 与面对面讨论比较而言，CMC 中的自我表露水平显著高于面对面情境。研究二对 CMC 中的高自我表露水平的原因进行了探究，发现 CMC 中，匿名被试比非匿名被试表露了更多个人信息。研究三，通过视频和可说明线索，进行了2（公众自我觉察水平：高和低）×2（私下自我觉察水平：高和低）的实验，结果发现，当公众自我觉察水平下降，私下自我觉察水平提高时，CMC 中的自我表露水平显著地提高。

梅泽（Mazer）、墨菲（Murphy）和西蒙兹（Simonds）以 133 名大学生为被试，通过实验研究，考察学生感知到的教师在 Facebook 上的自我表露对学生学习动机、情感学习和教室气氛的效应。④ 研究发现，在教师高自我表露组，学生报告了更高水平的学习动机、更好的情感学习和学习氛围。并对教师使用 Facebook 和其他一些博客提出了

① McBride, M. C., and Wahl, S. T., "'To say or not to say?' Teachers' management of privacy boundaries in the classroom", *Texas Speech Communication Journal*, Vol. 30, 2005.

② Sprecher, S., and Hendrick, S. S., "Self-disclosure in intimate relationships: associations with individual and relationship characteristics over time", *Journal of Social and Clinical Psychology*, Vol. 23, No. 6, 2004.

③ Joinson, A. N., "Self-disclosure in computer-mediated communication: The role of self-awareness and visual anonymity", *European Journal of Social Psychology*, Vol. 31, 2001.

④ Mazer, J. P., Murphy, R. E., and Simonds, C. J., "I'll see you on 'Facebook': The effects of computer-mediated teacher self-disclosure on student motivation, affective learning, and classroom climate", *Communication Education*, Vol. 56, 2007.

建议。紧接着，梅泽（Mazer）等在其前期研究的基础上，以 129 名大学生为被试，采用实验法，探究以计算机为媒介的教师自我表露对学生感知到的教师可信赖感的影响。[①] 被试登录到教师的 Facebook 网站，结果发现，在教师自我表露水平高的条件下，学生报告的教师信赖感高于教师自我表露水平低条件中的教师信赖感。

（五）教师其他方面因素

1. 教师风格

麦克艾萨克（McIsaac）等的研究表明，教师风格和花在教学上的时间都是网上教学的教师所认同的主要问题。[②] 教师指出网络教学和传统的教室教学不同，和学生需要采用不同的交流方式，并且教师感觉网上教学比传统教学更耗时。Ilatov 等研究者也就教师风格对于师生互动的影响进行了考察，结果发现喜欢采用惩罚手段的老师，会导致消极的师生关系。[③] 而且，教师的交流方式会影响到师生的课堂互动。

2. 教师移情能力与可信度

学者考察了学生感知到的教师移情能力和可信度对大学师生互动状况的影响。结果显示教师的移情能力、可信度和师生性别都影响了师生课外互动的数量和种类。随着教师移情能力和可信度提高，学生更可能和教师进行互动，对于女学生而言，这种情况更明显。

3. 教师的管理与交流

安德森（Anderson）提出了四个促进网络互动的因素：学习设计和评价、教师管理和技巧、学习者的电子读写能力、同伴相关学习（peer-related learning）。[④] 其中，就教师的管理和技巧这一方面，贝克

---

① Mazer, J. P., Murphy, R. E., and Simonds, C. J., "The effects of teacher self-disclosure via Facebook on teacher credibility", *Learning, Media and Technology*, Vol. 34, No. 2, 2009.

② Mclsaac, M. S., Blocher, J. M., Mahes, V. and Vrasidas, C., "Student and teacher perceptions of interaction in online computer-mediated communication", *Educational Media International*, Vol. 36, No. 2, 1999.

③ Ilatov, Z. Z., Shamai, S., Hertz-lazarovitz, R., and Mayer-Young, S., "Teacher-student classroom interactions: the influence of gender, academic dominance and teacher communication style", *Adolescence*, Vol. 33, No. 130, 1998.

④ Anderson, T., "Getting the mix right again: an updated and theoretical rationale for interaction", *International Review of Research in Open and Distance Learning*, October 2003.

（Baker）的研究表明，如果有更多的教师整合相关的支持性语言，那么，便会有更多的学生从网络学习的体验中受益。[1] 当教师采取促进人际鼓励或者社会融合的策略时，师生之间便会发生良好的互动。坦纳（Tanner）和琼斯（Jones）也强调了教师支架的作用。[2] 同时，教师在网络上及时的回复也是一个重要的实际因素。麦克艾萨克（McIsaac）、布洛切（Blocher）、马希（Mahes）等的研究也证实了这一结论。研究发现，教师的及时反馈会影响到师生的互动，如果教师的反馈不及时，学生容易产生孤立感。当教师的反馈不多时，学生也会感觉不满意和孤立。

4. 网络交流技术

哈里斯（Harris）和帕罗蒂斯（Paradice）对 CMC 中的技术使用及其对情感传递的效用进行了探究。[3] 以 225 名大学生为被试，进行一个 2（情绪效价：积极、消极）×3（线索类型：情绪词汇、语言标记、情绪图标）×3（消息情绪线索水平：高、中、低）的混合实验设计。因变量为被试感知到的情绪种类和程度。结果发现，（1）通过和积极或消极情绪结合在一起的消息内容；（2）运用诸如情绪词汇、语言标记、情绪图标等线索；（3）通过以上技术的结合，消息接收者能够察觉消息发送者的情绪。而且当消息中情绪线索的数量增多时，消息接收者对消息发送者的情绪觉察程度更高。

董（Tung）和登格（Deng）考察了可作为社会线索的动态和静态情绪图标对学生在网络学习环境中社会存在和学习动机的影响。[4] 该研究采用了一个 2（图标风格：动态和静态）×2（性别）被试间

---

① Baker, J. D. , "An investigation of relationships among instructor immediacy and affective and cognitive learning in the online classroom", *Internet and Higher Education*, Vol. 7, 2004.

② Tanner, H. , and Jones, S. , "Using information and communications technology to support interactive teaching and learning on secondary mathematics initial teacher training course", *Journal of Information Technology for Teacher Education*, Vol. 11, No. 1, 2002.

③ Harris, R. B. , and Paradice, D. , "An Investigation of the Computer-mediated Communication of Emotions", *Journal of Applied Sciences Research*, Vol. 3, No. 12, 2007.

④ Tung, F. W. , and Deng, Y. S. , "Increasing social presence of social actors in e-learning environments: Effects of dynamic and static emoticons on children", *Displays*, Vol. 28, 2007.

实验设计。以 173 名六年级的学生为被试，通过调查问卷收集有关学生感知到的社会存在和学生的内在动机数据。结果表明，和在静态图标组的学生相比，在动态情绪图标组的学生感知到更高的社会存在，报告了更高的内在动机。电脑产生的社会存在感本身能够调节孩子的内在动机。它表明把作为社会线索的动态情绪图标融入网络学习环境中，能够增强孩子们的学习动机。

德克斯（Derks）、博斯（Bos）和哥伦布考（Grumbkow）以 158 名中学生作为被试，就社会情境（分为任务导向型和社会情感型）对网络交流中情绪图标使用的影响进行了研究。[①] 被试可以以文本、情绪图标或者文本和情绪图标的结合进行回复。结果表明，被试在社会情感情境中比在任务导向情境中使用更多的情绪图标，并且情境和文本的效价之间的交互作用显著，在消极文本和任务导向情境中使用了最少的情绪图标。

（六）学生互动目的与学习状况

关于师生互动或师生关系影响因素的研究，以往学者主要侧重于从教师因素着手，以教师为主体地位去进行考察，从学生因素入手的还为数不多。麦克艾萨克（McIsaac）、布洛切（Blocher）、马希（Mahes）等考察了学生感知到的基于网络的课程互动。[②] 通过调查学生对网上课程互动的观点，发现他们认为互动的目的是为了完成任务或者满足某一需求。结果表明，学生将感知到的互动作为目标导向，进而影响其与教师的交往与互动。其他有关 CMC 学习者特质的研究表明学生良好的学习经验和成绩优势都是影响网络师生互动的因素。[③]

---

① Derks, D., Bos, A. E. R., and Grumbkow, J. V., "Emoticons and social interaction on the Internet: the importance of social context", *Computers in Human Behavior*, Vol. 23, 2007.

② Mclsaac, M. S., Blocher, J. M., Mahes, V. and Vrasidas, C., "Student and teacher perceptions of interaction in online computer-mediated communication", *Educational Media International*, Vol. 36, No. 2, 1999.

③ Luppicini, R., "Review of computer mediated communication research for education", *Instructional Science*, Vol. 35, 2007.

第三节　网络师生互动的心理学研究方法

在对网络师生互动进行考察时，有研究者集中研究网络讨论的互动频次以及他们互动的内容。其他研究者运用诸如社会互动分析和序列分析来分析互动的过程。其中，滞后序列分析法（lagsequential analysis）能通过考察互动行为之间的序列相关是否在统计意义上显著来推断网络互动的行为模式。社会网络分析法将从宏观的角度为我们提供在线互动的网络模式，内容分析法将从微观的角度为我们提供在线互动的定性特征。一些研究者尝试画出信息流并对其进行分析。也有研究者采用神经网络分析法，其做法是给消息之间的关系强度赋予数值。[①] 也有研究者采用问卷调查法来考察师生互动的现状与特点。还有研究者通过实验的方法来探讨师生交流的影响因素。

一　研究方法之一：个案研究法

定量研究在教育研究领域中取得了一些成绩，对教育基本理论的发展做出了一定的贡献。从 20 世纪 90 年代以来，质的研究方法开始受到重视并逐渐应用于教育研究领域，这给教育研究范式带来了契机。个案研究（Case Study），又称案例研究或个案研究法，作为一种研究方法，已经具有 100 多年的历史。其源头可以追溯到 19 世纪中期法国社会学领域，法国社会学家利普雷（Frédéric Le Play）对工人阶级的家庭状况进行研究，他发展出了现在我们所熟知的个案研究方法。后来，人类学家马林诺夫斯基（Malinowski）在特罗布恩德群岛进行的田野研究，是民族志个案研究的一个实例。19 世纪末 20 世纪初，芝加哥学派社会学者将个案研究作为重要工具，进一步将个案研究应用于对工业化和都市移民相关问题的探讨，主张研究者应该进

---

① Jeong, A. C. , "The sequential analysis of group interaction and critical thinking in online threaded discussions", *The American Journal of Distance Education*, Vol. 17, No. 1, 2003.

入研究问题的现场领域，应用个案研究对问题进行客观和全面的理解。随后，个案研究法广泛应用到历史学、心理学、管理学等领域当中。

个案研究开始应用于教育学中，主要是以研究特殊对象，如问题青少年、适应不良学生，进行儿童发展和教育社会学领域的研究。近年来，这种深入透彻地关注个例的研究传统已经涉及教育研究的其他领域，个案研究逐渐成为教育实践和科研的中介和桥梁。它有时采用诠释学以及批判理论的方法，来诠释和批判造成个案问题的原因，并提出有效策略来解决问题，并与人类学的参与观察法相配合，其研究对象已经不再是问题个案，而是一般常态。

个案研究是社会科学领域的一种研究方法，学者对其定义众说纷纭。麦瑞尔姆从研究对象的角度将个案研究法定义为只要是对一个有界限的系统，诸如一个方案、一个机构、一个人或一个社会单元，做翔实完整的描述和分析，就是所谓的个案研究。罗伯特·K. 殷从方法论的角度来下定义，他认为个案研究法是研究者通过多重资料来源，对当前生活脉络的各种现象、行为和事件所做的一种探究式的研究。林佩璇则从研究目的入手，认为个案研究是探讨一个个案在特定的情境脉络下的活动特质，以了解它的独特性和复杂性。张梦中、马克·霍哲也从研究方法的角度来定义，他们进一步深化了罗伯特的观点，指出个案研究是一种运用观察、访谈、历史数据、档案材料等方法收集数据，并运用可靠技术对一个事件进行分析，从而得出带有普遍性结论的研究方法。

综观国内外学者的观点，主要是从研究对象、研究方法、研究目的三个角度对个案研究进行定义的。李长吉、金丹萍将这三个角度结合起来认为，个案研究就是以一个人、一个团体或一个事件为研究对象，广泛搜集各种资料，综合运用各种方法（包括质的方法和量的方法）和分析技术，对复杂情境中的现象进行深入探究的研究方法。[1]

---

① 李长吉、金丹萍：《个案研究法研究述评》，《常州工学院学报》（社会科学版）2011 年第 6 期。

徐冰鸥认为个案研究具有个案的典型性与问题的普遍性、结果的描述性与过程的跟踪性、情境的自然性与互动的灵活性、方法的多元性、注重分析的科学性这五个特点。[1] 李长吉、金丹萍总结个案研究的特点指出，国内外学者主要是从个案研究的研究对象、研究方法、研究过程、研究内容几个方面来概括个案研究的特点，他们均强调研究对象的独特性、研究内容的深入性、方法的综合性以及情境的自然性这几个特点。

二 研究方法之二：内容分析法

（一）内容分析的背景及概念

在研究网络互动的方法中，最受欢迎的方法是内容分析（Content analysis）。[2] 内容分析是一种对互动内容进行客观、系统、定量的研究技术。它是以测量变量为目的，采用系统、客观、量化的方式，对传播行为进行研究和分析的方法。内容分析的主要目的是识别消息类别和测量出各类别中的消息频次。[3] 内容分析法能够捕捉网络环境中学生文本互动的丰富性。内容分析是大量文本分析的通用名称，它典型地包括对数据进行比较、对比和分类。研究者发展出了模型和工具去分析网络互动的数据。[4]

（二）内容分析的编码标准

有关网络互动内容分析的编码标准，加里森（Garrison）等发展了一个内容分析工具，它检查了教育互动中的三个要素：认知、社会

---

① 徐冰鸥：《中小学教师怎样进行课题研究（五）——教育科研方法之个案研究法》，《教育理论与实践》2008 年第 5 期。

② De Wever, B., Schellens, T., Valcke, M., and Van Keer, H., "Content analysis schemes to analyze transcripts of online asynchronous discussion groups: A review", *Computers and Education*, Vol. 46, No. 1, 2006.

③ Rourke, L., and Anderson, T., "Validity in quantitative content analysis Educational Technology", *Research and Development*, Vol. 52, No1, 2004.

④ Gunawardena, C. N., Lowe, C. M. A., and Anderson, T., "Interaction Analysis of a Global Online Debate and the Development of an Interaction Analysis Model", *Journal of Educational Computing Research*, Vol. 17, No. 4, 1997.

存在和教学存在。① 古纳瓦德纳（Gunawardena）等提出了一个五层次的分析模型来考察网络互动中的知识建构，该模型如表 2 - 6 所示。古纳瓦德纳（Gunawardena）交互知识建构层次模型，共包括五个由浅入深的知识建构层次，它们分别是信息分享层、深化认识层、意义协商层、新观点的检验与修改层和应用新知识层。

奥利弗（Oliver）和麦克洛克林（McLoughlin）提出阐述型、说明型、过程型、社交型和认知型五维度的编码标准。② 国外又有学者发展了一个理解网络课程中师生参与的模型，包括六个类别：（1）社会的，即教师创造积极氛围支持学习情感动机方面的言论。（2）程序的，即教师的有关课程管理和技术信息方面的言论。（3）说明的，即和知识内容相关的言论。（4）解释的，即教师通过回答学生的提问或评论去更好地解释内容。（5）认知任务参与，即教师提问或布置学习任务，使得学生积极参与给定信息的加工。（6）学习帮助互动，即教师试图获得和维持学生的注意以及内容的重复和组织，以便于记忆的保持。

国内研究者王陆则将知识建构的编码标准发展为六个意义单元，它们分别是"提问—响应""阐释—澄清""冲突—辩论/辩护""综合—共识""评估—反思"和"情感—人际交流"③。

研究者坎波斯（Campos）对许多采用内容分析方法去分析网络互动文本的研究进行了总结和比较，归纳了这些研究中的研究目的、分析单元、分析模型以及所发表的期刊，具体内容见表 2 - 7。④

---

① Garrison, D. R., Anderson, T., and Archer, W., "Critical inquiry in a text-based environment: Computer conferencing in higher education", *The Internet and Higher Education*, Vol. 2, No. 3, 2000.

② Oliver, R., and McLoughlin, C., "Interactions in audiographics and learning environments", *The American Journal of Distance Education*, Vol. 11, No. 1, 1997.

③ 王陆：《虚拟学习社区的社会网络结构研究》，博士学位论文，西北师范大学，2009 年，第 21 页。

④ Campos, M., "A constructivist method for the analysis of networked cognitive communication and the assessment of collaborative learning and knowledge-building", *Journal of Asynchronous Learning Environments*, Vol. 8, No. 2, 2004.

表2-6 Gunawardena 交互知识建构层次模型（Gunawardena et al.，1997）

阶段	具体层次描述	编码
第一阶段：信息分享，即相互分享各种信息、观点，针对讨论的主题进行描述	对某个观察结果或者某观点进行描述	1A
	对其他参与者的观点表示认同的描述	1B
	证实其他学习者所提供的例子	1C
	相互询问、回答，以澄清描述的问题	1D
	详细地说明、描述、确定一个问题	1E
第二阶段：深化认识，即发现和分析在各种思想、概念或描述中不一致的地方，深化对问题的认识	确定并描述不一致的地方	2A
	询问、回答问题以澄清不一致的地方与差异程度	2B
	重申立场，并利用其经验、文献、收集到的数据或者相关的隐喻建议或类比来进一步阐述、支持其观点	2C
	提出替代假设	2D
第三阶段：意义协商，即通过意义协商，进行知识的群体建构	协商或澄清术语的意义	3A
	协商各种观点并分辨其重要性	3B
	鉴别相互冲突的概念间存在的共同之处	3C
	提出并协商体现妥协、共同建构的新描述	3D
	整合包含隐喻或者类比的建议	3E
第四阶段：新观点的检验与修改，即对新建构的观点进行检验和修改		4X
第五阶段：应用新知识，即达成一致，应用新建构的知识		5X

（三）内容分析的步骤以及应用

马志强和刘艳对应用于网络交互的内容分析法的步骤进行了总结，他们认为，内容分析方法的步骤一般有：第一，将需要分析的内容汇总，虽然不同的研究可能基于不同的网络平台，但是交互内容的形式一般都是帖子，所以主要是对帖子进行汇总。[①] 第二，建立编码

————————

① 马志强、刘艳：《对网络教学交互进行内容分析的应用研究》，《现代教育技术》2010年第9期。

的标准并对帖子进行标识和分类。编码通常需要研究者制定标准化的表格并通过标记的方式对数据进行归类。有一些专门的软件（如 Text Smart、VB Pro、Profiler Plus 等）可用于做内容分析。第三，分析编码结果，确认变量之间的关系。第四，形成结论。

哈茹阿（Hara）、邦克（Bonk）和安杰利（Angeli）采用内容分析法对教育心理学应用课程中的在线讨论内容进行分析。[①] 研究者根据内容分析模型，考察了五个关键指标，即学生参与频率、网络互动模式、学生消息里的社会线索、学生消息里的认知和元认知成分、帖子中的加工深度——肤浅或深刻。结果发现，虽然学生倾向于每周仅发布一次评论，但是他们的消息长度较长，认知深刻，同时含有同伴参考，表明了课程的网络讨论是学生导向型。

王陆、杨慧和白继芳以首都师范大学虚拟学生社区网络教学支撑平台自动保留的在线课程的数据和小组讨论区、公告板和留言板中的数据为数据来源，以时间和教学阶段为基本维度，通过使用 QSR NVivo 7.0 软件工具，采用内容分析法，按照古纳瓦德纳（Gunawardena）的交互知识建构模型，对三个计算机支持的合作学习小组的知识建构层次和过程进行分析。[②] 研究表明，知识建构是一种学习者之间分享知识、深化认识和意义协商的开放性的互动活动，而不是教师控制的互动活动。

表 2-7　　　　　　　　　　内容分析模型（Campos，2004）

研究者	研究目的	分析单元	分析模型	发表的期刊
Henri（1992）	用内容分析法去评估学习过程	意义	五水平的分析模型，包括参与的、社会的、互动的、认知的和元认知的	Collaborate learning through computer conferencing：The Najaden papers

① Hara, N., Bonk, C., and Angeli, C., "Content analysis of online discussion in an applied educational psychology", *Instructional Science*, Vol. 28, No. 2, 2000.

② 王陆：《信息化教育研究中的新内容：互动关系研究》，《电化教育研究》2008 年第 1 期。

续表

研究者	研究目的	分析单元	分析模型	发表的期刊
Gunawardena et al. （1997）	采用消息分析模型去评估知识建构	消息	交互知识建构层次模型，共包括五个由浅入深的知识建构层次：信息分享层、深化认识层、意义协商层、新观点的检验与修改层和应用新知识层	Journal of Educational Computing Research
Kanuka & Anderson （1998）	理解和评估在线论坛中的学习过程	消息	根据 Gunawardena 等提出的五层次模型进行内容分析	Journal of Distance Education
Hara, Bonk & Angeli （2000）	考察网络环境对高阶认知和元认知的促进过程	段落或者观点	运用改进后的 Henri 模型	Instructional Science
Fathy, Grawford, & Ally （2001）	理解以计算机为媒介的互动模式	句子	发展了一种叫作 TAT 的文本分析工具	International Review of Research in Open and Distance Learning
Garrism, Anderson, & Archer （2001）	评估关键课程的性质和质量	消息	探究模式，主要关注认知存在	American Journal of Distance Education
Campos （2004）	研究网络互动中的观念变化、高阶学习和知识构建	句子	话语分析	Journal of Asynchronous Learning Network

杨惠、吕圣娟、王陆和王彩霞利用古纳瓦德纳（Gunawardena）交互知识建构模型对首都师范大学虚拟学习社区中开设的网络课程的学习论坛进行内容分析，以便探讨教师教学组织行为对学习者高水平知识建构的影响。[①] 其中，教师的教学组织行为以教师的发帖数、主题回复率、深度问题数、深度帖子比率为指标，前三项可以通过对论坛中的文本数据直接统计便可计算，而最后一项首先需要根据古纳瓦德纳

---

① 杨惠、吕圣娟、王陆等：《CSCL 中教师的教学组织行为对学习者高水平知识建构的影响研究》，《中国电化教育》2009 年第 1 期。

（Gunawardena）模型来判断深度帖子的数目，即把编码为古纳瓦德纳
（Gunawardena）第三阶段及以上的帖子视为深度帖子，然后计算深度
帖子数目占教师所有帖子数目的比率。其研究的数据来源于首都师范
大学 2007 学年的《网络教育应用》和 2008 学年的《网络教育应用》
课程。结果表明，教师的发帖数越多、教师的主题回复率越高、教师
的深度问题数越多、教师的深度帖子比率越高，学习者的高水平知识
建构所占比例相对也越高。同时，相比其他的教学组织行为，影响学
习者高水平知识建构的主要因素是教师提出深度问题的数目。

　　袁松鹤和隋春玲以华南师范大学网络教育学院的大学英语 3 的课程
学习论坛为研究对象，将论坛中的帖子（帖子分为主题帖和回帖两大类）
作为分析对象，以便了解师生在课程论坛中的参与情况、所关注的问题
和需求。[1] 研究发现，课程论坛中基本上是围绕学习而展开讨论，同时也
涉及与学习有关的教学管理问题；学生的总参与程度不高；从帖子的回
复情况来看，教师基本上是围绕学习方面对帖子进行回复。

　　胡勇利用首都师范大学开发的网络教学平台，通过登录论坛，并
对教师发布的帖子进行内容分析。[2] 研究者首先根据 Berge 的教师角
色模型，以单个帖子为分析单元，来分析五位教师（三位高校教师、
两位中学教师，其中，各有一位高校教师和中学教师是首次开展网络
教学）不同角色分布的特点。结果表明，从教师所发布的帖子占总帖
子数的比例来看，中学教师所发帖子占总帖子数的比例要高于高校教
师所发帖子的比例；从角色分布来看，教学性和管理性角色是教师最
重要的两个角色。

　　吴兵和叶春明从马来西亚宏愿大学和上海电视大学两所学校的学
习管理系统（Learning Management System，LMS）中提取相似课程的
网上交互信息，对其进行内容分析。[3] 他们根据奥利弗（Oliver）和

---

　　① 袁松鹤、隋春玲：《课程学习论坛中学生交互情况的分析与启示》，《现代教育技术》
2007 年第 7 期。
　　② 胡勇：《网络教学中的教师角色实证研究》，《开放教育研究》2009 年第 4 期。
　　③ 吴兵、叶春明：《上海电视大学与马来西亚宏愿大学学习者网上交互比较研究》，
《开放教育研究》2008 年第 3 期。

麦克洛克林（McLoughlin）的五维模型来分析学生网上交互信息的深度。同时，他们还根据交互中发帖和跟帖的情况，将交互活动分为一个帖子构成、一个发帖和一个跟帖组成、一个发帖和2个跟帖组成以及一个发帖和3个以上跟帖组成这四种情况。研究发现，这两所大学学习者的网络交互行为，包括交互深度、交互种类、发帖/跟帖频度以及参加交互的学生比例、实时交互和非实时交互的参与比例等存在明显差异，主要体现在：第一，在交互深度分析中，上海电视大学最多的是过程型交互，达到44.7%；而马来西亚宏愿大学最多的是阐述型交互，比例为28.5%。第二，在交互对象分析中，上海电视大学最多的是学生—教师类型，达到44.5%；马来西亚宏愿大学最多的是教师—学习小组，达到54.6%。第三，在交互种类和交互深度上，上海电视大学的学生—学生以及认知型交互较少。研究者认为，这些差异产生的原因既有学校的教学模式和学习管理系统的支持作用占据主导影响，也有文化差异对交互活动产生的影响。

三 研究方法之三：滞后序列分析法

内容分析是当前应用于CMC研究中的方法之一，其主要目的是识别消息类别和测量每种类别中的消息频率。[①] 然而，消息频率在解释和预测被试是如何针对既定类型的消息作出反应、潜变量（如消息功能、消息内容、交流风格、反应时）和外生变量（如性别、谈话规则、语境）如何影响反应模式，以及特定的反应模式如何帮助提高群体成绩等方面只能提供有限的信息。内容分析也不能用来检测消息之间的关系和消息序列如何影响之后的讨论和认知结果，而检查消息之间的关系是理解网络群体互动的关键。而且，CMC研究需要更多可选择的理论、方法、软件工具，以便能对CMC及其互动效应有着更深入、更彻底的理解。其中一种取向便是通过研究消息的连续本质和师生之间的反应来考察网络师生互动的过程。因此，考察CMC的

---

① Rourke, L., and Anderson, T., "Validity in quantitative content analysis", *Educational Technology*, *Research and Development*, Vol. 52, No. 1, 2004.

过程导向型研究方法能使研究者基于消息的特定特征以及消息交流环境，开发出计算模型去解释和预测群体的互动模式。所以，需要采用新的研究方法，例如，基于消息内容以及何时、如何、谁发布消息以及为何发布消息，引起的反应是否能有助于产生支持关键课程的言语行为序列等方面的内容，去考察发帖者的消息会引起回帖者何种程度上的反应。

有研究者开始提出使用序列分析去研究网络互动。序列分析是一个特别适合于研究互动的方法。①② 其应用于人际交流和人际交互领域已有 30 多年的历史。其中，滞后序列分析法（lagsequential analysis）能通过考察互动行为之间的序列相关是否在统计意义上显著来推断网络互动的行为模式。萨基特（Sackett）最早提出该方法，之后其他研究者对滞后序列分析方法进行了描述和发展。

滞后序列分析方法需要运用一些矩阵去分析和识别消息—反应序列的模式，其中最有意义的两个矩阵是序列转移频数矩阵和期望值矩阵。滞后序列分析的程序如下。

第一，计算序列转移频数矩阵：每个编码行为之间的迁移频率形成一个编码之间的转移频数矩阵。

第二，计算条件概率矩阵：基于以上的频率矩阵，计算编码之间迁移的可能性，并计算出条件概率矩阵。也即一个行为（第一个或者标准事件）与另一行为（第二个或者匹配事件）的相关程度。约德（Yoder）和费雷（Feurer）使用公式 A/（A＋B）来解释标准行为 A 和靶子行为 B 之间的关系。③

第三，计算期望值矩阵：基于序列转移频数矩阵，计算出编码迁移的期望值，并得出期望值矩阵。

---

① England, E., "Interactional analysis: The missing factor in computer-aided learning design and evaluation", *Educational Technology*, Vol. 25, No. 9, 1985.

② King, F., and Roblyer, M., "Alternative designs for evaluating computer-based instruction", *Journal of Instructional Development*, Vol. 7, No. 3, 1984.

③ Yoder, P. J., and Feurer, I. D., *Behavioral observations: Technology and applications in developmental disabilities*, Baltimore: Brookes, 2000, pp. 317 – 333.

第四，计算 Z 分数表格：从上面几种矩阵中计算 Z 分数，可以分别考察每个序列的连续性是否达到显著性。当矩阵中的 Z 分数 > 1.96，这个序列便是显著的（$p < 0.05$）。

第五，画出序列迁移图：选择显著性序列（从以上 Z 分数矩阵中得到）用于画一个序列迁移关系图。每个编码行为显示为一个节点，和另外带有箭头的节点相连，标明显著性的水平和 Z 分数。

四　研究方法之四：社会网络分析法

（一）社会网络分析的背景及概念

纯粹的定性分析只能提供背景基础，或者仅能描述参与者的个人特性，简单的定量分析也不能清楚呈现结果之间的区别，社会网络分析（Social Network Analysis，SNA）则填补了这一空白。[①] 从 20 世纪 30 年代初具雏形到 70 年代兴起，社会网络迅速成为最具有潜力的社会学分支之一。[②] 社会网络指的是社会行动者及其相互关系的集合。一个社会网络是由多个点（代表社会行动者）和各点之间的连线（表示行动者之间的关系）组成的集合。[③] 社会网络分析是在社会计量法基础上发展起来的研究社会结构和社会关系的一种分析方法。[④] 覃学健和李翠白认为可以把社会网络分析看成是一门对社会关系进行量化分析的技术。它是用社会实体之间的关系来描述、解释和预测社会现象的一种研究取向，并提供了一种深入研究社会环境特征及其对个体心理发展影响的方法。[⑤] 可以运用该方法建立各种社会关系的模型，找出群体内行动者之间的社会关系，对社会关系的结构进行描述

---

① Lipponen, L., Rahikainen, M., Hakkarainen, K., and Palonen, T., "Effective participation and discourse through a computer network: Investigating elementary students' computer supported interaction", *Journal of Educational Computing Research*, Vol. 27, No. 4, 2002.

② 覃泽宇、刘德怀：《社会网络分析法在网络学习中的应用研究》，《宁波教育学院学报》2009 年第 5 期。

③ 覃学健、李翠白：《虚拟学习社区的社会网络分析研究》，《现代教育技术》2009 年第 2 期。

④ 刘军：《社会网络分析导论》，社会科学文献出版社 2004 年版，第 3 页。

⑤ 徐伟、陈光辉、曾玉等：《关系研究的新取向：社会网络分析》，《心理科学》2011 年第 2 期。

以及就该结构对群体功能或群体内个体的影响进行研究。① 社会网络分析被视为是研究社会结构的最简单明朗、最有说服力的研究视角之一。

社会网络分析法运用定量数据去分析社会现象，能够使研究者以宏观的角度去考察参与者之间的关系，而不仅关注个人的特性。② 社会网络分析方法，着重考察参与者之间的关系，通过呈现定量的和可视化的互动模式以及互动的密度，可以清楚地阐释互动的模式和方式，而这些是调查法和内容分析法所不能揭示的。研究表明 SNA 是一个在网络情境中研究互动的有价值的方法。③ 传统研究往往考察的是属性数据（attribute data），即反映社会实体的态度、观点与行为等方面的信息。然而，关系是指社会实体之间的联系，而不是社会实体的属性。要想考察人与人之间的关系，还需要关系数据（relational data），即关于接触、联络、关联、群体依附等方面的数据。④

SNA 是一种常用于社会学和组织学中研究人与社会动力学的方法。SNA 在社会学和组织学中的运用，取得了一系列的研究成果。在教育情境和网络学习中，研究者开始运用 SNA 去更多地关注信息分享的模式、理解网络中的社会资本信息、执行方案的评价等。SNA 是一种将互动可视化和定量化的方法，它能扩展在网络情境中研究互动的两种传统方法：内容分析法和学习者反馈法（学生的知觉）。⑤ SNA 既是一个理论视角，也是一种方法论，包括对成员关系的定量化和可视化结果。

在 SNA 中有两种不同的取向，自我中心取向（自我网络分析）

---

① 刘军：《社会网络分析导论》，社会科学文献出版社 2004 年版，第 17—18 页。

② Enriquez, J. G. , "Translating networked learning: Un-tying relational ties", *Journal of Computer Assisted Learning*, Vol. 24, No. 2, 2008.

③ Shen, D. , Nuankhieo, P. , Huang, X. , Amelung, C. , and Laffey, J. , "Using social network analysis to understand sense of community in an online learning environment", *Educational Computing Research*, Vol. 39, No. 1, 2008.

④ 徐伟、陈光辉、曾玉等：《关系研究的新取向：社会网络分析》，《心理科学》2011年第 2 期。

⑤ Rovai, A. P. , "Sense of community. , perceived cognitive learning, and persistence in a-synchronous learning networks", *Internet and Higher Education*, Vol. 5, No. 4, 2002b.

和社会中心取向（完整网络分析）。自我取向更多研究个人以及识别和概括核心成员的关系；社会中心取向包括既定群体中人与人之间关系的量化，它研究更多的是测量成员之间互动的结构模式，SNA 的点数、密度、中心性和入度、出度可以详尽描绘互动的状况。利用 SNA 技术，可以清楚看到教师在网络环境中对师生互动所起到的作用，同时，SNA 可视化也能提供班级在网络环境中互动的动态全貌，例如，一些学生主动发表言论或交往，而另一些学生则习惯于潜水。这些可视化的图形可能会快速给教师提供有关教学上的反馈，从而指导教师和学生的进一步互动。

（二）社会网络分析的特点

王陆对社会网络分析方法的特点进行分析时指出，SNA 方法具有三大特点。第一，能够以多种形式可视化表达社会网络结构。[①] 其中，SNA 中两种最基本的社会网络结构表达形式是社群图（Sociogram）（图 2 - 3 和图 2 - 4）和社群矩阵（Social Matrix）（表 2 - 8）。社群图表示关系模式，有二维视图（图 2 - 3）和三维视图（图 2 - 4）两种类型，社群图的优点是直观，但一般适用于节点较少的情况。当节点数量较多的时候，关系结构图像会很复杂，社群矩阵便显示出其特有的作用。矩阵法则是用数据矩阵的形式呈现关系，常用于大型复杂网络中。其行和列代表完全相同的行动者，行表示关系的发送者，列表示关系的接受者。数值既可以用 0 和 1 表示，也可以赋予具体的数值加以表示（见表 2 - 8）。第二，能够提供多种分析单位分析社会结构。SNA 包括三种分析单位：（1）行动者（Actors），即网络中的节点，也就是网络中的成员或事件等，每个节点代表一名行动者。（2）关系（Relationship），即网络中节点间的连线，反映行动者之间的互动及所形成的各种社会关系，图 2 - 3 中的线段表示行动者之间具有关系。如果两个节点之间没有连线，则表示两者之间没有关系。线段上的箭头表示关系的方向，线段上的数字表示关系的强度，如图 2 - 3 所示。

①　王陆：《虚拟学习社区的社会网络结构研究》，博士学位论文，西北师范大学，2009 年，第 64 页。

（3）连接（Tie），即一种关系的集合。第三，SNA 建立了微观行为与宏观现象之间的桥梁。

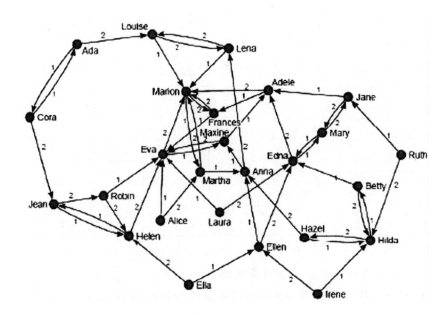

图2-3 二维视图的社群图

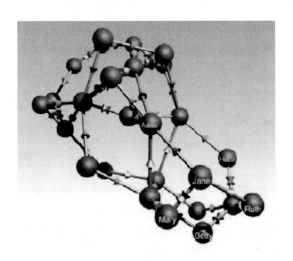

图2-4 三维视图的社群图

表 2 - 8　　　　　　　　　社会网络分析矩阵表示例

	2	3	4	5	6	7	8	9	…	…	42	43
1	1	1	1	0	1	0	1	0	…	…	0	0
2	1	1	0	0	0	0	0	0	…	…	0	0
3	0	0	1	0	0	0	0	0	…	…	0	0
4	0	0	0	0	0	0	0	0	…	…	0	0
5	0	0	0	0	0	0	0	0	…	…	0	0
6	0	0	0	0	0	0	0	0	…	…	0	0
7	0	0	0	0	0	0	1	0	…	…	0	0
8	0	0	1	0	1	0	1	0	…	…	0	0
…	…	…	…	…	…	…	…	…	…	…	0	0
…	…	…	…	…	…	…	…	…	…	…	0	0
42	0	0	1	0	1	0	1	0	…	…	0	0
43	0	0	1	0	1	0	1	0	…	…	0	0

（三）网络互动分析中的常用要素

社会网络是由多个节点以及节点之间的连线所组成的集合，节点既可以是个体，也可以是组织或国家，节点间的连线就代表了节点之间的关系，SNA 中用边来代表节点间的关系，如图 2 - 5 所示。同时，边可以是有方向的，单、双向皆可，在网络互动中，边的方向表示帖子的发送或者接受方向，单向的有向图如图 2 - 6 所示。

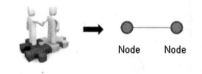

图 2 - 5　节点图示

图 2 - 6　有向图

老师和学生在网络平台上的交流，主要是通过发帖、回帖的形式进行。帖子的发送和接受既有指向性，也有数量上的不同。在 SNA 中，"度数"（degree）表示数量，形象地说，度数就是某个节点引出来的线的条数。在网络互动平台上，响应其他参与者的帖子数叫作该节点（即该参与者）的出度（Outdgree），接受其他参与者的帖子数称为该节点（即该参与者）的入度（Indgree）。表 2 - 9 就 SNA 的元素与网络互动分析的要素进行了比较说明。

表 2 - 9　　　　　　　SNA 要素与网络互动要素的比较

	SNA	网络互动分析
1	网络节点数（Number of links）	网络互动的参与者数量
2	节点分类	参与者是教师、学生或还是外来人员
3	边及边的方向	参与者之间的帖子流向
4	节点度（Degree）	参与者响应或接受的帖子数
5	网络平均度（Average Degree）	所有参与者响应或接受帖子数的平均数
6	网络密度（Density），实际存在的线数与可能线数的比例	参与者实际响应或接受的帖子数除以参与者能够响应或接受的最大帖子数（参与者给自己发帖和参与者之间重复发帖的情况除外）
7	点度中心度（Dagree Centrality）包括节点的出度（Outdgree）、节点的入度（Indgree）、度	节点的出度指某参与者响应他人的帖子数，节点的入度指某参与者接受的帖子数

1. 网络社群图（Sociogram）

网络社群图的概念来源于社会测量学（Sociometry），社会测量学认为，社会不仅是个体成员及其属性的集合，而且还是成员之间的关系所构成的结构。社群图是采用图形化的表达方式来描述社会群体内的关系结构，是最重要的社会网络分析工具之一。社群图能直观地看出各节点间的关系网络。越接近于社群图中心，连接线越密集，这些参与者成为网络中的核心成员。越到外围的节点，连接越稀疏，这些参与者便成为网络中的边缘成员。

2. 密度（Density）

密度（Density）是社会网络分析中最常用的测量指标之一，表示网络参与者之间联系的紧密程度，数学上以网络中节点间实际拥有的连接数与最多可能拥有的连接数的比例来表达。抽象地说，一个网络的密度就是对这个网络的完备性的一种测度。而所谓完备性，是指这个网络中各节点之间邻接的程度。一个完备的网络是指网络中各节点两两邻接。也就是说，网络的密度在一定程度上表征着这个网络中关系的数量与完备程度。在一个密度为 1 的网络中，每个个体都与其他所有个体产生关系。相反地，在一个密度为 0 的网络中，不存在个体与个体之间的关系（此时似乎很难再将其称为一个网络）。

参与者之间联系越多，网络的密度就越大。在二值网络图中，密度的取值范围从 0 到 1，值越接近 1 则代表彼此间关系越紧密。一般来说，关系紧密的团体合作行为会比较多，信息流通较易，情感支持也会较好；而关系十分疏远的团体，则常有信息不通、情感支持少、协作程度低等问题出现。

3. 中心性分析（Centrality）

社会网络分析根据网络环境的特性来描述行动者在网络中的地位。"中心性"是社会网络分析用来区别网络地位的基本概念。它表示个人在社会网络中具有怎样的权力，或者说居于怎样的中心地位。中心性又分为点度中心性（Degree Centrality）、中间中心性（Betweenness Centrality）和接近中心性（Closeness Centrality）。其中，点度中心性能直观反映个体关系的数量程度，与其他中心性指标的相关显著，是衡量个体地位最常用的一个指标。[①]

点度中心性由点度中心度和图的点度中心势指数两个指标组成。点度中心度通常用来衡量一个团体中谁是最主要的中心人物，也即测量参与者在整个网络中的影响力指标。当网络中的节点关系建立后，如果某参与者与很多其他参与者之间存在直接联系，那么该参与者就处于中心地位。点度中心度是指与该节点有直接关系的节点数目，用于测量网络中参与者的交互能力。对于有向图来说，点度中心度又分为点入度（In-degree）和点出度（Out-degree）。点入度指某参与者接受的帖子数，某特定参与者入度值的高低通常用来表示该成员在与其

---

① 徐伟、陈光辉、曾玉等：《关系研究的新取向：社会网络分析》，《心理科学》2001年第2期。

他成员的互动中，被其他成员认可和欢迎的程度。成员的入度值高，表明该成员发表的观点在虚拟学习社区中具有很强的影响力，且是衡量"意见领袖"的指标。[①] 点出度是计算特定行动者与其他行动者发生交互关系个数的指标，即指某参与者响应他人的帖子数。在网络互动中，出度值的高低表示特定网络中某个参与者与其他参与者的交互状况，它用来表示特定参与者与其他参与者交互的主动性和活跃程度。

为了克服中心度数值的比较仅在同一个图或在同等规模的图中进行比较才有意义的局限，进一步将该节点在网络中的最大可能关系数标准化，即称为标准点度中心度，用于进行跨网络的比较。点度中心度用于刻画个人属性、个体意义上的地位指标，而表征整个群体的中心性特征则是对应的网络中心势（Network Degree Centralization Index），它衡量了整个网络向中心聚集的程度，可以作为估计网络是否依赖少部分行动者程度的指标，它与密度是重要的相互补充性的测量。[②] 网络中心势是用于测量群体意义上的结构指标，它反映的是结构的密集程度、个体分布的疏密程度以及信息的流畅程度。[③]

4. 等级性分析

发帖—回帖交互构成的关系网络是一个有向网络，在有向网络中，除了中心性等重要指标之外，互动方向也是一个很重要的考察要素。互动方向是社会关系不对称性的表现，这种不对称性体现为参与者在关系网中的等级，可以用受欢迎度（Popularity）、入度域（Input Domain）、接近声望（Proximity Prestige）等指标来描述。受欢迎度实际上就是节点的入度。在有向网络中，节点的入度域是指直接和该节点连接的节点数加上通过路径间接和它相连的节点数。节点的接近声

① 黎加厚、赵怡、王珏：《网络时代教育传播学研究的新方法：社会网络分析——以苏州教育博客学习发展共同体为例》，《电化教育研究》2007年版，第13—17页。

② 魏巍、刘仲林：《跨学科研究的社会网络分析方法》，《科学学与科学技术管理》2009年第7期。

③ 徐伟、陈光辉、曾玉等：《关系研究的新取向：社会网络分析》，《心理科学》2011年第2期。

望是节点的入度域除以其他有连接的节点到该节点的平均距离。

（四）社会网络分析的研究工具

随着计算机的大力发展和研究的进一步深入，近些年来，已经出现了多种软件工具，如 UCINET、NetDraw、NetMiner 和 Pajek 等。这些软件都具有很强的可视性、直观性，它们的出现更促进了 SNA 在更多领域中的应用。目前，常适用于网络情境中社会网络分析的软件工具主要有 UCINET、NetMiner 和 Pajek 这三种。[①] UCINET 软件使用较多，功能强大，可以轻松实现关系数据的录入与转化、网络结构图的绘制以及社会网络分析大部分的功能。NetMiner 的知名度虽然稍小一些，但是其在可视化技术方面的功能也很强大，且界面直观清晰。Pajek 在斯拉夫语中的意思是"蜘蛛"。Pajek 软件不仅提供了一整套快速有效的用来分析复杂网络的算法，而且还提供了一个可视化的界面，从而可以从视觉的角度更加直观地了解复杂网络的结构特性。王陆根据其使用软件的经验与认识，从界面友好性、易操作性、数据处理能力和可视化技术等四个方面，对 Pajek、UCINET 和 NetMiner 三种典型的 SNA 软件进行了比较和评价，结果如图 2-7 所示。[②]

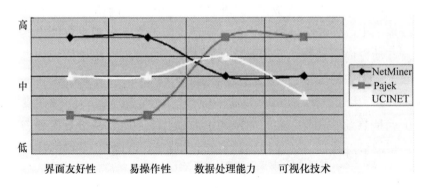

图 2-7   NetMiner、Pajek 和 UCINET 三种软件的对比分析

---

① 王陆：《虚拟学习社区的社会网络结构研究》，博士学位论文，西北师范大学，2009 年，第 80 页。

② 同上书，第 77 页。

（五）社会网络分析在教育领域中的应用

社会网络分析作为研究社会关系的方法之一，从出现到发展已有70多年的历史了，其应用领域也从人类学、社会学、传播学、数学、统计学扩展到心理学、教育学等更宽广的领域。[①]

帕罗内（Palonen）和哈卡赖宁（Hakkarainen）以加拿大多伦多旧城区一个公立小学五、六年级的28位学生（男生9名，女生19名）为被试，进行了一个学期的实验。[②] 学生在一个名为CSILE的网络平台上进行关于风力、宇宙、电力和人体生物学四个探究学习项目的协作学习。系统会自动记录参与者互动的数据，包括谁通过发布评论与谁交互等。通过测量成员的有向交互的强度（密度）、成员参与的范围（点度中心度）、社区整体的交互模式（中心势）来分析CSILE中学生的社会网络的特征。结果发现，CSILE平台中的交互密度高，成绩中等和成绩好的女生成为交流的主导。

马丁内斯（Martíneza）等采用混合式的研究方法对计算机支持下的协作学习平台（CSCL）上的班级活动进行了探究，结果发现CSCL情境下的班级活动的模式不同于教室情境下的班级活动模式，网络的密度受到教师存在的影响。[③] 鲁文（Reuven）等发现，在一个组织化、异步的学习网络中（和那种没有结构、开放式的讨论论坛不同），知识建构达到了一个高度批判思考的程度，被试也发展了具有凝聚力的小团体。[④] 贝克（Beck）等将SNA技术运用到教育情境中，考察班级中核心的、有影响力的行动者的作用。[⑤] 他们发现，运用讨

---

① 刘军：《社会网络分析导论》，社会科学文献出版社2004年版，第7页。

② Palonen, T., and Hakkarainen, K., *Patterns of Interaction in Computer-Supported Learning: A Social Network Analysis*, New Jersey: Erlbaum, 2000, pp. 334 – 339.

③ Martíneza, A., Dimitriadis, Y., Rubia, B., Go'mez, E., and de la Fuente, P., "Combining qualitative evaluation and social network analysis for the study of classroom social interactions", *Computers and Education*, Vol. 41, 2003.

④ Reuven, A., Zippy, E., Gilad, R., and Aviva, G., "Network analysis of knowledge construction in asynchronous learning networks", *Journal of Asynchronous Learning Networks*, Vol. 7, No. 3, 2003.

⑤ Beck, R. J., Fitzgerald, W. J., and Pauksztat, B., *Proceedings of the international conference on computer support for collaborative learning*, Dordrecht: Kluwer, 2003, pp. 313 – 322.

论板的被试更可能采纳那些居于高度核心的行动者的建议，而不大采纳那些居于外围的行动者的建议。

吕明（Ryymin）等采用社会网络分析法对教师共同体的网络结构与其信息交流技术能力之间的关系进行了考察。[①] 以来自于芬兰赫尔辛基教师共同体中的 33 个成员为被试，要求他们根据五个维度评价他们的网络关系。结果表明在网络共同体中一些核心行动者主导着技术和教学知识的交流，当这些核心行动者的同事们要寻求建议的时候，也会积极向其寻求帮助。

道森（Dawson）用多种研究方法对学生在班级社会网络中的位置和他们报告的团体意识之间的关系进行了考察。[②] 研究者采用了诸如访谈法、内容分析法的定性研究方法和诸如问卷调查法、社会网络分析法的定量研究方法。结果发现，亲近中心性和程度中心性两个指标可以正向预测个体报告的团体意识，而中介中心性则与团体意识负相关。表明学生个体以前的外部社会网络影响个体需求的信息交换和支持类型，进而最终影响其团体意识。

沈（Shen）等采用社会网络分析方法描述了两门网络课程的互动本质。[③] 研究者采用包括网络密度、点度中心度、网络中心性等指标对互动的本质进行了分析。SNA 图示法及其测量的结果显示出两门课程中的互动模式既有相似性，也有不同之处。对于两门课程之间的区别，该研究不能给予很好的回答和解释，这说明，需要将社会网络分析法和其他研究方法结合使用，才能更好地理解网络环境中的互动本质。

相对于国外的研究而言，国内利用社会网络分析进行教育研究的

---

① Ryymin, E., Palonen, T., and Hakkarainen, K., "Networking relations of using ICT within a teacher community", *Computers and Education*, Vol. 51, 2008.

② Dawson, S., "A study of the relationship between student social networks and sense of community", *Educational Technology and Society*, Vol. 11, No. 3, 2008.

③ Shen, D., Nuankhieo, P., Huang, X., Amelung, C., and Laffey, J., "Using social network analysis to understand sense of community in an online learning environment", *Educational Computing Research*, Vol. 39, No. 1, 2008.

数量不太多。① 黄希庭、时勘等最早使用与社会网络分析相关的社会测量法研究大学生班集体的人际关系，发现大学班集体非正式的内部结构有一定的特点，非正式的内部结构中，小团体的数量一般为3—9个，规模一般为2—4人。② 班集体中的两极人物（人缘型和嫌弃型）都有明显的个性特质。随着社会测量法发展到社会网络分析方法，运用社会网络分析方法开展的研究开始逐步增多，并取得了一定的成果。

叶新东、朱少华以温州大学本科二、三年级的两个班级为研究对象，采用莫雷诺的社会测量法收集数据。③ 接着，在确定选择标准和选择数量之后，根据被试的选择状况绘制社会测量矩阵。然后采用社会网络分析对数据进行了处理和分析。从社群图来看，这两个班级的结构都非常紧凑，有明显的凝聚中心。同时，A班在相关标量分析、点入度、点出度、点连接度、点中心值等各项网络数据方面都高于B班。

黎加厚、赵怡和王珏以苏州教育博客学习发展共同体中的"推荐博客"中的所有博客为分析单元，通过对该共同体的网络密度、入度、出度、中心性等关键要素的分析，发现密度、中心性、对象多元性对创新能力有显著正向影响。④

王陆以首都师范大学虚拟学习社区中的两门在线课程作为研究对象，采用社会网络分析法，以特征向量、点入度、点出度、核心度、网络有效大小、网络的可达性和网络密度为指标，捕捉到该虚拟学习社区的社会网络结构特征。⑤ 结果表明，宏观层次上，该结构是一个

---

① 陈向东：《基于社会网络分析的在线协作学习研究》，《中国电化教育》2006 年第10 期。

② 黄希庭、时勘、王霞珊：《大学班集体人际关系的心理学研究》，《心理学报》1984年第 4 期。

③ 叶新东、朱少华：《大学生社会网络与学习的相关性调查研究》，《电化教育研究》2007 年第 2 期。

④ 黎加厚、赵怡、王珏：《网络时代教育传播学研究的新方法：社会网络分析——以苏州教育博客学习发展共同体为例》，《电化教育研究》2007 年第 8 期。

⑤ 王陆：《虚拟学习社区的社会网络结构研究》，博士学位论文，西北师范大学，2009 年，第 7 页。

具有多通路、多层次、高互惠性和高连通性特点的结构复杂型网络。中观层次上，该社会网络结构是由许多凝聚子群联结而成的复杂网络，这些凝聚子群在其内部具有高互惠性和强联结的特点，但各子群之间的联结联系较弱；因为不同的凝聚子群在网络中的位置不同，因而其关系模式和学习特征也不相同。微观层次上，行动者所处的网络位置决定了其在社会网络结构中的角色，中心位置比其他网络位置对网络教育效果的影响更大。

王陆和马如霞以自己担任主讲教师的网络课程数据为个案研究对象，采用社会网络分析法，对结构洞以及意见领袖进行了测量和分析，结果表明，任课教师是虚拟学习社区社会网络中最核心的意见领袖；由教师和部分学生形成了网络中的意见领袖群体，这些学生在网络中，起到了助学者的作用；意见领袖群体是学习社区社会网络信息通路的重要人物，他们对网络属性特征值的影响很大。[1]

五 三种研究方法的比较

内容分析法、滞后序列分析法和社会网络分析法这三种方法的共同点在于它们都可以用于研究网络互动以及传播的行为，都能对研究对象进行定量的分析，且取得了大量的成果。同时，每种研究方法又各有其适用的范围，各有其优势和局限。

具体来看，内容分析法关注于对互动有效性及互动质量的研究。它的优点表现在三个方面。第一，在对论坛中的内容进行文本分析时，既可以做到系统性，即指内容依据一致的标准；也可以做到客观性，指通过制定明确的规则，从而避免研究者个人的认识与偏见对研究结论造成影响。第二，对变量的分类操作定义和规则要十分明确而全面，具有较高的研究信度。第三，可以定量化，即运用统计学方法对项目和分析单元出现的频数进行计量，还可用数字或图表的方式表述内容分析的结果。但内容分析也有其局限性，主要表现在四个方

---

① 王陆、马如霞：《意见领袖在虚拟学习社区社会网络中的作用》，《电化教育研究》2009 年第 1 期。

面。第一，此方法需要耗费大量的时间，易产生统计错误。第二，具有较大的随意性，复杂的文本容易被高度简单化。第三，研究者容易只关注于文本的内容，而忽视文本情境。第四，不能提供动态的视角。

在网络互动研究中，内容分析虽然有助于识别消息类别和测量每种类别中的消息频率，但是，它不能解释和预测参与者如何对消息作出反应，也不能提供特定的反应模式如何有利于提高群体的知识建构水平的相关信息。滞后序列分析可以弥补这一不足。滞后序列分析的优势在于它能通过考察互动行为之间的序列相关是否在统计意义上显著来推断网络互动的行为模式，能通过互动文本再现参与者互动的动态过程。

内容分析和滞后序列分析具有一个共同的劣势，它们都只能从微观视角对互动行为进行研究，且不能清楚呈现结果之间的区别，缺乏对互动网络的宏观考察，社会网络分析（SNA）则填补了这一空白。SNA 聚焦于关系数据和结构模式，而不是个体属性。它重视社会情境的作用，注重分析个体之间的联结及其结构特点对个体的心理和行为所产生的影响，有助于提高研究结论的生态效度。同时，它可以进行多层次分析，既可以研究个体属性对周围网络结构的影响，又可以研究不同层次的网络结构对个体心理的影响，能够架起微观和宏观之间的桥梁，使对互动行为的研究更加深入。[①] 同时，SNA 能够以多种形式可视化表达社会网络结构，可呈现网络互动中的动态全貌，且能提供多种分析单位和指标。但是，SNA 也存在一些不足。第一，SNA 对连续型关系数据的处理还不成熟；第二，有关的统计模型和参数估计方法的发展还有待完善；第三，数据的收集存在难度，非随机抽样造成结论的推广受到禁锢。

综上所述，在对网络互动行为的研究上，研究者需要根据不同的目的，有选择性地使用恰当的研究方法。为了提高研究的信效度，尽

---

① 马绍奇、焦璨、张敏强：《社会网络分析在心理研究中的应用》，《心理科学进展》2011 年第 5 期。

可能地综合使用多种研究方法，以使它们相辅相成和相得益彰，从而多层次、多角度地探讨网络互动的现象、规律及其本质。

六 研究方法之五：问卷调查法

（一）问卷调查法的含义与特点

问卷调查法是心理与教育科学研究最常用的收集资料的方法之一。问卷调查法最初由英国的高尔顿创立，他于1882年在英国伦敦设立人类学测验实验室，把需要调查的问题都印成问卷寄发出去收集资料。从此，为人们探索社会现象的奥秘、认识社会现象的规律性增添了一种新的工具。时至今日，电子计算机技术的发展，社会统计指标的建立，多元统计分析方法的完善，也都使得问卷调查相比以前在收集、整理资料上更快捷、更科学，为问卷调查法的广泛运用提供了必要的客观条件。但关于问卷调查法的含义，学者们并不完全一致。国内一些学者提出的观点有：卓挺亚认为问卷调查是指研究者使用统一、严格设计的问卷来收集教育资料、数据的一种研究方法。杨丽珠认为问卷法是研究者把要研究的主题分为详细的纲目，拟成简明易答的一系列问题，编制成标准化的问卷，然后根据收回的答案，进行统计处理，得出结论的方法。孟庆茂认为问卷调查法是运用问卷作为搜集资料工具的研究方法。李秉德认为问卷调查法是调查者用书面或通信形式收集资料的一种手段，即调查者就调查项目编制成问题或表式，分发或邮寄给有关人员，请求填写答案，然后收回整理，统计和研究。[①] 董奇从心理学角度来界定，认为问卷调查法是研究者用统一、严格设计的问卷来收集研究对象有关的心理特征和行为数据资料的一种研究方法。问卷法的最大特点是它的标准化程度一般较高，是严格按照统一设计和固定结构的问卷进行的研究；另一个重要特点是它能在较短时间内收集到大量的资料。[②]

（二）问卷调查法的类型

在心理与教育科学研究中，根据研究目的、研究内容、研究对象

---

① 郑晶晶：《问卷调查法研究综述》，《理论观察》2014年第10期。

② 董奇：《心理与教育研究方法》，北京师范大学出版社2004年版，第185—188页。

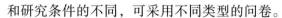

和研究条件的不同，可采用不同类型的问卷。

1. 结构问卷和无结构问卷

根据问卷中提出问题的结构程度将问卷分为结构问卷与无结构问卷。在结构问卷中，每个问题都事先列了几个可能的答案，被调查者可根据自己的情况，在其中选择认为恰当的一个答案。也就是说，结构问卷是一种限制式的问卷。被调查者只能在预先编制的几个可能答案中选择。在无结构问卷中，问题虽然是统一的，但未事先列出任何选择答案，被调查对象可根据自己的情况自由回答。它也并非真的完全没有结构，只是结构较少或轻松。一般而言，结构问卷可进行大范围的研究，无结构问卷较适合于小样本。

2. 发送问卷、访问问卷和邮寄问卷

根据问卷的传递方式不同可将问卷分为发送问卷、访问问卷和邮寄问卷。

发送问卷指研究者（或派专人）将问卷送到研究对象手中，待研究对象填完后，再由研究者（或专人）逐一收回。这种问卷适合于集体的、有组织的研究对象。访问问卷指研究者按照统一设计的问卷向研究对象当面提出问题，然后将研究对象的口头回答填在问卷中。由于访问问卷是一对一地直接访问，较费时费力，所以只适合于小样本研究。邮寄问卷是研究者通过邮局向一定范围的研究对象寄发问卷，要求被试按照规定的要求填答问卷，并在期限之前再通过邮局将问卷寄回给研究者。它可用于做大范围的研究，样本较大，但缺点是回收率一般较低。

七 研究方法之六：实验法

（一）实验法的含义与特点

实验研究是心理与教育科学研究的最重要形式之一，它是从自然科学中发展而来的研究方法。董奇认为心理与教育科学中的实验研究是指在观察和调查的基础上，对研究的某些变量进行操纵或控制，创设一定的情境，以探求心理、教育现象的原因、发展规律的研究方法，其基本目的在于研究并揭示变量间的因果关系。简而言之，对变量的操纵和对因果关系的揭示是心理、教育实验的基本含义。

与问卷调查法等研究方法相比较，实验研究具有以下这些显著特点：（1）实验研究要操纵或控制变量，人为地创设一定的情境。（2）实验研究的基本目的在于揭示变量之间的因果关系，也就是要回答"为什么"的问题。（3）实验研究有严格的研究设计，包括研究对象的选择、材料和工具、实验程序、设计分析方法等，以保证实验结果的科学性。

（二）实验法的类型

根据不同的分类标准，可以将实验研究分为不同的类型。根据实验揭示变量之间质和量的关系的不同，可以分为定性实验和定量实验；根据研究目的的不同，可分为探索性实验和验证性实验，探索性实验以探索心理现象的本质、揭示变量间的因果关系为目的，验证性实验以检验已有理论或研究为目的；根据实验对象的不同，可以分为动物实验和人类实验；根据实验设计的不同，可以分为前实验、真实验、准实验；根据实验情境的不同，可以分为实验室实验和现场实验；根据实验中控制、操纵的自变量的数量的多少，可以分为单因素实验和多因素实验。

第四节　网络师生互动的心理学研究概述

一　问题的提出与研究设计

计算机网络为现代教育提供了一种新舞台、新背景，网络最大的特点是其便捷性和交互性。梳理文献发现，无论是链式结构、轮式结构、全渠道式结构、环式结构和 Y 式结构的师生互动模式，还是星形、环形、网状、层级模式或是民主型、主导型、私聊型、无反馈型、孤立型的师生互动模式，以及网络师生互动所表现出的特点都是在大学教育背景或者远程教育背景下得出的研究结论。对网络师生互动的测量也大多是以大学生为被试，从大学课程或网络课程中采集数据，以中学师生为被试，对基础教育中的网络师生互动现象还少有研究。大学教育或远程教育与基础教育有着不同的教育规律和教育目标，而且我国信息技术与新课程改革的迅速发展，使得基础教育学校的师生通过网络开展的学习互动和情感互动也越来越普遍。在信息化时代，知识的汲取与构建、人格的感化与培养不仅仅发生在教室课堂情境中，不仅通过传统的面对面交流来实现。网络也为师生的知识构建和情感支持提供了新的互动形式，网络学习与互动可以和教室课堂以及面对面交流相辅相成，相得益彰。

要想建构主义认为，知识是依靠社会性的商讨与对话，通过合作的方式实现意义建构。[①] 网络平台因为有了记录功能，可以通过保存的记录文本真实再现老师和学生在网络平台中的互动过程。那么，通过网络平台上的讨论与对话，网络师生互动在内容上具有哪些特征？师生群体的知识构建会达到一个什么样的层次？知识建构的不同阶段会有着怎样的分布？师生在网络上的交流是以发帖和回帖的形式进行，帖子之间的"发布—回复"关系反映的是师生之间动态的交互关系。师生在网络交流中，消息之间如何转移？帖子的转移反映出师生之间的何种行为模式？发帖人会引起对方何种程度上的反应？网络师生互动在交流的主题及知识构建的水平上是呈现出某种连续性还是跳跃性？哪些同学通过网络和老师交往更为密切？哪些参与者在互动的网络中具有更高的威望？师生互动的网络又呈现出什么样的结构模式？直面这一系列问题，笔者拟采取个案研究，从微观、宏观相结合的视角，采用多种研究方法来对这些问题进行深入探究。

与此同时，关于网络师生互动影响因素的研究成果也有待丰富深化，环境因素、学生因素和教师因素的研究较为零散。

首先，虽然已有研究揭示了课堂面对面和网络两种环境中学生参与互动的显著差异，但是，这两种环境中是什么因素或者说是哪些具体的情境影响了学生的参与意愿还不得而知。

其次，研究者在人格因素与网络师生互动之间关系的结论上存在很大的争议。恩格尔伯格（Engelberg）发现两者之间不相关，[②] 施维

---

① 张大均：《教育心理学》，人民教育出版社 2004 年版，第 66 页。

② Engelberg, E., and Sjöberg, L., "Internet use, social skills, and adjustment", *Cyber Psychology and Behavior*, Vol. 7, 2004.

科特（Swickert）等也发现两者之间只有低相关。[1] 斯思丽（Scealy）等的研究发现害羞和焦虑并没有对人们在网络中的交流和互动造成阻碍。[2] 但是，也有研究者发现不同的人格特质和网络使用或交往有着不同的关系。例如，柏格尔（Berge）认为网络环境更适合外向性的学生。[3] 图顿（Tuten）和博斯尼亚克（Bosnjak）发现开放性与神经质和网络使用之间高相关，[4] 开放性和网络娱乐以及信息动机正相关，而神经质和网络使用负相关。沃伏瑞德（Wolfradt）和多尔（Doll）的研究表明，[5] 神经质和娱乐以及人际交流动机正相关，而外向性只和人际交流正相关。神经质者经常使用博客。[6] 卡斯皮（Caspi）等的研究揭示了仅仅参与课堂互动的学生比那些在课堂和网络两种环境中都参与的同伴更为外向，[7] 仅仅只参与网络互动的学生比那些两种环境下都不参与的或者不参与网络互动的学生更为内向。只参与网络互动的学生和那些只参与课堂互动的学生相比，更为神经质。人格特质究竟对其参与网络互动的意愿程度或者网络行为有着什么样的影响，还需要进一步去探究。

再次，情绪与我们的生活息息相关，帕金森（Parkinson）认为情

---

① Swickert, R. J., Hittner, J. B., Harris, J. L., and Herring, J. A., "Relationships among Internet use, personality, and social support", *Computers in Human Behavi*, Vol. 18, No. 4, 2002.

② Scealy, M., Phillips, J. G., and Stevenson, R., "Shyness and anxiety as predictors of patterns of Internet usage", *Cyberpsychology and Behavior*, Vol. 5, 2002.

③ Berge, Z., "Computer conferencing and the on-line classroom", *International Journal of Educational Telecommunication*, Vol. 3, No. 1, 1997.

④ Tuten, T. L., and Bosnjak, M., "Understanding differences in Web usage: The role of need for cognition and the five factor model of personality", *Social Behavior and Personality*, Vol. 29, 2001.

⑤ Wolfradt, U., and Doll, J., "Motives of adolescents to use the internet as a function of personality traits, personal and social factors", *Journal of Educational Computing Research*, Vol. 24, No. 1, 2001.

⑥ Amiel, T., and Sargent, S. L., "Individual differences in Internet usage motives", *Computers in Human Behavior*, Vol. 20, 2004.

⑦ Caspi, A., Chajut, E., Saporta, K., & Beyth-Marom, R., "The influence of personality on social participation in learning environments", *Learning and Individual Differences*, Vol. 16, 2006.

绪在创造和维持积极的社会互动中扮演了关键的角色。① 个体在不同的情绪状态下，会做出不同的判断和决策。如果引发学生不同的情绪状态，它们会对学生参与网络互动的态度有何影响？社会情境中充满了各种各样的情感事件，情感事件理论（Affective Events Theory，AET）认为这些情绪事件通过引起个体的情感反应，情感反应继而影响个体的态度和行为。② 情感事件按照效价可以分为积极事件和消极事件（affective events），那么，这些不同效价的情感事件又会如何影响学生的参与互动意愿？这些都值得研究者去深入探讨。

在某种程度上，教师的行为特点决定着师生关系的性质，教师良好的人际能力和行为可以为学生的发展创造一个积极的环境，③ 而已有研究就教师因素对网络师生互动的影响研究还不多见，教师在师生互动中起着关键性的作用，因此，对教师因素的研究便显得格外重要。有关教师自我表露研究表明，教师自我表露是丰富师生交流的个人来源，④ 同时，教师将自我表露作为培养学生学习的一种有效教学工具。⑤ 研究者采用实验法发现，在教师高自我表露组，学生报告了更高水平的学习动机、更好的情感学习和学习氛围。⑥ 而且，在教师自我表露水平高的条件下，学生报告的教师信赖感高于教师自我表露水平低的条件。但是，这些研究都是以大学生为被试，教师自我表露水平对中学生有着什么样的影响，需要进一步去探究。相较于面对面

① Parkinson，B.，"Do facial movements express emotions or communicate motives？" *Personality and Social Psychology Review*，Vol. 9，2005.

② 段锦云、傅强、田晓明等：《情感事件理论的内容、应用及研究展望》，《心理科学进展》2011 年第 4 期。

③ 辛自强、林崇德、俞国良：《教师互动问卷中文版的初步修订及应用》，《心理科学》2000 年第 4 期。

④ Fusani，D. S.，"Extra-class communication：Frequency，immediacy，self-disclosure，and satisfaction in student-faculty interaction outside the classroom"，*Journal of Applied Communication Research*，Vol. 22，1994.

⑤ Cayanus，J. L.，"Effective instructional practice：Using teacher self-disclosure as an instructional tool"，*Communication Teacher*，Vol. 18，2004.

⑥ Mazer，J. P.，Murphy，R. E.，and Simonds，C. J.，"I'll see you on 'Facebook'：The effects of computer-mediated teacher self-disclosure on student motivation，affective learning，and classroom climate"，*Communication Education*，Vol. 56，2007.

互动，网络互动较缺乏情感上的互动。但有关网络交流技术的研究表明，通过运用情绪词汇、语言标记、情绪图标等线索和情绪效价相结合的策略，消息接收者能够察觉消息发送者的情绪。而且当消息中情绪线索的数量增多时，消息接收者对消息发送者的情绪觉察程度更高。[1] 也有研究表明，把作为社会线索的动态情绪图标融入网络学习环境中，能够增强孩子们的学习动机。[2] 以上研究侧重考察网络技术，没有突出教师角色的作用，那么，凸显教师角色的作用，考察教师不同的网络交流风格会对学生的互动产生什么样的影响，便成为研究的问题所在。

在当前的教育现象中，高校网络师生互动比中学网络师生互动更普遍。为了更全面了解网络师生互动现状与特点，笔者也选取了大学生作为研究对象。鉴于目前缺乏测量网络师生互动的调查工具，特编制高校网络师生互动测量工具，利用自编问卷描述当前高校网络师生互动的现状与特点。目前，高校师生交流较多的网络媒介是 QQ 或 QQ 群，以 QQ 群为样本来源，试图采用社会网络分析方法从 QQ 群聊天记录的网络视角来探究交流互动问题，进一步了解师生之间的交流现状，描绘师生之间的网络社群图，进而更好揭示 QQ 群交流结构与特征。与此同时，在信息化背景下，大学生对网络师生互动表现出何种态度？大学生对于师生之间的网络互动是欢迎还是有所保留甚或内心排斥？考察大学生对网络师生互动的真实态度也成为高校网络师生互动实证研究的一部分。

最后，本书主要包括中学网络师生互动研究与高校网络师生互动研究两大部分。中学网络师生互动研究主要目的在于尝试按照"描述—解释—预测—促进"的主线，通过实证研究来试图回答网络环境下的中学师生互动在内容上具有什么样的特征？师生交流的消息反映出什么样的行为模式？师生互动所形成的网络具有怎样的结构模式？

---

① Harris, R. B., and Paradice, D., "An Investigation of the Computer-mediated Communication of Emotions", *Journal of Applied Sciences Research*, Vol. 3, No. 12, 2007.

② Tung, F. W., and Deng, Y. S., "Increasing social presence of social actors in e-learning environments: Effects of dynamic and static emoticons on children", *Displays*, Vol. 28, 2007.

哪些学生变量可以预测师生之间的网络互动以及教师如何促进师生互动？高校网络师生互动研究的目的主要描述高校网络师生互动的现状、特点以及考察大学生对网络师生互动所持有的内隐态度。本书的总体框架与技术路线如图 2-8 所示。

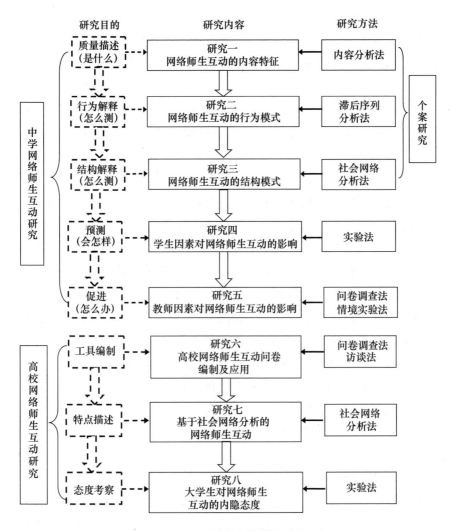

图 2-8 研究框架与技术路线

二 研究意义

(一)理论意义

在借鉴大学教育或远程教育背景下相关研究成果的基础上,对网络环境中的师生互动进行一系列研究。其中包括用内容分析法、滞后序列分析法和社会网络分析法多种研究方法对网络师生互动的特点以及师生交流的消息模式进行考察。既从微观上探索中学网络师生互动的内容特征与行为模式,又从宏观上把握师生互动网络的结构模式。同时,还从学生因素、教师因素探究其对网络师生互动的影响,既包括探讨具体情境因素与学生人格特质对网络互动意愿的影响,也包括采用实验法探索促进网络师生互动的教师因素,包括教师自我表露、教师交流风格以及教师交流情境。

(二)实践意义

教育信息化是实现教育现代化的必由之路,是实现教育跨越式发展的基础,互动则是教育、教学中的重要元素。建立积极、适宜、和谐的师生互动是我国教育改革在 21 世纪的重要任务。随着信息技术的迅猛发展,数字化教学资源的日益丰富,计算机网络在整个教育领域正发挥着越来越大的作用,师生通过网络开展的教与学模式是对传统教学模式的纵深发展,师生的网络互动也是对传统面对面互动的补充。网络在教育中的广泛应用,使得师生的交流特点发生变化,师生互动也表现出不同的交互模式,受到不同因素的影响。因此,在信息化背景下,研究网络师生互动对于把握网络环境中师生互动的特点与规律,剖析教师在网络互动中的影响与作用,为促进师生互动提供策略帮助,也为构建和谐的师生关系提供现实指导意义。

三 研究创新点

第一,研究内容丰富化。有关面对面师生互动或者课堂环境中的师生互动已取得了不少有成效的成果,但是网络环境中师生互动的心理学研究才刚刚开始。而已有的网络互动研究中,还少见对网络师生互动影响因素的系列研究。本书分别从学生因素、教师因素两个大的方面去探讨，从而为教师更好地开展师生交流与互动、促进师生关系的和谐提供现实指导。

第二，研究对象扩大化。以往网络互动研究多以大学生或远程教育学习者为研究对象，本书研究对象则既包括中学师生，也包括高校师生，扩大了研究群体。

第三，研究层次多样化。既通过采用社会网络分析法，着眼于关系数据的量化表征，从宏观上呈现师生互动的网络结构模式；也通过采用内容分析法，从微观上探讨师生互动的内容特征。微观与宏观相结合，从而更加全面地去考察网络环境中的师生互动现象。

第四，研究角度动态化。通过采用滞后序列分析、社会网络分析等方法来动态分析师生之间的行为模式以及互动关系，从而清晰揭示出师生在知识构建过程中如何分享与建构知识，他们的行为会发生怎样的转移以及他们如何形成交互关系等。

第五，技术处理创新化。为了更好地识别消息行为模式和趋势，基于网络互动"发帖—回帖—再发帖"的特点与已有"消息树"的理念，提出了"父消息"的概念并自主设计开发消息树构造、LSA 和关系网数据构建算法的软件 Msgsa。自编软件 Msgsa 将消息树构造和滞后序列分析、关系网数据构建结合起来，可自动生成滞后序列分析数据和关系网络数据结果。Msgsa 采用"孩子兄弟"表示法构造"消息树"，以二叉树结构进行存储；利用树和二叉树、双向链表、转移矩阵等数据结构设计滞后消息序列分析算法和关系网络数据构建算法。

第三章　网络师生互动的个案研究

第一节　背景介绍

一　问题的提出

随着国家对基础教育信息化的愈发重视，越来越多的中学开始重视数字校园的建设。随着电脑、网络的普及，校园外的中学网络师生互动也雨后春笋般涌现，但由于信息的碎片化、非连续化，要想更深入探究网络师生互动的相关情况，笔者需要从学校构建的网络系统出发。因此，选取全国具有代表性的信息特色学校则成了本书的切入口。基于此，特通过个案研究，采用多种研究方法来进行中学网络师生互动的实证研究。

互动是教育、教学中的重要元素，无论在面对面情境，还是在网络情境中，互动都是有意义的学习中不可或缺的要素。社会文化学习观主张，在人际交往和社会活动中可以进行深度学习和知识的意义建构，因此，在教育情境下，师生互动（也包括生生互动）的内容质量和数量必然是关注的中心和重点。网络学习是否成功，在于能否提供各种有利于互动的机会和工具。CMC 文本交流便是一个在网络环境中有利于交流的有效媒介。因为它让师生超越了时间和空间的限制，可以扩展师生之间的互动。诸如电子板、邮件、在线聊天等工具为学生提供了更多的机会，从而学生可以更加方便地表达情感、分享想法、共同创造学习成果。斯赫里勒（Schrire）就网络互动模式及其和网络讨论中的认知发展之间的关系进行了阐述，发现网络讨论可以促进群体的知识构建。[①] 在大多数情况下，网络学习的质量取决于互动的质量。而师生在网络中所讨论内容的知识建构程度是一个可以更深入理解师生互动质量的关键指标。因此，研究一从师生互动内容的知识建构水平入手，来探讨网络师生互动的质量。

内容分析法（Content Analysis，CA）是一种客观地、系统地、定量地描述互动内容特征的研究技术，是研究网络互动最受欢迎的方法之一。网络平台的记录功能，使研究者能够对保存的讨论区帖子进行内容分析，可以再现老师和学生在网络平台中的交流过程。中学网络师生互动中的知识建构达到了何种水平？各个建构阶段在分布上又具有什么特点？因此，本研究采用定量的内容分析法从微观的层面上分析网络师生互动的内容特征及建构质量。

通过定量的内容分析识别了网络师生互动在德育讨论区和学科交流区上的消息类别、获取了不同类别信息的频率、探讨了师生互动的质量。然而，消息频率在解释和预测被试是如何针对既定类型消息作出反应等方面所提供的信息却极为有限。师生通过帖子进行交流，帖子之间的"发布—回复"关系反映出师生之间的互动关系。师生帖子之间的交互关系究竟如何？老师（或学生）的帖子会引起对方何种程度上的反应？网络师生互动在交流的主题及知识构建的水平上是呈现出某种连续性还是跳跃性？这一系列的问题都是理解网络互动动态过程的核心问题。因此，在"德育讨论区"和"学科交流区"平台中，网络师生互动的消息之间的关系和转移便是研究二要重点考虑的问题。

基于对话理论（dialogic theory），将交互操作转化为一个已知消息和目标消息（或者称为回复消息）两件事件之间的序列（sequence）。当消息引发了随后的回复，促进了讨论的进行，把该线程中所有随后的消息叫作滞后事件（lag event）。序列分析是一个特别适合于研究互动的方法，其应用于人际交流和人际交互领域已有30

---

① Schrire, S., "Interaction and cognition in asynchronous computer conferencing", *Instructional Science*, Vol. 32, No. 6, 2004.

多年的历史。其中，滞后序列分析法（lag sequential analysis）能通过考察互动行为之间的序列相关是否在统计意义上显著，来推断网络互动的序列模式。因此，本书采用滞后序列分析法来探讨师生在"德育讨论区"和"学科交流区"平台中互动行为的序列模式和互动行为趋势。

许（Heo）、林（Lim）和金姆（Kim）对学习小组的网络互动模式进行了研究，发现不同的小组不仅有着不同的阅读以及回复模式，还有着不同高度的群体凝聚力。[1] 马丁内斯（Martíneza）等采用社会网络分析法对计算机支持下的协作学习平台（CSCL）上的班级活动进行了探究，结果发现 CSCL 环境下的班级活动模式不同于教室环境下的班级活动模式，网络的密度受到教师存在的影响。[2] 贝克（Beck）等进一步采用社会网络分析技术对班级中核心的、有影响力的行动者的作用进行考察。[3] 他们发现，运用电子讨论板的被试更可能采纳那些居于高度核心的行动者的建议，而不大采纳那些居于外围行动者的建议。沈（Shen）等采用网络密度（Network Density）、点度中心度（Centrality Degree）、网络中心性（Network Centralization）等指标对两门网络课程的互动本质进行了描述。[4] 结果表明，两门课程中的互动模式既有相同之处，如两门课程的互动模式都受到教师作用、任务类型的影响。同时，也有不同之处，如在课程 A 中，有着高互动分数的学生通常都是主动发起和其他成员互动的人，在课程 B 中，有着高互动分数的学生是那些积极回复他人而不是发起互动的

---

[1] Heo, H., Lim, K. Y., and Kim, Y., "Exploratory study on the patterns of online interaction and knowledge co-construction in project-based learning", *Computers and Education*, Vol. 55, 2010.

[2] Martíneza, A., Dimitriadis, Y., Rubia, B., Go'mez, E., & de la Fuente, P., "Combining qualitative evaluation and social network analysis for the study of classroom social interactions", *Computers and Education*, Vol. 41, 2003.

[3] Beck, R. J., Fitzgerald, W. J., and Pauksztat, B., *Proceedings of the international conference on computer support for collaborative learning*, Dordrecht: Kluwer, 2003, pp. 313 - 322.

[4] Shen, D., Nuankhieo, P., Huang, X., Amelung, C., and Laffey, J., "Using social network analysis to understand sense of community in an online learning environment", *Educational Computing Research*, Vol. 39, No. 1, 2008.

人。这表明了在这两门课程中互动数量多的学生可能发挥了不同的作用。国内研究者叶新东、朱少华以温州大学本科二、三年级的两个班级为研究对象，采用莫雷诺的社会测量法收集数据。[①] 然后采用社会网络分析方法对数据进行了分析。结果，从社群图来看，这两个班级的结构都非常紧凑，有明显的凝聚中心。但是，A班在相关标量分析、点入度、点出度、点连接度、点中心值等各项网络数据方面都高于 B 班。

社会网络分析方法（Social Network Analysis, SNA）是在社会计量法基础上发展起来的研究社会结构和社会关系的一种分析方法，它用社会实体之间的关系来描述、解释和预测社会现象，并提供了一种深入研究社会环境特征及其对个体心理发展影响的方法。社会网络分析着重考察参与者之间的关系，通过呈现定量的和可视化的互动模式以及互动的密度，可以清楚地阐释互动的模式和方式，这些是调查法和内容分析法所不能揭示的。

研究一的内容分析和研究二的序列分析从微观层面考察了师生互动的特征和行为模式，但是，通过网络上的讨论和对话，老师和学生之间具有什么样的关系？哪些同学和老师形成了更密切的交往关系？哪些参与者在网络互动中具有更高的威望？网络师生互动呈现出什么样的结构模式？因此，带着这些问题，研究三拟采用社会网络分析方法从宏观层面对师生互动的结构模式进行探讨。

二　研究对象的选取

上海市闵行第二中学是闵行区实验性示范性高级中学，是上海市科技教育特色学校（示范学校）、闵行区实验性示范性学校、中国创造学会创造教育基地、新基础教育实验基地，学校还被评为行为规范示范学校、绿色学校、健康教育示范学校。该校计算机信息技术教育已形成了全国特色，打造出了著名品牌。

---

① 叶新东、朱少华：《大学生社会网络与学习的相关性调查研究》，《电化教育研究》2007 年第 2 期。

该中学专门开发了"师生互动家园"系统，它是一个用于老师和学生之间进行交流和讨论的校级网络平台。该平台中专设有"讨论区""群组""个人空间"等栏目。"讨论区"又下设有"教师论坛""学科交流区""德育讨论区""思辨空间区""信息公开"和"应用帮助区"等区域。其中，学科交流区是以学科为单位师生进行交流、互动的区域，德育讨论区既有班主任论坛、教育论坛，也有按年级分类的班级讨论专区。师生互动家园平台大多是一种异步互动。在工作日里，尽管老师和学生每天都在学校见面，但是，师生互动家园却提供了这样一个空间，它可以让全校师生无论在什么地方、在什么时候，只要有网络，都可以进行提问与答疑、进行评价与反馈、进行讨论和分享。并且学校配备了专门的机房和电脑，供师生上机学习和交流。该中学全体师生在师生互动家园平台中均注册了用户名，学生既可实名注册，也可以匿名注册。

在征得学校领导及相关部门同意之后，特慕名而去收集到该校"师生互动家园"的网络互动文本记录，时间跨度为 2011 年 4 月到 10 月。

第二节　网络师生互动的内容特征

一　被试

本研究以在该校校园网络平台"德育讨论区"和"学科交流区"中参与互动的 343 名师生（包括 2 名外来嘉宾）为被试。两大讨论区中被试的具体情况分别见表 3-1 和表 3-2。

表 3-1　　　　　　　　　"德育讨论区"参与者基本情况表

		2009 级			2010 级			2011 级		
		2 班	4 班	6 班	1 班	2 班	6 班	1 班	3 班	5 班
学生	实名参与	38	11	22	37	30	38	44	32	44
	匿名参与	1	15	10	1	0	5	0	1	2
	学生合计	39	26	32	38	30	43	44	33	46

续表

		2009 级			2010 级			2011 级		
		2 班	4 班	6 班	1 班	2 班	6 班	1 班	3 班	5 班
参与人数	教师	7	6	5	2	8	9	3	1	4
	学生	39	26	32	38	30	43	44	33	46
	外来人员	0	0	0	0	1	0	1	0	0
	班级合计	46	32	37	40	39	52	48	34	50
	年级合计	111 *	117 *	117 *						
	总合计	323 *								

　*参与者有跨班或年级参与讨论，故讨论区年级合计不等于班级合计之和，总合计不等于年级合计之和，下同。

表 3 - 2　　　　　　　　"学科交流区"参与者基本情况表

		生物	数学	物理	英语	语文	政治	合计
学生	实名参与	12	51	10	46	54	60	233
	匿名参与	4	1	0	23	15	16	59
	学生合计	16	52	10	69	69	76	292
学生年级分布	2008 级	0	0	0	0	0	20	20
	2009 级	12	0	0	42	25	0	79
	2010 级	3	52	10	27	44	2	138
	2011 级	1	0	0	0	0	54	55
参与人数	教师	8	2	2	4	3	1	20
	学生	16	52	10	69	69	76	292
	外来人员	0	2	0	0	0	0	2
	合计	24	56	12	73	72	77	280 *

二　编码系统

　　知识构建的理论和范式已经讨论了数十年。一些研究重点探讨以学习者为导向的知识建构，一些研究则集中于研究在社会影响下的知识分享中所表现出来的学习行为，而另一些研究则重点通过社会互动中认知冲突和达成一致来考察知识构建的过程。

　　为了更深入地分析网络互动模式和知识构建的深度，古纳瓦德纳（Gunawardena）等提出互动分析模型（Interaction Analysis Model，IAM），它将知识构建分成五个阶段：信息分享、深化认识、意义协商、新观点的检验与修改以及应用新知识。[①] 该模型以知识的社会性建构为着眼点，综合考虑了帖子的内容和帖子间的对话关系，能比较完整地反映知识建构的互动过程和深度，所以该编码方案广泛运用于国内外的网络互动分析中。正因为这套编码方案的广泛应用，也提高了内容分析法的研究效度。同时，还可以将不同研究之间的结果进行比较和分析。所以本研究拟采用古纳瓦德纳（Gunawardena）等提出的该套方案来对互动消息进行编码。根据中学生网络师生互动的特点，在古纳瓦德纳（Gunawardena）提出的五阶段模型的基础上，本研究增加了人际交流和情感支持两个阶段，一共包括七阶段编码方案（如表 3 - 3 所示）。

表 3 - 3　　交互知识建构编码系统（Gunarardena et al.，1997）

阶段	具体层次描述	编码
第一阶段：信息分享，即相互分享各种信息、观点，针对讨论的主题进行描述	对某个观察结果或者某观点进行描述	1A
	对其他参与者的观点表示认同的描述	1B
	证实其他学习者所提供的例子	1C
	相互询问、回答以澄清描述的问题	1D
	详细地说明、描述、确定一个问题	1E
第二阶段：深化认识，即发现和分析在各种思想、概念或描述中不一致的地方，深化对问题的认识	确定并描述不一致的地方	2A
	询问、回答问题，以澄清不一致的地方与差异程度	2B
	重申立场，并利用其经验、文献、收集到的数据或者相关的隐喻建议或类比来进一步阐述、支持其观点	2C
	提出替代假设	2D

　　① Gunawardena, C. N., Lowe, C. M. A., and Anderson, T., "Interaction Analysis of a Global Online Debate and the Development of an Interaction Analysis Model", *Journal of Educational Computing Research*, Vol. 17, No. 4, 1997.

阶段	具体层次描述	编码
第三阶段：意义协商，即通过意义协商，进行知识的群体建构	协商或澄清术语的意义	3A
	协商各种观点并分辨其重要性	3B
	鉴别相互冲突的概念间存在的共同之处	3C
	提出并协商体现妥协、共同建构的新描述	3D
	整合包含隐喻或者类比的建议	3E
第四阶段：新观点的检验与修改，即对新建构的观点进行检验和修改		4X
第五阶段：应用新知识，即达成一致，应用新建构的知识		5X
第六阶段：人际交流，即人与人之间打招呼或是与知识无关的交流		6X
第七阶段：情感支持，即从情感上给予对方支持、鼓励等		7X

三　研究程序

首先，在征得学校领导及相关部门同意之后，前往该校信息中心，现场收集该校"师生互动家园"的互动文本记录，其时间跨度为 2011 年 4 月到 10 月。

其次，对"德育讨论区"和"学科交流区"这两个互动区域的文本记录进行汇总。根据研究需要，"德育讨论区"以班级为单位，每个年级随机抽取三个班的互动记录为样本；"学科交流区"以学科为单位，以生物、数学、物理、英语、语文和政治六门学科的互动记录为样本。并对原始记录进行整理，把消息的具体属性整理到 Excel表，以便对互动内容进行定量分析。

再次，以帖子为分析单元，按照编码系统对帖子进行编码。编码和数据整理的工作会反复出现，直到形成最终的代码数据。

最后，通过对代码数据进行处理和分析，得出结果。

四 数据编码和分析

(一) 编码的方法

以帖子为分析单元，根据古纳瓦德纳 (Gunawardena) 等的编码方案 (另外，增加编码 6X——人际交流和 7X——情感支持) (见表3－3) 对收集到的帖子进行编码，以便考察这些代码的频次及其分布。[①]

编码的方法为：将内容属于同一主题的帖子归为一个消息链，第一个主动发帖人 (既有老师，也有学生) 的消息记为第一条消息 (其 "消息号" 用 "001" 表示)，每条消息之后可能会有多条回复或者引发新的帖子，后面的回帖或新帖的消息号按照时间顺序依次表示为 "002" "003" "004" 等。根据编码方案对这些消息逐一进行编码，如果一个帖子里包括两个或更多不同编码的段落，那么，该帖子按照消息内容的先后顺序，依次标识成两个或更多编码，例如，如果某一帖子的第一部分编码为 2B，第二部分编码为 7X，那么该帖子的编码为 2B7X。在给所有的帖子编完码之后，每个帖子都有相对应的代码。

(二) 同意度和编码信度

在内容分析研究法的应用中，检查其客观性的基本方法是评估研究者的编码信度，即不同研究人员对相同内容进行编码决策一致的程度。为了尽可能地保证信度，本研究采用评分者信度法来判断编码是否有效。首先，根据公式平均相互同意度 ＝ 2 × M／ (N1 ＋ N2) (M 指编码者完全同意数，N1、N2 表示每人的编码总数) 求出两名编码者的平均相互同意度；然后将其代入编码信度系数公式 "R ＝ (n × 平均相互同意度) ／1 ＋ (n－1) (平均相互同意度)" 求出编码信度，然后判断其结果是否可接受。

在标识和分类之前，就编码系统对两名心理学专业硕士研究生进行详细的解释，确保编码人员充分理解编码根据。首先，进行了编码前的预测程序。从 "德育讨论区" 帖子中，随机抽取 20 个帖子，由两位研

---

① Gunawardena, C. N., Lowe, C. M. A., and Anderson, T., "Interaction Analysis of a Global Online Debate and the Development of an Interaction Analysis Model", *Journal of Educational Computing Research*, Vol. 17, No. 4, 1997.

究生进行预编码。根据公式，求得互相同意度 0.68，因此信度为 0.81，此为可接受的信度（大于 0.8）。同时，研究者与编码员就预编码过程中出现的疑问和不一致地方进行了再三讨论，直到编码员达成一致。接着进入正式编码阶段，让这两位编码员对所有的帖子进行编码。同时，将他们的编码结果代入公式，其相互同意度为 0.74，再代入信度公式，求出信度为 0.85，信度可以接受，因此编码有效。

（三）数据分析

经过编码和整理之后，形成学科交流区的生物、数学、物理、英语、语文和政治 Excel 表以及学科汇总 Excel 表，德育讨论区 2009 级、2010 级、2011 级各班的分班 Excel 以及各年级 Excel 表。用 Excel 工具汇总和统计出"德育讨论区"共有 2183 条帖子，其基本情况见表 3-4；"学科交流区"共有 500 条帖子，其基本情况见表 3-5。以帖子为分析单元，根据古纳瓦德纳（Gunawardena）等的互动分析编码系统（除此之外，本研究还增加人际交流和情感支持两个阶段）对这些帖子进行编码，"德育讨论区"一共获得 2788 个代码，其阶段代码频次见表，阶段 1、阶段 2、阶段 3 中各层次代码频次见表 3-6。[1]"学科交流区"获得 572 个代码，其阶段代码频次见表 3-7，阶段 1、阶段 2、阶段 3 中各层次代码频次见表 3-8。

表 3-4　　　　　　　　"德育讨论区"帖子基本情况表

年级班级		2009 级			2010 级			2011 级		
		2 班	4 班	6 班	1 班	2 班	6 班	1 班	3 班	5 班
帖子数量	教师帖	38	86	218	6	26	53	16	13	10
	学生帖	169	112	212	164	107	288	308	165	192
	班级合计	207	198	430	170	133	341	324	178	202
	年级合计	835		644	704					
	总合计	2183								

---

① Gunawardena, C. N., Lowe, C. M. A., and Anderson, T., "Interaction Analysis of a Global Online Debate and the Development of an Interaction Analysis Model", *Journal of Educational Computing Research*, Vol. 17, No. 4, 1997.

表 3 - 5   **"学科交流区"帖子基本情况表**

学科		生物	数学	物理	英语	语文	政治
帖子数量	教师帖	24	6	17	5	8	11
	学生帖	26	92	21	79	87	122
	外来帖	0	2	0	0	0	0
	分科合计	50	100	38	84	95	133
	总合计	500					

表 3 - 6   **网络师生互动深度阶段代码表**

	阶段 1	阶段 2	阶段 3	阶段 4	阶段 5	阶段 6	阶段 7	合计
德育讨论区	2043	115	2	6	1	390	231	2788
学科交流区	395	93	26	8	7	31	12	572

表 3 - 7   **德育讨论区阶段内层次代码表**

	A	B	C	D	E	合计
阶段 1	744	349	34	295	621	2043
阶段 2	78	11	26	0	0	115
阶段 3	0	0	0	1	1	2

表 3 - 8   **学科交流区阶段内层次代码表**

	A	B	C	D	E	合计
阶段 1	208	22	5	102	58	395
阶段 2	18	9	60	6	0	93
阶段 3	6	8	1	7	4	26

五 结果与讨论

（一）结果

首先，为了考察德育讨论区和学科交流区的互动质量是否具有相似性，对这两个平台中的阶段编码分布比例进行了卡方检验。结果显示，两个平台中的阶段编码分布存在显著差异 [$\chi 2$ （6） = 1645.17, p < 0.05〕，表明这两个平台中的师生互动在交流的质量上表现出不同的特点。

具体来看，在"德育讨论区"（如图3-1所示）中，在所有的代码中，阶段1（信息分享）所占的比例最大，为74%。在信息分享阶段中，各层次之间的分布（如图3-2所示）依次为：比例最大的

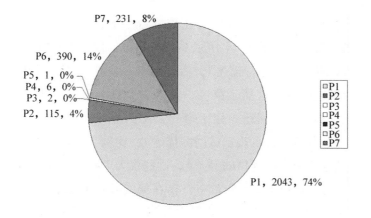

图3-1 德育讨论区师生互动质量结果

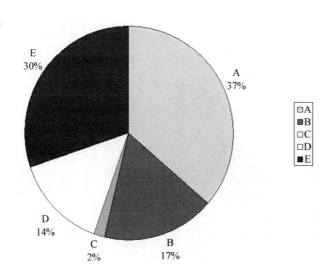

图3-2 德育讨论区师生互动"信息分享"阶段各层次代码分布

为 A 层，即对某个观察结果或者某观点进行描述，比例为 37%。第二是 E 层，即详细地说明、描述、确定一个问题，比例为 30%。第三是 B 层，即对其他参与者的观点表示认同的描述，比例为 17%。第四是 D 层，即相互询问、回答以澄清描述的问题，比例是 14%。最后是 C 层，即证实其他学习者所提供的例子，比例为 2%。

在"学科交流区"（如图 3 - 3 所示）中，也是阶段 1（信息分享）所占的比例最大，为 70%。在该平台中的信息分享阶段中，各层次代码分布为（如图 3 - 4 所示）：居于第一的是 A 层（即对某个观察结果或者某观点进行描述），占到 52%。D 层（即相互询问、回答以澄清描述的问题）居于第二，比例为 26%。E 层（即详细地说明、描述、确定一个问题）位于第三，比例为 15%。接下来是 B 层（即对其他参与者的观点表示认同的描述），比例为 6%。最后是 C 层（即证实其他学习者所提供的例子），比例仅为 1%。

在学科交流区的阶段分布中，排在第二位的是阶段 2（深化认识），比例为 16%。该阶段中的层次代码分布（如图 3 - 5 所示）依次为：比例最大的是 C 层，比例为 65%。其次是 A 层，比例为 19%。接下来是 B 层，比例为 10%。D 层比例为 6%。而 E 层比例则为 0。

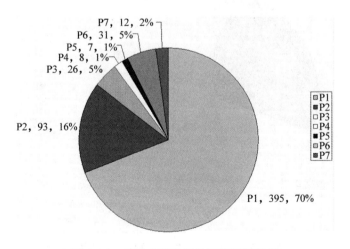

图 3 - 3　学科交流区师生互动质量结果

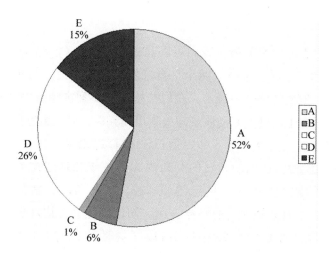

图 3 - 4　学科交流区师生互动"信息分享"阶段各层次代码分布

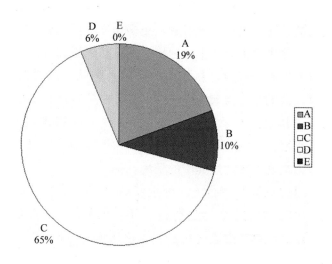

图 3 - 5　学科交流区师生互动"深化认识"阶段各层次代码分布

在阶段分布中，位于第三位的是阶段 6（人际交流）和阶段 3（意义协商），比例都是 5%。阶段 7（情感支持）所占的比例较低，为 2%。阶段 4（新观点的检验与修改）和阶段 5（应用新知识）的比例尽管都很低，仅为 1%，但师生在"学科交流区"平台的互动中还是出现了这两个阶段。

（二）讨论

基于以上的定量分析，我们可以看出中学教师和学生通过"德育讨论区"和"学科交流区"两个平台来发展和提高他们的知识建构水平，并分享他们的感悟与经历，获取情感支持，促进师生关系的和谐。但这两个平台上的师生互动质量却表现出差异性，表现出各自的特点。

数据分析及结果显示，师生通过"德育讨论区"平台，有78%（阶段1和阶段2比例的和）的互动内容是关于知识建构的。师生互动中74%的帖子集中在"信息的分享或比较"阶段，帖子主要围绕问答问题或者对某个问题的观点表达，知识的社会建构水平处于初级阶段。4%的帖子集中在深化认识阶段，主要表现为发现和分析各种思想、概念或描述中不一致的地方，从而深化对问题的认识。具体表现为部分师生不仅能针对相关问题阐述自己的观点，而且能指出自己与他人观点的异同，这样，学习者从更多角度对问题或概念发表不同的看法，从而深化学生对知识的理解。深度达到更高阶段（如意义协商、新观点的检验与修改、新知识的应用）的帖子的比例接近于0。但在德育讨论区的师生互动中，还有22%的互动表现为与知识建构无关的内容，其中，人际交流占到14%，情感支持占到8%。这说明，"德育讨论区"平台除了发展师生的知识建构水平以外，还体现出了其在师生交流、互动过程中的情感功能。

在"学科交流区"平台上，师生互动中70%的帖子集中在"信息分享或比较"。但与"德育讨论区"不同的是，"学科交流区"平台上师生互动的深度其次表现在了"深化认识"方面，比例为16%。这说明师生在"学科交流区"互动过程中对概念、描述或思路不一致的地方，进行了更多的讨论，促进学生对知识的较深层次的理解。5%的帖子属于"意义协商"阶段，表明学生在和老师的交流过程中，针对一些问题进行了不同思想的碰撞，开阔了学生的思路。属于"新观点的检验与修改"阶段与"新知识的应用"阶段的帖子数量虽然很少，比例都为1%，但还是在"学科交流区"平台上有所出现，表明有少量师生在互动的过程中，在观点不一致时，经过思想的碰撞，达成新的见解，并加以检验与修改，直到指导新知识的应用。

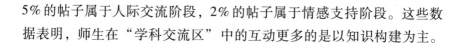

5%的帖子属于人际交流阶段，2%的帖子属于情感支持阶段。这些数据表明，师生在"学科交流区"中的互动更多的是以知识构建为主。

六　结论

（1）古纳瓦德纳（Gunawardena）的交互模型可以用来分析中学师生在网络互动中的知识建构质量。

（2）该中学德育讨论区和学科交流区中的知识建构都以信息分享和比较为主，但在知识建构深度阶段的分布上具有各自鲜明的特征。师生在德育讨论区互动过程中知识建构的深度有待加强，同时还表现出了师生情感支持的特点。和德育讨论区相较而言，师生在"学科交流区"互动过程中知识建构的水平更高。

第三节　网络师生互动的行为模式

一　研究对象

本研究以该中学的师生在校园网络互动系统"德育讨论区"和"学科交流区"两大平台上所发的帖子为研究对象，时间跨度为2011年4月到10月。德育讨论区以班级为单位，每个年级随机抽取三个班的互动记录为样本；学科交流区以学科为单位，以生物、数学、物理、英语、语文和政治六门学科的互动记录为样本。

二　研究工具

本研究采用自编软件 Msgsa 对师生互动帖子进行消息滞后序列分析。Msgsa 软件是笔者为了对基于消息的网络交互行为进行序列分析和关系网络数据构建而自主开发的专门软件。Msgsa 采用面向对象方法进行设计，利用 Microsof Visual C# 2005 程序设计语言和工具开发。Msgsa 软件用于消息滞后序列分析提供的具体功能包括：（1）计算每个消息链的消息记录条数、深度、度；（2）计算消息主题的消息链数、消息链平均记录条数、消息链平均深度、消息链平均度；（3）计算并输出每个消息链的消息阶段代码和层次代码的转移频数矩阵；

（4）计算并输出消息主题的消息阶段代码和层次代码的转移频数矩阵、Z 分数（Z score）矩阵。

为了实现上述功能以及关系网络数据构建功能，利用树和二叉树、双向链表等数据结构，设计了 Msgsa 的滞后消息序列分析和关系网络数据构建算法。主要的算法如下。

算法 1——消息链的构造：用孩子兄弟表示法构造消息链（消息树），存储在二叉树结构中；消息主题包括多个消息链，用双向链表存储；将消息链号相同的消息记录存入消息链节点中，包括消息链号、消息号、父消息号、消息代码等。

算法 2——计算消息链的消息记录条数、深度、度：消息记录条数为消息链数组的长度；利用树的层序遍历算法计算消息链的深度；利用树的层序遍历，记录节点的度，比较替换得到最大的节点的度，即为消息链的度。

算法 3——计算消息链数、消息链平均记录条数、消息链平均深度、消息链平均度：消息链数为消息主题双向链表的长度；消息链平均记录条数 = 消息记录条数总和/消息链数，消息链平均深度 = 消息链深度总和/消息链数，消息链平均度 = 消息链度总和/消息链数。

算法 4——计算消息链的消息代码转移频数矩阵：构造消息代码转移频数矩阵，并置 0；层序遍历消息链的每个节点，对于每个节点，做下述操作：①对代码长度 >2 的节点，计算节点代码的转移计数，并累加到消息代码转移频数矩阵中；②当前节点有父节点时，计算父节点的末位代码与当前节点的首位代码的转移计数，并累加到消息代码转移频数矩阵中。

算法 5——计算消息主题的消息代码转移频数矩阵：将所有消息链的消息代码转移矩阵相加。

算法 6——计算消息主题的消息代码转移 Zscore 矩阵：根据巴克曼（Bakeman）和戈特曼（Gottman）的方法计算期望频数矩阵和 Zscore 矩阵，按照马里恩（Marion）、图什特（Touchette）和桑德曼（Sandman）的方法计算条件概率矩阵。

算法 7——关系网络节点的构造：遍历每条消息记录，获得消息作者的名字，并生成作者对应网络节点的唯一编号，提取作者的分类作为节点的分类，存入节点—作者字典中。

算法 8——作者联系的构造：对于每条消息记录，获得消息作者的名字、父消息作者的名字，存入作者联系字典中，并对联系次数进行累加。

算法 9——关系网络数据文件生成：按照 Pajek 网络数据文件的格式要求，将节点—作者字典和作者联系字典中的记录组合起来，生成 . net 文件和 . clu 文件，并生成作者参考文件 ∗ – Author. txt。

Msgsa 软件以网络互动消息文本记录 Excel 文件为输入数据，经过序列分析处理后，得到输出结果。输出的序列分析结果主要为：消息主题和消息链的基本信息（消息主题号、消息链号、记录条数、消息树的深度和度、消息链数、消息链平均记录条数、消息链平均深度、消息链平均度）、各个消息链的阶段代码转移和层次代码转移频数矩阵、消息主题的阶段代码转移和层次代码转移频数矩阵、消息主题阶段代码转移和层次代码转移的 Z 分数矩阵，以 Excel 表（Sheet）的形式存储在消息文本记录 Excel 文件中。图 3 – 6 是用 Msgsa 软件对德育讨论区 2009 级 2 班的互动消息记录进行滞后序列分析和关系网络数据生成的处理界面。

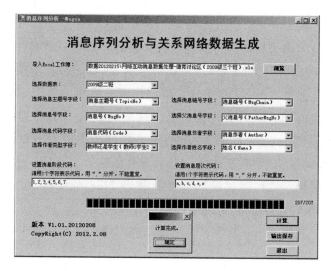

图 3 – 6　Msgsa 软件进行滞后序列分析和关系网络数据生成的处理界面

三 研究程序

首先，对收集到的 2011 年 4 月至 10 月的"德育讨论区"和"学科交流区"平台上的互动文本记录进行整理。将原始记录中的消息内容，转录到 Word 中，以便原始记录分析所用。把消息的不同属性整理到相应的 Excel 表中。

按照不同的班级或者学科设置不同的"消息主题号"。同一主题号下根据帖子内容的主题，划分为不同的"消息链"，并用"消息链号"加以表示。在各个消息链中，第一个主动发帖人（既有老师，也有学生）的消息记为第一条消息（其"消息号"用"001"表示），每条消息之后可能会有多条回复或者引发新的帖子，后面的回帖或新帖的消息号按照时间顺序依次表示为"002""003""004"等。为了更清楚地考察互动关系，特用"父消息"表示回帖或新帖所对应的原消息，用"父消息号"加以标记。例如，老师就"十一长假，同学们如何安排自己的时间?"发帖，消息号记为 001，某同学回帖"前两天去拜访亲戚……然后就是补课、作业、作业、补课……"，消息号记为 002，那么 002 的"父消息号"便是 001。至于第一条消息，因为没有父消息，所以用"000"标识，即表示没有父消息。

对消息的相关属性进行整理之后，形成一个包括消息主题（Topic）、消息主题号（TopicNo）、消息链号（MsgChain）、消息号（MsgNo）、父消息号（FatherMsgNo）、消息作者、性别、姓名、教师还是学生、消息时间、原始文件名、消息代码（研究一的数据结果）等属性的 Excel 表，实例如图 3-7 所示。统计得出"德育讨论区"共有 2183 条帖子，"学科交流区"共有 500 条帖子。研究一已对这些帖子进行了编码，"德育讨论区"一共获得 2788 个代码，"学科交流区"共获得 572 个代码。

最后，利用 Msgsa 软件对这些数据进行滞后序列分析。

消息主题 (Topic)	消息主题号 (TopicNo)	消息链号 (MsgChain)	消息号 (MsgNo)	父消息号 (FatherMsgNo)	消息作者 (Author)	性别 (Sex)	姓名 (Name)	教师还是学生（教师1学生2）	消息时间（Time)	消息代码 (Code)
学科交流区生物	001	001	001	000	mm2z_wdm	女	吴冬梅	1	2011-08-24 15:28:55	1A
学科交流区生物	001	001	002	001	g2009_618	男	kevin	2	2011-08-25 11:29:02	1D
学科交流区生物	001	001	003	001	g2009_329			2	2011-08-25 18:09:05	1E
学科交流区生物	001	001	004	001	g2009_412	男	陆文	2	2011-08-26 17:36:48	1E
学科交流区生物	001	001	005	004	mm2z_wdm	女	吴冬梅	1	2011-08-26 17:50:05	1D
学科交流区生物	001	001	006	003	mm2z_wdm	女	吴冬梅	1	2011-08-26 17:52:02	1D
学科交流区生物	001	001	007	001	g2011_633	男	张文	2	2011-08-25 21:39:00	1B
学科交流区生物	001	002	001	000	mmh2z_lcj	女	陆春菊	1	2011-06-17 09:38:01	3A3B
学科交流区生物	001	002	002	001	mmh2z_lcj	女	陆春菊	1	2011-06-17 09:38:58	3B
学科交流区生物	001	003	001	000	mm2z_wdm	女	吴冬梅	1	2011-08-22 12:27:23	1A1D
学科交流区生物	001	003	002	001	g2009_412	男	陆文	2	2011-08-22 18:27:28	1B
学科交流区生物	001	003	003	001	g2009_319	男	卫狮	2	2011-08-22 19:40:20	1B
学科交流区生物	001	003	004	001	g2009_618	男	kevin	2	2011-08-22 20:43:42	1B
学科交流区生物	001	003	005	001	mmh2z_zlml	女	周莉敏	1	2011-08-22 23:30:02	1B
学科交流区生物	001	003	006	001	g2009_329			2	2011-08-23 20:49:41	1B
学科交流区生物	001	003	007	001	mmh2z_lllj	女	刘丽杰	1	2011-08-24 15:47:41	1C

图 3-7　学科交流区生物消息属性 Excel 实例

四　消息树及其构造

"德育讨论区"和"学科交流区"平台上的帖子，根据不同的主题，形成一个个的消息链条。在这些"消息链"中，若将师生交流所互发的帖子转化为消息代码，则消息代码之间转移关系，会通过"父消息"和"消息"之间的联系发生关联，这些消息及其关系，将形成一棵倒置的树。

因此，为了便于对"发帖—回帖—再发帖"消息类的消息记录及转移行为进行表达，从而可以方便地对消息的转移行为进行分析，本研究特提出"消息树"概念，并将消息树构造和滞后序列分析相结合，以便更好地识别消息行为模式和趋势。消息树包括消息主题、消息树、消息等概念。消息主题：按主题（如数学讨论主题）的消息记录集合，一个主题可以包括多个文章。消息树（也称消息链）：指以某篇文章或消息为根节点的消息互动形成的消息链条，其节点相连形成的拓扑结构如同一棵倒置的树，每个消息树或消息链有一个唯一的编号，称为消息链号。消息：不可再分的文章、评论、回复等，每条消息有一个唯一的编号，称为消息号。

为了能对消息的转移行为进行滞后序列分析，需要先在计算机内存中构造好消息树。消息树可以用数据结构中的树形结构（简称树）来表达。树是由节点和节点之间的关系构成的，所以，消息树的构造包括节点的构造和节点之间关系（连接）的构造。构造时，将消息作为消息树的节点，某个主题的第一个帖子消息作为消息树的根节点，消息之间的"回帖"关系作为消息的父子关系。

以下为德育讨论区 2009 级 4 班的以"4 班的同学们，我们不能再等待!"为主题的消息记录（图 3–8）。

消息主题 (Topic)	消息主题号 (TopicNo)	消息链号 (MsgChain)	消息号 (MsgNo)	父消息号 (FatherMsgNo)	消息作者 (Author)	原始文件名	消息代码 (Code)
讨论区 德育2009级四班	104	002	001	000	mmh2z_zwj	4班的同学们，我们不能再等待!	1A
讨论区 德育2009级四班	104	002	002	001	g2009_405	4班的同学们，我们不能再等待!	1B1D
讨论区 德育2009级四班	104	002	003	001	g2009_405	4班的同学们，我们不能再等待!	1D
讨论区 德育2009级四班	104	002	004	003	mmh2z_zwj	4班的同学们，我们不能再等待!	1C
讨论区 德育2009级四班	104	002	005	003	mmh2z_zwj	4班的同学们，我们不能再等待!	1C
讨论区 德育2009级四班	104	002	006	004	g2009_zwj	4班的同学们，我们不能再等待!	2A
讨论区 德育2009级四班	104	002	007	006	mmh2z_zwj	4班的同学们，我们不能再等待!	2A
讨论区 德育2009级四班	104	002	008	007	g2009_417	4班的同学们，我们不能再等待!	1E
讨论区 德育2009级四班	104	002	009	003	g2009_424	4班的同学们，我们不能再等待!	1E
讨论区 德育2009级四班	104	002	010	009	g2009_417	4班的同学们，我们不能再等待!	1E
讨论区 德育2009级四班	104	002	011	004	g2009_401	4班的同学们，我们不能再等待!	1B1D
讨论区 德育2009级四班	104	002	012	011	mmh2z_zwj	4班的同学们，我们不能再等待!	1E
讨论区 德育2009级四班	104	002	013	001	g2009_410	4班的同学们，我们不能再等待!	1E
讨论区 德育2009级四班	104	002	014	013	g2009_417	4班的同学们，我们不能再等待!	1B1E

图 3–8　网络互动消息记录实例（德育讨论区 2009 级 4 班的一个主题）

以消息号作为节点的标识，父消息号代表本消息"回帖"的消息的消息号，构造出的消息树如图 3–9 所示。

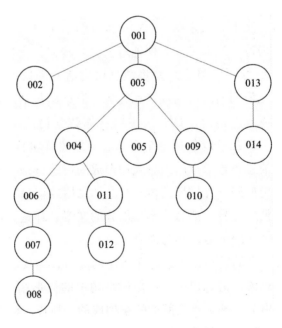

图 3–9　网络互动消息树实例（德育讨论区 2009 级 4 班）

五 数据分析

本研究将消息树构造和滞后序列分析结合起来，对经过编码的数据进行分析，具体的分析步骤如下。

第一，构造网络互动消息树：对网络互动消息编码记录进行分析，用孩子兄弟表示法构造消息树，以二叉树结构进行存储。

第二，生成消息代码转移序列：根据网络互动消息树，把相关联的消息的代码连接起来，形成消息代码转移序列字符串。

第三，计算序列转移频数矩阵：根据消息代码转移序列字符串，计算每个编码行为之间的转移频数，并形成编码之间的转移频数矩阵。转移频数矩阵包括阶段转移频数矩阵和层次转移频数矩阵。

第四，计算条件概率矩阵：基于转移频率矩阵，可计算出相应的条件概率矩阵，即编码之间转移的可能性。转移的可能性是一个行为（第一个或者标准事件）（criterion event）与另一行为（第二个或者匹配事件）（match event）的相关程度。约德（Yoder）和弗雷尔（Feurer）使用公式 A/（A + B）来解释标准行为 A 和靶子行为 B 之间的关系。[1] 在这里，编码 i 和 j 之间（Pi→Pj）的条件概率计算公式为：Pi→Pi 的转移频数除以 Pi→P1、Pi→P2、Pi→P3、Pi→P4、Pi→P5、Pi→P6、Pi→P7 的总和。计算出转移频数矩阵中全部元素对应的条件概率，即得到序列转移条件概率矩阵。同样地，条件概率矩阵包括阶段条件概率矩阵和层次条件概率矩阵。

第五，计算期望值矩阵：基于序列转移频数矩阵，计算出编码转移的期望值，并得出期望值矩阵。按照巴克曼（Bakeman）和戈特曼（Gottman）的计算期望矩阵的方法，编码转移的期望值的计算公式为：

$$m_{GT} = \frac{x_{+T}}{x_{++}} x_{G+} = \frac{x_{G+} x_{+T}}{x_{++}} \tag{1}$$

---

[1] Yoder, P. J. , and Feurer, I. D. *Behavioral observations: Technology and applications in developmental disabilities* Baltimore: Brookes, 2000, pp. 317 – 333.

公式 1 中，m_{GT} 代表转移频数的期望值，x_{G+} 是转移频数矩阵第 G 行的转移频数之和，x_{+T} 是转移频数矩阵第 T 列的转移频数之和，x_{++} 是转移频数矩阵中所有元素之和。按照该公式，计算出转移频数矩阵中全部元素对应的期望值，即得到序列转移期望值矩阵。同样地，期望值矩阵包括阶段期望值矩阵和层次期望值矩阵。

第六，计算 Z 分数矩阵：从上面的矩阵计算出 Z 分数矩阵，可以分别考察每个序列的连续性是否达到显著性。按照巴克曼（Bakeman）和戈特曼（Gottman）的计算 Z 分数矩阵的方法，Z 分数的计算公式为：

$$z_{GT} = \frac{x_{GT} - m_{GT}}{\sqrt{m_{GT}(1 - p_{G+})(1 - p_{+T})}} \tag{2}$$

公式 2 中，P_{G+} 等于 X_{G+}/X_{++}，P_{+T} 等于 X_{+T}/X_{++}。按照该公式，计算出转移频数矩阵中全部元素对应的 Z 分数，即得到序列转移 Z 分数矩阵。同样地，Z 分数矩阵包括阶段 Z 分数矩阵和层次 Z 分数矩阵。当矩阵中的 Z 分数 > 1.96，这个序列便是显著的（$p < 0.05$）。

第七，画出序列转移图：选择连续性显著的序列（从以上 Z 分数矩阵中得到），然后画出序列转移图。在转移图中，用节点表示编码行为，用带箭头的连线表示节点（行为）之间的转移，并标明转移的显著性水平和 Z 分数。

六 结果与讨论

（一）结果

1. 德育讨论区滞后序列分析结果

首先，对单个班级的数据结果进行分析。以 2011 级 3 班的师生在"德育讨论区"上所发的帖子及回复为样本，以序列分析的方法为基础，计算该班师生在"德育讨论区"里所发帖子中的行为频次转移矩阵（见表 3-9）。第 1 列代表开始的行为，第 1 行代表发生在列行为之后的后继行为。表格中的数字表明某行行为在列行为之后总共出现的次数。然后，分别计算其条件概率矩阵（见表 3-10）、期望频数矩阵（见表 3-11）和 Z 分数矩阵（见表 3-12）。

表3-9 2011级3班德育讨论行为转移频数矩阵

	P1	P2	P3	P4	P5	P6	P7
P1	98	26	0	1	1	41	31
P2	3	1	0	0	0	0	0
P3	0	0	0	0	0	0	0
P4	0	0	0	0	0	0	1
P5	0	0	0	0	0	0	0
P6	9	0	0	0	0	2	10
P7	28	2	0	4	0	2	0

注：为了避免和结果中的数字相混淆，特把互动深度中的阶段代码的7个阶段分别用
P1—P7表示，下同。

表3-10 2011级3班德育讨论行为转移条件概率矩阵

	P1	P2	P3	P4	P5	P6	P7
P1	0.66	0.06	0.00	0.00	0.00	0.22	0.06
P2	0.78	0.22	0.00	0.00	0.00	0.00	0.00
P3	—	—	—	—	—	—	—
P4	0.00	0.00	0.00	0.00	0.00	0.00	1.00
P5	—	—	—	—	—	—	—
P6	0.42	0.00	0.00	0.00	0.00	0.30	0.27
P7	0.74	0.06	0.00	0.08	0.00	0.13	0.00

表3-11 2011级3班德育讨论行为转移频数期望矩阵

	P1	P2	P3	P4	P5	P6	P7
P1	105.09	22.08	0.00	3.81	0.76	34.27	31.98
P2	2.12	0.45	0.00	0.08	0.02	0.69	0.65
P3	0.00	0.00	0.00	0.00	0.00	0.00	0.00
P4	0.53	0.11	0.00	0.02	0.00	0.17	0.16
P5	0.00	0.00	0.00	0.00	0.00	0.00	0.00
P6	11.15	2.34	0.00	0.40	0.08	3.63	3.39
P7	19.11	4.02	0.00	0.69	0.14	6.23	5.82

表 3 – 12　　　　　2011 级 3 班德育讨论行为转移 Z 分数矩阵

	P1	P2	P3	P4	P5	P6	P7
P1	– 2.07	1.81	—	– 2.98	0.56	2.59 *	– 0.39
P2	0.89	0.89	—	– 0.28	– 0.13	– 0.92	– 0.88
P3	—	—	—	—	—	—	—
P4	– 1.07	– 0.36	—	– 0.14	– 0.06	– 0.46	2.28 *
P5	—	—	—	—	—	—	—
P6	– 0.98	– 1.69	—	– 0.67	– 0.30	– 0.98	4.09 *
P7	3.20 *	– 1.15	—	4.32 *	– 0.40	– 2.01	– 2.84

　　基于表 3 – 12 中的数据，对每个序列的连续性是否显著进行逐个检测。如表 3 – 12 所示，当 Z 分数大于 1.96，序列连续性便显著（p < 0.05）。该表的数据表明，连续性显著的序列包括 P1→P6、P4→P7、P6→P7、P7→P1、P7→P4。从以上 Z 分数矩阵中选择显著性序列，构成一个行为转移图（见图 3 – 10）。箭头的方向指明了行为转移的方向，箭头的粗细表示显著性的水平。图中的数字为序列的 Z 分数，该图有助于我们更好地理解在整个互动过程中知识建构的行为模式。

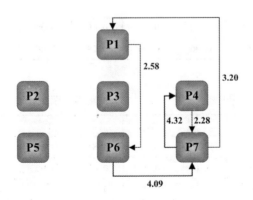

图 3 – 10　2011 级 3 班德育讨论行为转移

　　图 3 – 10 中的行为模式表明 2011 级 3 班的师生通过"班级德育讨论区"去发布帖子的时候，他们之间的互动便开始，消息中所反映

出来的行为模式表现出递进、跳跃的特点。一部分帖子从分享信息到人际交流（P1→P6），一部分分享的信息从深度上得以扩展，新观点的检验与修改转移到情感支持（P4→P7），情感支持又转移到新观点的检验与修改（P7→P4）；同时，互动也表现为情感的深化以及情感支持和深度知识构建相结合。从人际交流到情感支持（P6→P7）；从情感支持到信息分享与比较（P7→P1）。以上模式可以看出，该班级的师生在德育讨论区班级平台上互动的行为模式表现出了知识构建与情感教育互相结合，融情感深化于知识构建的过程中（P4→P7 和 P7→P4），通过 P7→P4 序列，表明教师对学生的情感支持会促使学生对知识的更好建构。

其次，在每个年级中抽取三个班，以这些班级的师生在德育讨论区中互动的帖子为样本，按照前面的步骤进行滞后序列分析。然后将这九个班帖子的滞后序列分析结果进行汇总，结果见表3-13。

表3-13　　　　　　　　德育讨论区行为显著性序列汇总

班级		显著性序列
2009级	2班	P2→P2，P3→P3，P7→P2
	4班	P2→P2，P6→P6
	6班	P1→P1，P2→P7
	2、4、6班汇总	P1→P1，P2→P2，P3→P3，P6→P6，P7→P2
2010级	1班	P1→P1，P6→P7，P7→P6
	2班	P6→P6
	6班	P1→P7，P6→P6，P7→P1
	1、2、6班汇总	P1→P1，P1→P7，P6→P6，P7→P6
2011级	1班	无
	3班	P1→P6，P4→P7，P6→P7，P7→P1，P7→P4
	5班	P6→P7
	1、3、5班汇总	P2→P2，P4→P7，P6→P7，P7→P4
德育讨论区汇总		P1→P1，P2→P2，P3→P3，P4→P7，P6→P6，P6→P7，P7→P4，P7→P6

表 3 - 13 的数据表明，德育讨论区中显著的序列包括 P1→P1、P2→P2、P3→P3、P4→P7、P6→P6、P6→P7、P7→P4、P7→P6。从以上 Z 分数矩阵中选择显著性序列，构成一个互动行为转移图（见图 3 - 11）。箭头的方向指明了行为转移的方向，箭头的粗细表示显著性的水平。图中的数字为序列的 Z 分数。

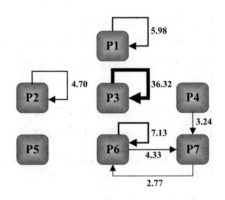

图 3 - 11　德育讨论区行为转移

图 3 - 11 中的行为模式表明当教师或者学生通过"德育讨论区"去发布帖子的时候，教师和学生的互动帖子从信息的分享开始连续（P1→P1），信息的深化认识（P2→P2）、人际交流（P6→P6）以及意义协商（P3→P3）的帖子或回复也开始连续。其中，意义协商（P3→P3）帖子的回复有着更高的连续性。接着，一部分分享的信息从深度上得以扩展，出现检验和比较信息分析（P4→P7），然后转移到情感支持，另外一些从情感支持转移到信息的检验与比较（P7→P4）。还有一些便是从人际交流转移到情感支持（P6→P7），或者从情感支持转移到人际交流（P7→P6）。

2. 学科交流区滞后序列分析结果

学科交流区中，首先以政治学科互动中的帖子为样本，对其进行滞后序列分析。同样，也分别计算其互动帖子中的行为频次转移矩阵（见表 3 - 14）、条件概率矩阵、期望频数矩阵和 Z 分数矩阵（见表 3 - 15），并构建出政治学科的行为转移图（见图 3 - 12）。

表 3 - 14　　　　　　　　政治学科交流行为转移频数矩阵

	P1	P2	P3	P4	P5	P6	P7
P1	84	11	2	5	7	0	0
P2	5	17	1	0	0	0	0
P3	0	0	0	0	0	0	0
P4	0	0	0	1	0	0	0
P5	0	0	0	0	0	0	0
P6	0	0	0	0	0	0	0
P7	0	0	0	0	0	0	0

表 3 - 15　　　　　　　　政治学科交流行为转移 Z 分数矩阵

	P1	P2	P3	P4	P5	P6	P7
P1	5.30*	− 6.61	− 0.70	0.09	1.28	—	—
P2	− 5.06	6.84*	0.74	− 1.15	− 1.24	—	—
P3	—	—	—	—	—	—	—
P4	− 1.43	− 0.52	− 0.15	4.62*	− 0.24	—	—
P5	—	—	—	—	—	—	—
P6	—	—	—	—	—	—	—
P7	—	—	—	—	—	—	—

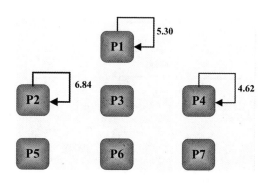

图 3 - 12　政治学科交流行为转移

其次，再以语文、英语、数学、物理、生物这五门学科的师生互动帖子为样本，按照前面的步骤对帖子进行滞后序列分析。接着，逐个对每个序列的连续性是否显著进行检测。然后，将这六门学科师生互动帖子中的序列分析结果进行汇总，结果见表3-16。

表3-16　　　　　　　　学科交流区行为显著性序列汇总

学科	显著性序列
政治	P1→P1, P2→P2, P4→P4
语文	P1→P1, P1→P3, P2→P2
英语	P2→P1
文科汇总	P1→P1, P1→P3, P2→P2, P4→P4
数学	P1→P1, P6→P6, P6→P7, P7→P6
物理	无
生物	P3→P3, P7→P7
理科汇总	P1→P1, P3→P3, P6→P6, P7→P6
学科交流区汇总	P1→P1, P2→P2, P3→P3, P3→P6, P4→P4, P6→P6, P6→P7, P7→P6, P7→P7

表3-16的数据表明，总的学科交流区中显著的序列包括P1→P1、P2→P2、P3→P3、P3→P6、P4→P4、P6→P6、P6→P7、P7→P6、P7→P7。根据结果，画出学科交流区行为转移图（如图3-13所示）。

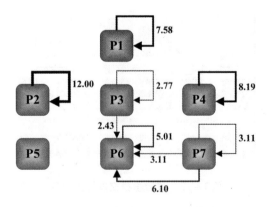

图3-13　学科交流区行为转移

图 3-13 中的行为模式表明当老师或者学生通过"学科交流区"去发布帖子的时候，师生之间的互动帖子从信息的分享开始连续（P1→P1），信息的深化认识（P2→P2）、意义协商（P3→P3）、信息的检验与修改（P4→P4）、人际交流（P6→P6）、情感支持（P7→P7）的帖子或回复也开始连续。其中，信息的深化认识（P2→P2）帖子或回复有着更高的连续性。然后，有一些帖子从意义协商转移到人际交流（P3→P6），另外一部分帖子则是从人际交流转移到情感支持（P6→P7）或者从情感支持转移到人际交流（P7→P6）。

（二）讨论

序列分析的结果表明，当师生利用"德育讨论区"这个平台去分享知识、深化认识和意义协商的时候会有连续性。这意味着尽管知识构建具有局限性（大多数师生互动属于信息的分享，P1 比例为74%），但是师生互动依然出现了较高水平（P2 深化认识、P3 意义协商）的知识构建，而且在分享知识、深化认识和意义协商的时候，师生互动行为表现出了一定程度的连续和中心性（P1→P1，P2→P2，P3→P3）。在师生之间出现检验与修改新观点的时候，老师会从情感上给予学生以支持（P4→P7）。当师生互相从情感上支持彼此的时候，其互动也会拓展到知识构建的较高层次意义协商阶段（P7→P4）。可以从情绪和认知的关系角度来对此作进一步的解释。Isen 等的研究在考察创造性中的流畅性和变通性时，发现积极情绪有助于更好地完成任务。[1] 卢家楣等的现场实验研究结果也表明，学生的情绪状态会影响其创造性的发挥：愉快情绪状态与难过情绪状态相比，愉快情绪状态有助于促进学生创造性的发挥，且这种促进作用主要表现为提高学生的流畅性和变通性上。[2] 得到更多情感支持的师生，情绪状态也会更为积极，在积极情绪的影响下，学生更容易采用启发式的

---

[1]　Isen, A. M., Johnson, M. M. S., Mertz, E., and Robinson, G. F., "The influence of positive affect on the unusualness of word association", *Journal of Personality and Social Psychology*, Vol. 48, 1985.

[2]　卢家楣、刘伟、贺雯等：《情绪状态对学生创造性的影响》，《心理学报》2002 年第 4 期。

信息加工策略，更倾向于风险寻求，也会更利于知识的深层次构建。

与此同时，也发现一旦知识构建主题外的讨论和交流发生，该行为也会倾向于持续发生（P6→P6），而且这占据了一定的比例（人际交流14%，情感支持8%，比P2、P3、P4、P5都要高）。在德育讨论区内，师生在交流的过程中伴随着情感支持，情感支持和人际交流交替出现（P6→P7、P7→P6）。人际交流和情感支持之间的互相转移和德育讨论区的交流主题是分不开的，和情感教育与人格培养的目的是分不开的。

对"学科交流区"互动帖子的序列分析结果表明，当师生利用"学科交流区"这个平台去分享知识、深化认识、意义协商和新观点的检验与修改的时候，其行为会有连续性（P1→P1，P2→P2，P3→P3，P4→P4）。这表明在学科交流区里，虽然知识构建也存在局限性（大多数交流帖子的深度为信息分享，P1比例为70%），但是，在知识构建的深度和持续性方面，师生在学科交流区中比在德育讨论区中做得更好。不仅P3（意义的协商）和P4（新观点的检验与修改）的比例增加，而且师生的行为在这两个方面上也表现出了持续性。

学科交流区中，也出现了与知识构建主题无关的讨论。在对知识的探讨和协商中，发生了转移偏差（P3→P6），转移到了与学科讨论主题无关的人际交流。一旦主题外的讨论发生，会倾向于发生持续的转移（P6→P6，P7→P7）。而且，在人际交流和情感支持之间依然会交替出现（P6→P7，P7→P6）。鉴于学科交流区中人际交流帖子也有一定的比例，因此，建议教师在学科交流区中，通过引导学生多开展探究、发现、合作学习，多引导学生开展深入讨论，激发学生的深度探索，在群体讨论中逐步提升学生的知识建构能力。

基于对德育讨论区（结果见表3-13）和学科交流区（结果见表3-16）中师生互动行为滞后序列分析结果的分析和讨论，可以对这些行为模式进行归纳和总结。表3-13和表3-16表明，连续性显著的序列包括P1→P1、P2→P2、P3→P3、P4→P4、P6→P6、P7→P7，这表明，该中学网络师生互动的行为模式以连续型为主。如果行为的转移不具有这样的连续型，就表现为非连续型。非连续型又存在以下几种情况，在知识建构非连续型行为模式中，根据知识建构深度变化的方向，形象地划分为知识正向跃迁和知识负向跃迁，知识正向跃迁指知识建构的深度由浅向深发展，知识负向跃迁指深度由深向浅降低。例如，在语文学科交流中，师生的互动行为从"信息的分享与比较"转移到对"意义的协商"（P1→P3），该序列所表示的行为转移的含义就是由知识的浅度建构跃迁到知识的深度建构，属于知识正向跃迁。在英语学科交流中，师生的互动行为从"深化认识"转移到"信息的分享与比较"（P2→P1），该序列所表示的行为转移的含义就是由知识的深度建构降低到浅度建构，属于知识负向跃迁。在其他非连续型模式中，根据互动的内容，主要存在知识情感互迁（P4→P7、P7→P4）、知识人际迁移（P1→P6）、人际情感互迁（P6→P7、P7→P6）模式。

七　结论

（1）该中学网络师生互动的行为模式以连续迁移型为主。

（2）德育讨论区中的师生互动行为模式包括连续迁移型、知识人际互迁型以及知识情感互迁型。

（3）学科交流区中的师生互动行为模式包括连续迁移型、知识正向跃迁型、知识负向跃迁型以及人际情感互迁型。知识正向序列能够促进知识互动质量的提高。

第四节　网络师生互动的结构模式

一　被试

本研究以该中学校园网络平台"德育讨论区"和"学科交流区"中参与互动的 343 名师生（包括 2 名外来嘉宾）为被试。被试的具体情况分别见第二节的表 3－1 和表 3－2。

二　研究工具

采用自编软件 Msgsa 从网络互动消息记录 Excel 表生成关系网络

数据。使用 Pajek 2.05 软件对关系网络数据进行处理和分析

Msgsa 软件的开发方法和核心算法介绍见研究二 5.2.2 部分。

Msgsa 软件关系网络数据构建部分的具体功能包括：（1）遍历消息树，计算生成关系网络的节点数、节点号、节点名、节点之间的关系（弧及弧的值），并按照 Pajek 格式生成 .net 文件（网络文件）；（2）对关系网络中节点进行分类，并按照 Pajek 格式生成 .clu 文件（结点分类文件）；（3）建立节点号—作者名—分类—姓名的数据表，生成 * – Author.txt 文件，提供有关节点—消息作者的对照信息。

Msgsa 软件以网络互动消息文本记录 Excel 文件（格式说明见 5.2.3）为输入数据，经过关系网络数据构建处理后，得到输出结果。输出的关系网络数据结果包括 .net 文件（网络文件）、.clu 文件（结点分类文件）和 * – Author.txt 文件，这些文件均采用文本格式（ACSII 格式）存储，其中，.net 文件和 .clu 文件按照 Pajek 格式存放，可供 Pajek 软件直接使用进行社会网络分析，* – Author.txt 文件提供有关消息作者的信息，不能被 Pajek 使用，而是为关系网络研究者提供数据参考。

Pajek 是专门用来分析大型网络（含有成百上千个结点）的专用程序。在斯洛文尼亚语中 Pajek 是蜘蛛的意思，它运行在 Windows 环境，用于带上千及至数百万个节点大型网络的分析和可视化操作。该软件支持将大型网络分解成若干较小的网络；可提供一些强大的可视化操作工具；可执行分析大型网络有效算法。它拥有强大的数据处理能力，在分析大型社会网络的时候，功能强，效率高，但在界面友好性和易操作性方面还有待完善。

三 研究程序

首先，采用自编软件 Msgsa 从网络互动消息记录 Excel 表生成关系网络数据。关系网络数据以 Pajek 格式存储，包括网络数据文件（network data file）（.net 文件）、分类数据文件（partition）（.clu 文件）。网络数据文件包括两部分：第一部分（Vertices），存储参与者的编号与用户名；第二部分（Arcs），存储参与者之间的回帖关系（谁给谁回

帖，以及回帖的次数）。同时，还生成参与者信息文件（－Author. txt 文件），该文件为研究分析提供网络互动参与者信息参考。

　　然后，以关系网络数据作为输入数据，利用 Pajek 软件对师生互动消息进行社会网络分析（SNA），分析的基本步骤包括：

　　（1）打开网络数据文件（. net 文件和 . clu 文件）；

　　（2）绘制网络社群图；

　　（3）获取网络基本信息，包括：网络节点数、线数、网络密度、平均度、节点分类的基本信息和统计信息；

　　（4）计算节点中心度（点度中心度）、节点标准中心度和网络中心度，并对节点中心度数据进行统计；

　　（5）进行网络等级性分析，包括受欢迎度（popularity）、入度域（input domain）、声望（proximity prestige）、入度域与节点分类的秩相关系数。

四　结果与讨论

（一）结果

1. 网络的基本属性

（1）网络社群图

社群图采用图形化的表达方式来描述社会群体关系结构的概貌。首先，对"德育讨论区"上的网络社群图进行比较，分别以班级和年级为单位，呈现其班级和年级网络社群图。图 3－14、图 3－15 和图 3－16 分别是德育讨论区中 2010 级 1 班、2 班和 6 班三个班级的社群图。

　　图 3－14 的结果表明，2010 级 1 班一共 40 人参与了德育讨论区上的讨论和交流，其中，教师 2 人，学生 38 人。在 2011 年 4 月到 10 月期间，40 名参与者在网络讨论交流过程中一共形成了 129 个连接对。从 2010 级 1 班的社群图中可以看出，4 个学生参与者构成 4 个网络中心，参与者之间互动较为密集，网络无明显分群。

　　图 3－15 的结果表明，2010 级 2 班一共 39 人参与了德育讨论区的讨论和交流，其中，教师 8 人，学生 30 人，外来人员 1 人。32 名参与者在网络互动过程中一共形成了 77 个连接对。2010 级 2 班的社

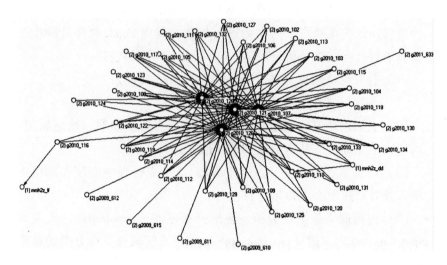

图 3－14　2010 级 1 班的社群

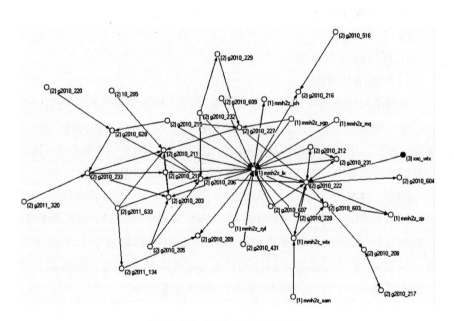

图 3－15　2010 级 2 班的社群

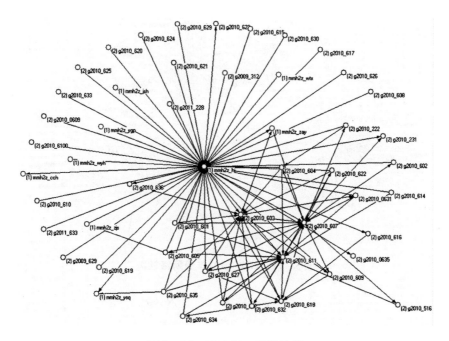

图 3 - 16　2010 级 6 班的社群

群图表明，1 个老师和 3 个学生参与者构成 4 个网络中心，参与者之间互动密度一般，网络无明显分群。

图 3 - 16 的结果表明，2010 级 6 班一共 52 人参与了德育讨论区的讨论和交流，其中，教师 9 人，学生 43 人。52 名参与者一共形成了 129 个连接对。2010 级 6 班的社群图表明，1 个老师和 3 个学生参与者构成 4 个网络中心，参与者之间互动密度一般，网络无明显分群。

以年级为单位，呈现不同年级的网络社群图。图 3 - 17、图 3 - 18 和图 3 - 19 分别是德育讨论区 2009 级、2010 级、2011 级的年级网络社群图。

图 3 - 17 的结果表明，2009 级一共 111 人参与了德育讨论区中的讨论和交流，其中，教师 14 人，学生 97 人。在 2011 年 4 月到 10 月期间，111 名参与者在网络讨论交流过程中一共形成了 244 个连接对。2009 级的社群图表明，5 个老师和 1 个学生参与者构成多个网络中心，参与者之间互动密度一般，网络分群明显。

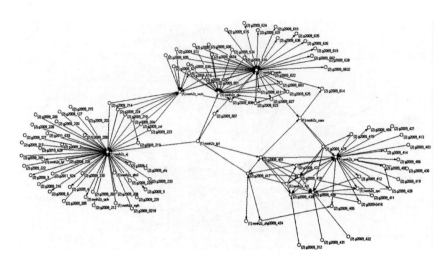

图 3-17 2009 级的年级网络社群

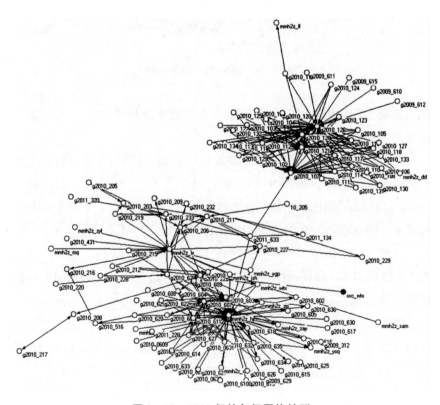

图 3-18 2010 级的年级网络社群

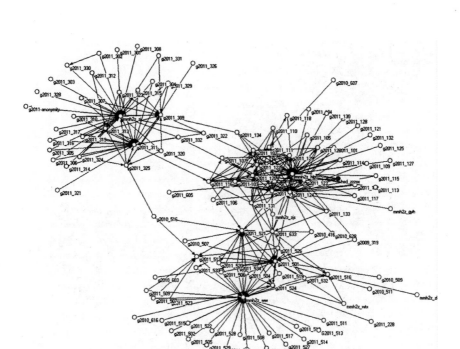

图 3 - 19　2011 级的年级网络社群

图 3 - 18 的结果表明，2010 级一共 117 人参与了德育讨论区中的讨论和交流，其中，教师 15 人，学生 101 人，外来人员 1 人。117 名参与者在网络讨论交流过程中一共形成了 333 个连接对。2010 级的社群图表明，2 个老师和 9 个学生参与者构成 11 个网络中心，参与者之间互动较为密集，网络分群明显。

图 3 - 19 的结果表明，2011 级一共 117 人参与了德育讨论区中的讨论和交流，其中，教师 7 人，学生 109 人，外来人员 1 人。117 名参与者在网络讨论交流过程中一共形成了 323 个连接对。2011 级的社群图表明，3 个老师和 12 个学生参与者构成多个网络中心，参与者之间互动较为密集，网络分群明显。

以德育讨论区为单位，呈现德育讨论区的网络社群图（如图 3 - 20 所示）。

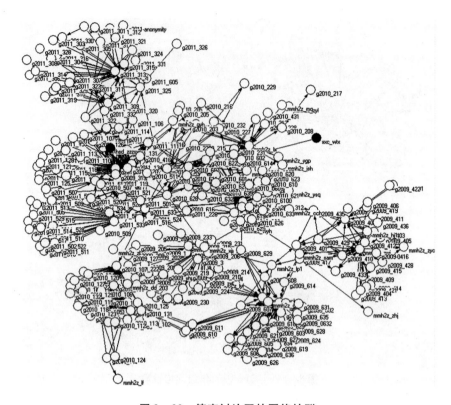

图 3 - 20   德育讨论区的网络社群

图 3 - 20 的结果表明，德育讨论区一共有 323 人参与了德育讨论区中的讨论和交流，其中，教师 32 人，学生 289 人，外来人员 2 人。323 名参与者在网络讨论交流过程中一共形成了 900 个连接对。德育讨论区的社群图表明，10 个老师和 22 个学生参与者构成 32 个网络中心，参与者之间互动较为密集，网络分群明显。

然后，对"学科交流区"上的网络社群图进行比较，分别以单个学科和文理两大科为单位，呈现其学科网络社群图。图 3 - 21、图 3 - 22 和图 3 - 23 分别是学科交流区中英语、语文和政治的社群图。

图 3 - 21 的结果表明，一共 73 人参与了英语学科中的讨论和交流，其中，教师 4 人，学生 69 人。73 名参与者在网络讨论交流过程中一共形成了 80 个连接对。英语学科交流区的社群图表明，2 个老

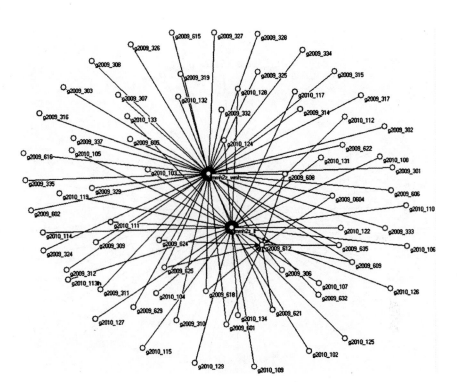

图 3 - 21　英语学科的网络社群

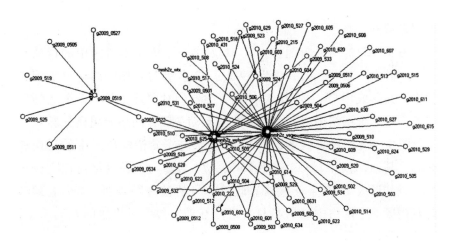

图 3 - 22　语文学科的网络社群

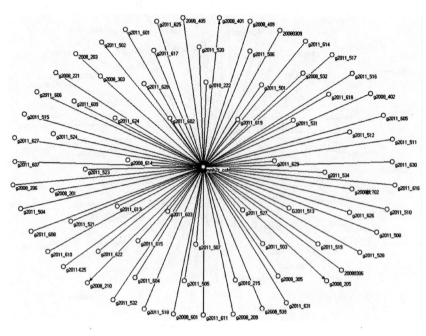

图 3 - 23   政治学科的网络社群

师和 1 个学生参与者构成 3 个网络中心，参与者之间互动一般，网络无明显分群。

图 3 - 22 的结果表明，一共 72 人参与了语文学科区中的讨论和交流，其中，教师 3 人，学生 69 人。72 名参与者在网络讨论交流过程中一共形成了 78 个连接对。语文学科的社群图表明，2 个老师参与者构成 2 个网络中心，参与者之间互动一般，网络无明显分群。

图 3 - 23 的结果表明，一共 77 人参与了政治学科区中的讨论和交流，其中，教师 1 人，学生 76 人。77 名参与者在网络讨论交流过程中一共形成了 80 个连接对。政治学科的社群图表明，1 个老师参与者构成单个网络中心，参与者之间互动一般、学生之间互动较差，网络无明显分群。

图 3 - 24 和图 3 - 25 分别是文科和理科交流区的网络社群图。

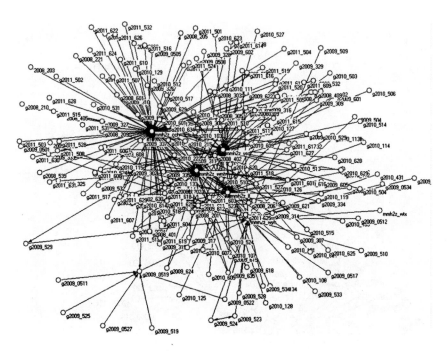

图 3 - 24 文科交流区的网络社群

图 3 - 24 的结果表明，一共 220 人参与了文科交流区中的讨论，其中，教师 8 人，学生 212 人。220 名参与者在网络讨论交流过程中一共形成了 238 个连接对。文科交流区的社群图表明，5 个老师参与者和 1 个学生参与者构成 6 个网络中心，参与者人数较多，网络无明显分群。

图 3 - 25 的结果表明，一共 83 人参与了理科交流区中的讨论，其中，教师 11 人，学生 70 人，外来人员 2 人。83 名参与者在网络讨论交流过程中一共形成了 132 个连接对。理科交流区的社群图表明，6 个老师参与者和 1 个学生参与者构成 7 个网络中心，参与者之间互动一般，网络分群明显。

以学科交流区为单位，呈现学科交流区的网络社群图（如图 3 - 26所示）。

图 3 - 26 的结果表明，学科交流区一共有 280 人参与了德育讨论区中的讨论和交流，其中，教师 19 人，学生 259 人，外来人员 2

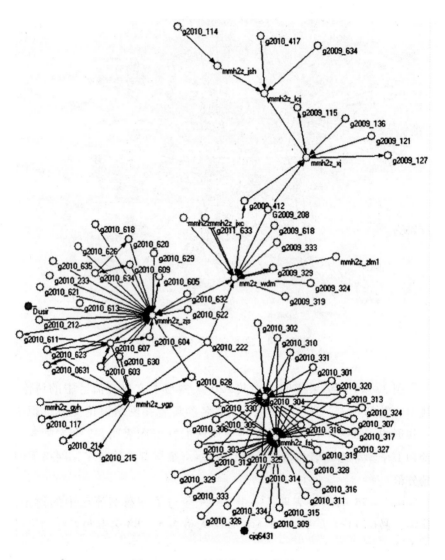

图 3 - 25　理科交流区的网络社群

人。280 名参与者在网络讨论交流过程中一共形成了 370 个连接对。整个学科交流区的社群图可以看出，13 个老师参与者和 2 个学生参与者构成 15 个网络中心，参与者之间互动一般，网络分群非常明显。

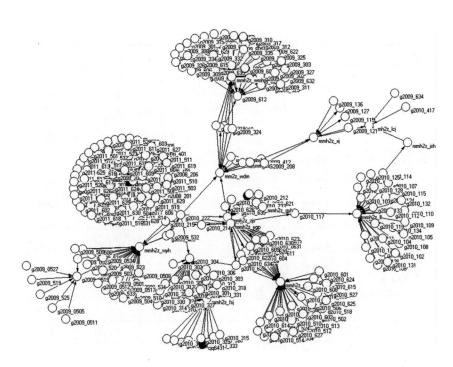

图 3 - 26　学科交流区的社群

（2）网络基本属性的特征值

利用 Pajek 2.05 软件分别测量 2010 级 1、2、6 三个班级、2009
级、2010 级、2011 级以及三个年级全部在"德育讨论区"互动的网
络节点数、连接数、网络密度和网络平均度，以及英语、语文、政
治、文科大类、理科大类以及学科全部在"学科交流区"互动的网
络节点数、连接数、网络密度和网络平均度，其测量结果如表 3 - 17
所示。

表 3 - 17　　　　　　　　　　**网络基本属性特征值**

德育讨论区	属性名称	属性值	学科交流区	属性名称	属性值
	节点数	40		节点数	73
2010 级 1 班	连接数	129	英语	连接数	80
	平均度	6.45		平均度	2.19
	密度	0.08		密度	0.02

续表

德育讨论区	属性名称	属性值	学科交流区	属性名称	属性值
2010 级 2 班	节点数	39	语文	节点数	72
	连接数	77		连接数	78
	平均度	3.95		平均度	2.17
	密度	0.05		密度	0.02
2010 级 6 班	节点数	52	政治	节点数	77
	连接数	129		连接数	80
	平均度	4.96		平均度	2.08
	密度	0.05		密度	0.01
2009 级	节点数	111	文科	节点数	220
	连接数	244		连接数	238
	平均度	4.40		平均度	2.16
	密度	0.02		密度	0.005
2010 级	节点数	117	理科	节点数	83
	连接数	333		连接数	132
	平均度	5.69		平均度	3.18
	密度	0.02		密度	0.02
2011 级	节点数	117	学科交流区	节点数	280
	连接数	323		连接数	370
	平均度	5.52		平均度	2.64
	密度	0.02		密度	0.005
德育讨论区	节点数	323			
	连接数	900			
	平均度	5.57			
	密度	0.01			

2. 网络的中心性分析

社会网络分析根据网络环境的特性来描述行动者在网络中的地位。"中心性"（centrality）是社会网络分析用来区别网络地位的基本概念。中心性表示个人在社会网络中具有怎样的权力，或者说居于怎样的中心地位。中心性又分为点度中心性、接近中心性、中介中心性等。由于点度中心性直观反映了个体关系的数量程度，与其他中心性指标的相关显著，是衡量个体地位最常用的一个指标，因此特别考察点度中心性这一指标。点度中心性由点度中心度和图的点度中心势指数两个指标组成。点度中心度是指与该节点有直接关系的节点数目，用于测量网络中参与者的交互能力。对于有向图来说，点度中心度又分为点入度（In-degree）和点出度（Out-degree），点度中心度等于点出度和点入度之和。标准点出度（入度）是某一节点的点出度（入度）与该节点在网络中最大可能关系数的比值，可以用于跨网络比较。中心势越接近于1，表示网络结构越具有集中趋势。

首先，对德育讨论区和学科交流区的中心性进行分析，因为参与者人数较多，在这里选择呈现各网络平台中入度值和出度值前十二位的数据结果（见表3-18和表3-19）。为了探讨这两个网络中参与者在中心性特征上是否具有差异，特对德育讨论区和学科交流区中的教师和学生的标准点度入度值和标准点度出度值分别进行独立样本t检验。结果发现，这两个网络中教师的点入度差异不显著，即t=-1.631，p=0.109>0.05；教师的点出度差异也不显著，即t=1.769，p=0.083>0.05，但是相较而言，两个网络中教师的点出度差异接近边缘显著（p=0.083），德育讨论区的教师出度均值为0.014，标准差为0.021；学科交流区的教师出度均值为0.005，标准差为0.005。两个网络中学生的点入度差异非常显著，即t=5.240，p=<0.001；点出度差异也非常显著，即t=6.834，p=<0.001。在德育讨论区中，学生的点入度和点出度值均显著高于其在学科交流区的数值。

德育讨论区的标准化点入度中心势和点出度中心势分别为0.144、0.100，两个数值差距不大，表明网络关系对称性较好；学科交流区的标准化点入度中心势和点出度中心势分别为0.269、0.024，两数值差距较大，说明网络关系的对称性不太好。

对德育讨论区的中心性以不同年级为单位进行分析，因为参与者人数较多，在这里选择呈现各网络平台中入度值和出度值前八位的数据结果（见表3-20）。为了深入考察德育讨论区中师生中心性在各年级的特点，分别对德育讨论区中的教师和学生的中心性进行师生中心性的单因素方差分析，教师入度在各年级之间差异不显著，$F = 1.066$，$p = 0.356 > 0.05$，教师出度在各年级之间差异也不显著，$F = 0.985$，$p = 0.384 > 0.05$。学生入度在三个年级之间差异不显著，$F = 2.348$，$p = 0.097 > 0.05$，但是学生出度在三个年级之间差异非常显著，$F = 7.847$，$p < 0.001$。多重比较显示，2010 级学生的出度显著大于 2009 级学生的出度，$p < 0.001$，2011 级学生的出度显著大于 2009 级学生的出度，$p < 0.01$，虽然 2010 级学生的出度大于 2011 级学生的出度，但它们之间的差异不显著，$p = 0.760 > 0.05$。

表 3 – 18 　　　　　　　　　　德育讨论区的中心性分析结果

单位	入度					出度				
	参与者	类型	入度值*	平均入度	中心势	参与者	类型	出度值#	平均出度	中心势
德育讨论区	mmh2z_ hj	1	0.152	2.786	0.144	mmh2z_ wmh	1	0.109	2.786	0.100
	mmh2z_ xj	1	0.137			g2010_ 607	2	0.059		
	g2010_ 126	2	0.112			g2011_ 633	2	0.056		
	mmh2z_ hlp	1	0.109			mmh2z_ zwj	1	0.053		
	mmh2z_ wmh	1	0.102			mmh2z_ hj	1	0.040		
	mmh2z_ ww	1	0.102			g2011_ 124	2	0.040		
	g2010_ 107	2	0.099			g2010_ 222	2	0.040		
	g2010_ 121	2	0.096			g2010_ 603	2	0.031		
	g2011_ 124	2	0.090			mmh2z_ xj	1	0.028		
	mmh2z_ zj	1	0.090			g2011_ 116	2	0.028		
	g2010_ 128	2	0.084			g2011_ 129	2	0.028		
	mmh2z_ zwj	1	0.068			g2010_ 628	2	0.028		

注：*为标准点度入度值，#为标准点度出度值。为了保护被试的隐私，删去了参与者的真实姓名，1 表示教师，2 表示学生。因为参与者人数较多，在这里只选取了德育讨论区中入度值和出度值前十二位。

表 3 - 19　　　　　　　学科交流区的中心性分析结果

单位	入度					出度				
	参与者	类型	入度值*	平均入度	中心势	参与者	类型	出度值#	平均出度	中心势
学科交流区	mmh2z_ cch	1	0.272	1.321	0.269	g2010_ 607	2	0.029	1.321	0.024
	mmh2z_ wmh	1	0.158			g2010_ 222	2	0.025		
	mmh2z_ ysq	1	0.147			g2010_ 628	2	0.018		
	mmh2z_ fsj	1	0.108			mmh2z_ cch	1	0.014		
	mmh2z_ lf	1	0.097			mmh2z_ ygp	1	0.014		
	mmh2z_ zjs	1	0.086			g2010_ 603	2	0.014		
	mmh2z_ wyh	1	0.086			g2010_ 623	2	0.014		
	g2010_ 304	2	0.082			g2010_ 634	2	0.014		
	mm2z_ wdm	1	0.047			mmh2z_ ysq	1	0.011		
	mmh2z_ ygp	1	0.036			mmh2z_ zjs	1	0.011		
	g2009_ 612	1	0.032			mmh2z_ xj	1	0.011		
	mmh2z_ xj	1	0.022			g2010_ 0631	2	0.011		

注: *为标准点度入度值,#为标准点度出度值。为了保护被试的隐私,删去了参与者的真实姓名,1 表示教师,2 表示学生。因为参与者人数较多,在这里只选取了学科交流区中入度值和出度值前十二位。

表 3 - 20　　　　　　　德育讨论区分年级中心性分析结果

单位	入度					出度				
	参与者	类型	入度值*	平均入度	中心势	参与者	类型	出度值#	平均出度	中心势
2009 级	mmh2z_ xj	1	0.400	2.198	0.383	mmh2z_ wmh	1	0.318	2.198	0.301
	mmh2z_ wmh	1	0.300			mmh2z_ zwj	1	0.155		
	mmh2z_ zwj	1	0.200			mmh2z_ xj	1	0.082		
	mmh2z_ gjx	1	0.173			g2009_ 429	2	0.064		
	mmh2z_ wch	1	0.136			g2009_ 401	2	0.055		
	g2009_ 408	2	0.109			g2009_ 417	2	0.055		
	g2009_ 401	2	0.073			mmh2z_ hj1	1	0.055		
	g2009_ 417	2	0.055			g2009_ 410	2	0.045		

续表

单位	入度					出度				
	参与者	类型	入度值*	平均入度	中心势	参与者	类型	出度值#	平均出度	中心势
2010级	mmh2z_hj	1	0.422	2.846	0.401	g2010_607	2	0.155	2.846	0.132
	g2010_126	2	0.310			mmh2z_hj	1	0.112		
	g2010_107	2	0.276			g2010_222	2	0.112		
	g2010_121	2	0.267			g2010_603	2	0.078		
	g2010_128	2	0.233			mmh2z_lx	1	0.069		
	g2010_603	2	0.147			g2010_628	2	0.052		
	mmh2z_lx	1	0.129			g2011_633	2	0.052		
	g2010_607	2	0.129			g2010_618	2	0.043		
2011级	mmh2z_hlp	1	0.302	2.761	0.280	g2011_124	2	0.112	2.761	0.089
	mmh2z_ww	1	0.284			g2011_633	2	0.095		
	g2011_124	2	0.250			g2011_116	2	0.078		
	mmh2z_zj	1	0.250			g2011_129	2	0.078		
	g2011_311	2	0.181			g2011_131	2	0.078		
	g2011_501	2	0.147			g2011_123	2	0.069		
	g2011_120	2	0.121			g2011_119	2	0.069		
	g2011_521	2	0.121			g2011_526	2	0.069		

注：*为标准点度入度值，#为标准点度出度值。因为参与者人数较多，在这里只选取了各年级中入度值和出度值前八位。

2009级的标准化点入度中心势和点出度中心势分别为0.383、0.301，两个数值差距不大，表明网络关系对称性较好，且整个网络的中心势一般，没有明显的集中趋势；2010级的标准化点入度中心势和点出度中心势分别为0.401、0.132，两数值差距较大，说明网络关系的对称性不太好，网络没有向心性，师生较为分散。2011级的标准化点入度中心势和点出度中心势分别为0.280、0.089，数值差距较大，表明网络关系较不对称，且中心势低，表明网络中的互动分散。

由于中心性在年级之间具有差异性，因此，选择其中2010级的三个班级，对德育讨论区的中心性以不同班级为单位进行分析，因为参与者人数较多，在这里选择呈现网络平台中入度值和出度值前五位的数据结果（见表3-21）。为了深入考察德育讨论区中师生中心性在各班级的特点，分别对德育讨论区2010级1班、2班和6班中的教师和学生的中心性进行师生中心性的单因素方差分析，学生入度在各班之间差异不显著，$F = 1.166$，$p = 0.316 > 0.05$；学生出度在三个班级之间差异非常显著，$F = 7.385$，$p < 0.01$。多重比较显示，1班学生的出度显著大于2班学生的出度，$p = 0.03 < 0.05$；1班学生的出度显著大于6班学生的出度，$p = 0.01 < 0.05$，但是2班和6班之间差异不显著，$p = 0.912 > 0.05$。由于1班只有一个教师的入度和出度值，因此，对2班和6班教师的入度和出度进行独立样本 t 检验，结果均不显著。

表3-21　　　　　　　德育2010级分班中心性分析结果

单位	入度					出度				
	参与者	类型	入度值*	平均入度	中心势	参与者	类型	出度值#	平均出度	中心势
2010级1班	g2010_126	2	0.923	3.225	0.862	g2010_110	2	0.103	3.225	0.020
	g2010_107	2	0.821			g2010_133	2	0.103		
	g2010_121	2	0.795			g2010_104	2	0.103		
	g2010_128	2	0.692			g2010_114	2	0.103		
	mmh2z_lf	1	0.026			g2010_105	2	0.103		
2010级2班	mmh2z_lx	1	0.395	1.974	0.352	g2010_222	2	0.289	1.974	0.244
	g2010_222	2	0.263			mmh2z_lx	1	0.211		
	g2010_206	2	0.184			g2011_633	2	0.105		
	g2010_211	2	0.158			g2010_233	2	0.079		
	g2010_203	2	0.132			g2010_603	2	0.079		
2010级6班	mmh2z_hj	1	0.961	2.481	0.930	g2010_607	2	0.333	2.481	0.290
	g2010_607	2	0.294			mmh2z_hj	1	0.255		
	g2010_611	2	0.294			g2010_603	2	0.118		
	g2010_603	2	0.275			g2010_618	2	0.098		
	g2010_618	2	0.118			g2010_627	2	0.098		

注：*为标准点度入度值，#为标准点度出度值。因为参与者人数较多，在这里只选取了各班级中入度值和出度值前五位。

接下来，对学科交流区的中心性以文科、理科两大类为单位进行分析，因为参与者人数较多，在这里同样选择呈现文科、理科网络平台中入度值和出度值前八位的数据结果，单门学科选取呈现前五位数据结果（见表3-22）。分别对学科交流区中的教师和学生的中心性进行师生中心性的独立样本t检验，教师入度在文、理科之间的差异不显著，$t=0.497$，$p=0.625>0.05$，但是，教师出度在文、理科之间差异显著，$t=-2.535$，$p<0.05$，文科教师的出度显著小于理科教师的出度。学生入度在文、理科之间差异显著，$t=-3.136$，$p<0.05$，文科学生的入度显著小于理科学生的入度。学生的出度在文、理科之间差异非常显著，$t=-17.735$，$p<0.001$，在文科交流区中，学生的出度显著小于在理科交流区中的出度。

表3-22　　　　　　　　　　学科中心性分析结果

单位	入度					出度				
	参与者	类型	入度值*	平均入度	中心势	参与者	类型	出度值#	平均出度	中心势
英语	mmh2z_wmh	1	0.611	1.096	0.604	g2009_625	2	0.028	1.096	0.013
	mmh2z_lf	1	0.375			g2009_621	2	0.028		
	g2009_612	1	0.125			g2009_608	2	0.028		
	g2009_625	2	0.000			g2009_635	2	0.028		
	g2009_621	2	0.000			g2009_0604	2	0.028		
语文	mmh2z_ysq	1	0.577	1.083	0.570	mmh2z_ysq	1	0.042	1.083	0.027
	mmh2z_wyh	1	0.338			g2009_524	2	0.028		
	g2009_0519	2	0.085			g2009_523	2	0.028		
	g2009_529	2	0.014			g2010_222	2	0.028		
	g2009_524	2	0.014			g2009_0522	2	0.028		
政治	mmh2z_cch	1	1.000	1.039	0.999	mmh2z_cch	1	0.053	1.039	0.039
	g2008_221	2	0.013			g2008_221	2	0.013		
	g2008_205	2	0.013			g2008_205	2	0.013		
	g2008_210	2	0.013			g2008_210	2	0.013		
	g2008_401	2	0.013			g2008_401	2	0.013		

续表

单位	入度					出度				
	参与者	类型	入度值*	平均入度	中心势	参与者	类型	出度值#	平均出度	中心势
文科	mmh2z_ cch	1	0.347	1.082	0.344	mmh2z_ cch	1	0.018	1.082	0.013
	mmh2z_ wmh	1	0.201			mmh2z_ ysq	1	0.014		
	mmh2z_ ysq	1	0.187			g2010_ 222	2	0.014		
	mmh2z_ lf	1	0.123			g2009_ 524	2	0.009		
	mmh2z_ wyh	1	0.110			g2009_ 523	2	0.009		
	g2009_ 612	1	0.041			g2009_ 625	2	0.009		
	g2009_ 0519	2	0.027			g2009_ 621	2	0.009		
	g2009_ 529	2	0.005			g2009_ 608	2	0.009		
理科	mmh2z_ fsj	1	0.366	1.590	0.351	g2010_ 607	2	0.085	1.590	0.067
	mmh2z_ zjs	1	0.293			mmh2z_ ygp	1	0.049		
	g2010_ 304	2	0.280			g2010_ 628	2	0.049		
	mm2z_ wdm	1	0.159			g2010_ 222	2	0.049		
	mmh2z_ ygp	1	0.122			mmh2z_ zjs	1	0.037		
	mmh2z_ xj	1	0.073			mmh2z_ xj	1	0.037		
	mmh2z_ lcj	1	0.049			g2010_ 603	2	0.037		
	g2010_ 607	2	0.037			g2010_ 623	2	0.037		

注：*为标准点度入度值，#为标准点度出度值。因为参与者人数较多，在这里单门学科只选取了各单位中入度值和出度值前五位，文科和理科中选取了各单位中入度值和出度值前八位。

文科的标准化点入度中心势和点出度中心势分别为 0.344、0.013，两数值差距较大，说明网络关系的对称性不太好，网络没有明显的集中趋势。理科的标准化点入度中心势和点出度中心势分别为 0.351、0.067，两个数值差距也较大，表明网络关系对称性也不太好，且整个网络关系没有明显的集中趋势。

3. 网络的等级性分析

发帖—回帖交互构成的关系网络是一个有向网络，在有向网络中，除了中心性等重要指标之外，互动方向也是一个很重要的考察要素。互动方向是社会关系不对称性的表现，这种不对称性体现为参与者在关系网中的等级，可以用受欢迎度（Popularity）、入度域（Input Domain）、接近声望（Proximity Prestige）等指标来描述。受欢迎度实际上就是节点的入度，这里不再计算。在有向网络中，节点的入度域是指直接和该节点连接的节点数加上通过路径间接和它相连的节点数。接近声望是节点的入度域除以其他有连接的节点到该节点的平均距离，以下的声望指标都是指接近声望。

德育讨论区与学科交流区的入度域、声望、声望与参与者类型的秩相关系数结果见表 3 - 23。

同时，对德育讨论区和学科交流区的声望值进行独立样本 t 检验，结果表明德育讨论区和学科交流区参与者的声望差异非常显著，$t = 9.605$，$p < 0.001$。进一步对教师和学生不同类型参与者的声望进行检验，结果表明，两个讨论区中教师的声望差异不显著，$t = 1.843$，$p = 0.071 > 0.05$；但德育讨论区中学生的声望显著高于学科交流区中学生的声望，$t = 9.662$，$p < 0.001$。对这两个讨论区教师的声望进行独立样本 t 检验，结果表明前面的分析得出学生在不同的网络平台中有着不同的声望，因此，进一步深入考察不同单位网络内学生的声望特点。首先，对不同年级学生的声望进行单因素方差分析，结果表明不同年级学生的声望差异显著，$F = 7.385$，$p < 0.05$。多重比较显示，2009 级学生的声望显著高于 2010 级和 2011 级，2010 级和 2011 级之间的差异不显著。对随机抽取的 2010 级 1 班、2 班、6 班三个班级的学生声望也进行了单因素方差分析，结果表明，6 班学生的声望显著大于 1 班，2 班和 6 班、1 班和 2 班之间的差异不显著。对理科和文科交流区中学生的声望进行独立样本 t 检验，理科交流区中学生的声望显著高于文科交流区中学生的声望，$t = 5.136$，$p < 0.001$。

（二）讨论

社群图以可视化的方式直观地揭示出社会群体关系的整体网络结构特征，它不仅呈现出社会网络中的参与成员，而且呈现出他们之间的关系和结构，有助于直观地了解网络的总体结构特征。

表 3 - 23　　　　　德育全部和学科全部等级性分析结果

单位	参与者	类型	入度域	声望	单位	参与者	类型	入度域	声望
	mmh2z_ xj	1	0.770	0.224		mmh2z_ cch	1	0.376	0.202
	mmh2z_ ww	1	0.739	0.197		g2008_ 221	2	0.376	0.132
	g2011_ 501	2	0.665	0.193		g2008_ 205	2	0.376	0.132
	g2011_ 524	2	0.665	0.187		g2008_ 210	2	0.376	0.132
	g2011_ 516	2	0.739	0.185		g2008_ 401	2	0.376	0.132
	g2011_ 111	2	0.665	0.180		mmh2z_ ysq	1	0.208	0.131
	g2011_ 521	2	0.665	0.179		mmh2z_ wmh	1	0.294	0.123
	g2009_ 228	2	0.770	0.174		mmh2z_ fsj	1	0.219	0.085
	mmh2z_ lyf	1	0.770	0.174		g2010_ 304	2	0.219	0.082
	g2009_ 1	2	0.770	0.174		g2010_ 531	2	0.208	0.081
	g2009_ 2	2	0.770	0.174		g2010_ 517	2	0.208	0.081
	g2009_ 3	2	0.770	0.174		g2010_ 602	2	0.208	0.081
	g2009_ 4	2	0.770	0.174		mmh2z_ zjs	1	0.108	0.079
	g2009_ 5	2	0.770	0.174		mm2z_ wdm	1	0.151	0.078
德育讨论区 323 人	g2009_ 6	2	0.770	0.174	学科交流区 280 人	mmh2z_ wyh	1	0.204	0.077
	mmh2z_ qch	1	0.770	0.174		mmh2z_ lf	1	0.204	0.076
	mmh2z_ hlp	1	0.665	0.169		g2009_ 329	2	0.151	0.052
	g2011_ 512	2	0.677	0.168		g2009_ 412	2	0.151	0.052
	g2011_ 120	2	0.665	0.164		mmh2z_ ygp	1	0.108	0.048
	g2011_ 520	2	0.665	0.162		g2010_ 607	2	0.108	0.047
	g2011_ 116	2	0.665	0.160		mmh2z_ xj	1	0.168	0.047
	g2011_ 124	2	0.665	0.159		g2010_ 605	2	0.108	0.046
	mmh2z_ hj	1	0.410	0.155		mmh2z_ lcj	1	0.186	0.044
	g2011_ 123	2	0.665	0.151		g2009_ 127	2	0.168	0.037
	g2011_ 119	2	0.665	0.141		g2009_ 115	2	0.168	0.037
	g2011_ 107	2	0.668	0.140		g2010_ 214	2	0.108	0.034
	g2011_ 129	2	0.665	0.136		g2010_ 215	2	0.108	0.034
	g2011_ 126	2	0.665	0.135		g2010_ 628	2	0.108	0.034
	g2011_ 102	2	0.665	0.133		g2010_ 611	2	0.108	0.034
	g2011_ 122	2	0.665	0.133		g2010_ 0631	2	0.108	0.034

续表

单位	参与者	类型	入度域	声望	单位	参与者	类型	入度域	声望
德育讨论区 323人	平均值（32人）	1	0.180	0.045	学科交流区 280人	平均值（19人）	1	0.038	0.015
	平均值（289人）	2	0.176	0.044		平均值（259人）	2	0.022	0.008
	平均值（323人）	1, 2, 3	0.178	0.045		平均值（280人）	1, 2, 3	0.023	0.009
	秩相关系数	0.329*				秩相关系数	0.619**		

注：因为参与者人数较多，在这里只呈现了德育讨论区和学科交流区中声望值前三十位参与者的数据。类型1表示教师，2表示学生，3表示外来人员。*表示在0.05置信水平上，声望与参与者类型是等级相关的；**表示在0.01置信水平上，声望与参与者类型是等级相关的。

综观不同群体的师生互动网络社群图（见图3-14—图3-26），发现在不同规模的群体中，大部分节点只有少数连接且大都位于社群图的外围边缘位置，它们所代表的参与者则成为网络中的边缘成员。这些参与者在讨论区中很少主动发起主题帖子，与其他成员缺乏沟通和共享，对社群的贡献很小。而有一小部分参与者在网络中拥有大量连接，而且大都处于社群图的内部中心位置，他们成为网络中的核心成员，引导着讨论区中的学习互动，对社群的贡献较大，在社会网络中，称这部分参与者为"意见领袖"。他们是群体的核心人物，如果群体中缺少意见领袖，网络结构关系就显得松散。

密度是社会网络分析中最常用的测量指标之一，表示网络参与者之间联系的紧密程度，也就是说，网络的密度在一定程度上表征着这个网络中关系的数量与完备程度。参与者之间的联系愈多，网络的密度就愈大。但是，密度还受到网络的规模的影响，对不同规模的网络无法进行很客观的衡量，因此，在具体使用过程中，将密度与网络的规模一起表示出来，使得网络的密度具有更明显的参考价值。密度值位于0和1之间，越接近于1表示成员之间的关系网络越为完备。按照规模相当的原则进行比较。首先，对2010级三个班的网络密度进行比较。2010级1班的密度为0.08，2010级2班的密度为0.05，2010级6班的密度为0.05。这三个班级比较而言，1班师生的联系网络更为完备。再对2009级、2010级、2011级三个年级的网络密度进行比较，结果三个年级的网络密度均为 0.02，表明三个年级的师生之间联系完备度没有差异。对英语、语文、政治三个学科的网络密度进行比较，英语和语文的密度都为 0.02，政治为 0.01，表明在单门学科交流中，英语和语文讨论区中的师生联系更为完备，而政治学科中师生两两联系相对较少。比较文科和理科的网络密度，发现文科的网络密度为 0.005，理科的密度为 0.02。数据表明在文科交流中，师生两两联系要少于理科交流区。最后对德育讨论区和学科交流区的网络密度进行比较，德育讨论区的密度为 0.01，学科交流区的密度为0.005，表明在德育讨论区中，师生互动更为频繁、联系更为紧密。一般而言，关系紧密的团体合作行为会较多，信息流通方便，情感支持也会较好；而关系疏远的团体，则表现出合作程度低、信息不畅、情感支持少等问题。说明和学科交流区比较而言，师生在德育讨论区中信息流通更为及时，情感支持更好。总体来看，网络密度值都较小，表示该校的师生互动网络是稀疏型的，老师与学生、学生与学生之间的联系还不太紧密。这与韦尔曼的发现结果是一致的，他认为在多数情况下，人们参与的网络都是稀疏连接，是低密度的。

中心性表示个人在社会网络中居于怎样的中心地位，或者具有什么样的影响力。通常核心成员比较容易将信息快速地转移给其他个体，起到桥梁作用。首先，对德育讨论区和学科交流区中师生的中心性特征进行分析。教师的点入度在这两大网络中的差异不显著，表明教师在这两个网络中的帖子或观点受到学生关注以及回复的程度相近，教师在学生中受欢迎程度相当。但是教师的点出度差异接近边缘显著，表明教师在德育讨论区中比在学科交流区中对学生帖子的关注更多，给学生发了更多的帖子，教师在德育讨论区中与学生的互动更为活跃。这种现象也许是与讨论区的主题和中学教学特点有关系，中学是以班级为单位组织教学。学科交流区以学科为单位将之划分为若干子讨论区，教师在学科讨论区中的交流没有明显的指向性。而德育讨论区是以班级为单位将之划分为若干子讨论区。不同的班级有着不同的班主任和任课教师，即使也有部分教师带多个班级，但是不同班级学生的学习状况不一样，因此，教师在讨论区中对学生的检查、反馈与指导带有更强的指向性，更针对他所教的那个班级的学生，他们的责任感更强，因而更及时地、更为主动地回复讨论区中所教班级学生的帖子。学生在德育和学科两个网络中的点入度和点出度差异都非常显著，点入度更高说明学生在德育讨论区中受到其他参与者关注的程度明显高于学科交流区，且受到的欢迎程度更高；点出度更高说明和学科交流区比较而言，学生在德育讨论区中交流更为主动和活跃。这同样也与中学的班级特色有关系。同一个班级的学生更为熟悉，彼此了解，有着更多的共同话题，因此，他们更愿意去关注德育讨论区上的帖子并积极回复。

深入对德育讨论区中师生中心性特点进行分析发现，教师的点入度和点出度在各年级之间差异都不显著，表明不同年级的教师发挥了相当的"意见领袖"作用，且与学生互动的主动性也相当。学生的点入度在三个年级之间差异不显著，但是学生的点出度在三个年级之间的差异却非常显著。多重比较显示，2010 级学生的点出度显著大于 2009 级学生的点出度，2011 级学生的点出度显著大于 2009 级学生的点出度，虽然 2010 级学生的点出度大于 2011 级学生的点出度，但是他们之间的差异不显著。这表明不同年级的学生在受到其他参与者关注程度上相当，但是 2010 级和 2011 级的学生在德育讨论区中对更多的人发了帖，无论是老师的还是学生的帖子。2009 级学生的点出度更小，可能与高三学生处于紧张备战高考阶段，学习任务更重，没有更多的时间对大范围的参与者进行发帖，而是更有目的性和针对性。2010 级（高二）的学生对学校的生活已经完全适应，对教师和同学也已非常熟悉，所以高二的学生在讨论区中的发帖指向更广。继续考察 2010 级 1 班、2 班和 6 班三个班师生的点出入度特点，检验结果表明，教师的点出入度在班级之间没有差异，学生的点入度在各班之间差异不显著，但是学生的点出度在三个班级之间差异非常显著，1 班的点出度显著高于 2 班和 6 班学生的点出度。对这三个班级师生互动的原始记录进行分析发现，1 班有更多的学生与教师或其他学生进行的是单次互动，他们的发帖因而会有更多的接收者，指向更广。而 6 班部分学生进行的则是多次互动，相较而言，他们的帖子指向更狭窄，接收者的数量会更少，因此，1 班学生的点出度显著大于另外两个班级。

同样，也进一步对学科交流区中师生的中心性特点进行考察，教师的点入度在文、理科之间的差异不显著，但是，教师的点出度在文、理科之间差异显著，文科教师的点出度显著小于理科教师的点出度。这表明理科教师给更多学生的帖子进行了回复，回复的范围更广。这也许和学科特点有关系，因为理科的学习对于逻辑思维要求要稍高一些，因此，教师的答疑数量会更多。解惑需要更为及时和主动，这样更有利于学生更好地理解知识。学生的点入度在文、理科之间差异显著，文科学生的点入度显著小于理科学生的点入度，这反映出在理科交流区中，学生的影响力更大，受到了他人更多的关注。学生的点出度在文、理科之间差异非常显著，在文科交流区中，学生的点出度显著小于在理科交流区中的点出度，表明学生在理科交流区交流面更为广泛。这也许和学科特点有着关系，理科学习中遇到问题和困惑，更需要他人的帮助，并且理科知识的学习更具有递进关系，前面知识的疑问会制约下一步知识的掌握，所以学生在理科交流区中发帖可以寻求到更多的帮助。

在发帖—回帖交互构成有向关系网络中，互动方向也是一个很重要的考察要素，它是社会关系不对称性的表现，不对称性体现为参与者在关系网中的等级。在关系网络中，声望是指参与者受到关注的程度，在这里用可以跨网络比较的接近声望指标来表示，它不同于一般意义上的社会声望。对德育讨论区和学科交流区的接近声望值进行的独立样本 t 检验的结果表明，两个讨论区中教师的声望差异不显著，表明教师无论在哪个讨论区都是互动的引导者，都有着较大的影响力。但是，德育讨论区中学生的声望显著高于学科交流区中学生的声望，即在德育讨论区中，不仅教师受到关注，而且相较学科交流区而言，学生也更受欢迎，有着较高的认可度。但是，对不同年级学生的声望做进一步分析发现，2009 级学生的声望显著高于 2010 级和 2011 级，对这三个年级师生互动的原始记录进行分析发现，2009 级的师生互动更多的是多次互动，两两之间的互动更为深入。处在高三备考紧张时期，师生之间的互动更有质量，教师的引导作用更为突出，带动了师生之间、生生之间的多次双向互动，使得互动更为深刻和富有内涵。这点从研究二的行为模式研究结论中可以得到证明，2009级的互动行为模式有4条连续性序列，而2010级和2011级则只有2条和1条。2010级和2011级的发帖者缺乏持久关注，这样他的影响力难以传导下去，声望便集中在少数人身上，使得班级互动缺乏层级性。2010级三个班级学生的声望差异原因也是如此。对理科和文科交流区师生声望的独立样本t检验结果表明，理科交流区中学生的声望显著高于文科交流区中学生的声望。这表明，理科学科交流中学生的影响力更大，交流更为深入。

利用Spearman秩相关分析，计算了社群网络中的声望和参与者类型之间的秩相关系数（见表3-23）。表3-23可见，无论是德育讨论区还是学科交流区，均在0.05或0.01置信水平上显著，这表明，从总体上看，声望和参与者类型在统计意义上具有显著的等级相关性，说明网络中的声望与参与者的社会威望是呈等级相关的。为了提高学生参与网络互动的积极性和提升互动的深度，作为具有高社会威望的教师（相对于学生而言）的引导和鼓励便会非常重要。德育讨论区声望和参与者类型之间的等级相关程度低于学科交流区，说明在德育讨论区，已有部分学生积极参与了网络互动，他们获得了较高的网络声望；而学科交流区学生参与程度较低，获得的网络声望不高，因此，学科交流区网络的声望主要还是来自于教师的声望。从以上讨论我们可以看出，要对网络参与者的受欢迎程度和影响力进行全面和深入考察，除了看点度中心度，还要结合声望指标，才能更全面了解参与者在网络中的地位和作用。

在已有文献对网络模式划分的基础上，考察这些不同规模的社群图，发现该中学师生互动的网络社群图均表现为复杂的网状结构特征（见图3-14—图3-26）。相较于链状和星形的互动模式，网状社群结构中的参与者之间的互动更加深入，也相对频繁，更有利于知识的分享和任务协作，具有网状互动结构的社群团队也具有更大的活力。此外，该中学师生互动的网络社群图并不是简单的网状结构，还表现出了多样化的复杂特征：（1）大部分的网络结构具有多个中心，并往往以这些中心形成若干小的群体，少数的网状结构具有单个中心（如政治学科交流区网络）。（2）而且网络的中心由不同类型的节点构成，部分网络的中心节点由教师构成，部分网络的中心节点主要由学生构成，而有的中心节点则由教师和学生共同构成，因而，将多个中心网络又分为教师中心（例如德育 2009 级 2 班、6 班讨论区以及生物、语文、政治、物理学科交流区）、学生中心（例如德育 2010 级的三个班级和 2011 级的三个班级的讨论区）以及师生共同中心（例如德育 2009 级 4 班以及数学、英语学科交流区）三类。这些中心成员发起互动的话题，引领互动的方向，引导着讨论区的运作。（3）不同类型节点的参与程度存在明显差异。（4）网络中心节点显示出明显的等级性，教师的声望总体上高于学生的声望，核心节点学生的声望高于普通学生的声望。

五　结论

（1）该中学师生互动网络密度较低，属于稀疏型，师生和生生之间的联系不太紧密。

（2）德育讨论区中教师的点入度和学科交流区中教师的点入度差异不显著，即教师在两大讨论区中受学生的欢迎程度相近。但是，德育讨论区中教师的点出度和学科交流区中教师的点出度接近边缘显著，即和学科交流区比较而言，教师在德育讨论区中对学生帖子的关注更多，与学生的互动更为积极。

（3）学生在德育和学科两个网络中的点入度和点出度差异都非常显著，即和学科交流区比较而言，德育讨论区中的学生帖子受到其他参与者关注的程度更高，学生在德育讨论区中与老师和其他学生的交流更为主动和活跃。

（4）点度中心度的年级差异中，不同年级的教师发挥了相近的"意见领袖"作用，与学生互动的主动程度相当，但是，高二、高一学生的点出度显著高于高三学生的点出度，即高二的学生中，有更多的参与者发帖；在班级差异上，2010 级 1 班学生的点出度显著高于 2

班和 6 班学生的点出度，即 1 班有更多的学生发帖。

（5）在学科交流区中，教师的点入度在文、理科之间没有差异，即受欢迎程度相当，但是，教师的点出度在文、理科之间差异显著，文科教师的点出度显著小于理科教师的点出度，即理科教师发帖更为主动。学生的点入度在文、理科之间差异显著，文科学生的点入度显著小于理科学生点的入度，即理科交流区中学生的受关注程度更高。文科交流区学生的点出度显著小于理科交流区学生的点出度，即学生在理科交流区发帖更为积极。

（6）接近声望和参与者类型（教师和学生）在统计意义上具有显著的等级相关性，即讨论区网络中的接近声望与参与者的社会威望呈等级相关。

（7）教师的声望在德育讨论区中和学科交流区中差异不显著，即教师无论在哪个讨论区都是互动的引导者，都有着较大的影响力。学生在德育讨论区的声望显著高于学科交流区中学生的声望，即学生德育讨论区中的帖子具有更大的影响力。

（8）学生声望的年级差异中，2009 级学生的声望显著高于 2010 级和 2011 级，即 2009 级学生与教师的互动层次性更强。学生声望的学科差异中，理科交流区中学生的声望显著高于文科交流区中学生的声望，即理科交流区中的学生与教师的互动层次性更强。

（9）该中学网络师生互动的结构呈现出复杂多样化的网状模式，其特征表现为：大部分的网络结构具有多个中心，并往往以这些中心形成若干小的群体，中心由不同类型的节点构成，且根据中心组成的不同情况，师生互动的网络结构可细分为教师中心网状模式、学生中心网状模式、师生共同中心网状模式；不同类型节点的参与程度存在明显差异；网络中心节点显示出明显的等级性，教师的声望总体上高于学生的声望，核心节点学生的声望高于普通学生的声望。

第四章　网络师生互动影响因素的实验研究

第一节　互动情境和人格特质对学生互动意愿的影响

一　实验目的

人的行为究竟由什么因素决定？特质论和情境论一直争论不休，但在 20 世纪下半叶之后，研究者逐步认识到，特质和情境共同决定着人的行为。特质与情境的相互作用模型随之出现，学者也不断将这两个变量作为同时影响行为的自变量。卡斯皮（Caspi）等也明确指出，人的行为既由外部因素决定，也由内部因素决定。[①]

互动情境是随着教育环境或者媒介的变化而变化，因此属于外部因素。人格特质反映了行为的稳定性和一致性，属于内部因素。研究者就 CMC 学习环境或网络课堂和教室环境或传统课堂对于互动的影响进行了研究，结果显示了学生在课堂和网络两种环境中参与互动的显著差异，但是，研究者并未探明这两种环境中是什么因素或者说是哪些具体的情境影响了学生的参与意愿。研究三的结果表明，和学科交流区比较，该中学的学生在德育讨论区中的讨论更为主动和积极，那么，不同的情境会对学生的参与意愿有着怎样的影响？阿米凯·汉布格尔（Amichai-Hamburger）等研究者认为人格是理解人们网络行为

[①] Caspi, A., Chajut, E., Saporta, K., and Beyth-Marom, R., "The influence of personality on social participation in learning environments", *Learning and Individual Differences*, Vol. 16, 2006.

的主导因素。① 在外向型和网络参与之间的关系方面，研究者得出了不同的结论。如柏格尔（Berge）发现，网络更适合外向型的学生，而卡斯皮（Caspi）等的研究揭露了仅仅参与课堂互动的学生比那些在课堂和网络两种环境中都参与的同伴更为外向，仅仅只参与网络互动的学生更为内向。② 内外倾人格特质既与网络交往正相关，又与之负相关，面对互相矛盾的结论，因而很有必要去探究中学生的外向型人格特质与其和教师网络互动行为倾向之间究竟具有什么样的关系？研究者根据师生之间互动内容的不同，将互动分类为教学互动和社会互动。基于研究者对互动的分类和研究三的结果，在本研究中，将互动情境划分为学习情境和社会情境两大类。在这两大情境中，如果学生在某种程度上都参与互动，这可以归因于他的性格。然而，如果学生只在一种情境中参与交流和互动，这可能反映了情境对他的影响，尽管性格因素可能没有排除。因此，实验一试图考察互动情境、学生的人格特质以及学生的性别三个因素对学生参与网络互动意愿的影响。

二　实验假设

本实验提出以下假设。

H1：互动情境对学生与教师进行网络互动的意愿程度有着显著影响，即社会情境和学习情境比较，学生更愿意在社会情境中与教师进行网络互动。

H2：学生人格特质对其与教师进行网络互动的意愿程度有着显著影响，即内向型的学生比外向型的学生更愿意与教师进行网络互动。

H3：学生性别对其与教师进行网络互动的意愿程度有着显著影

① Amichai-Hamburger, Y., Winapel, G., and Fox, S., " 'On the Internet no one knows I'm an introvert': Extroversion, neuroticism, and internet interaction", *Cyberpsychology and Behavior*, Vol. 5, No. 2, 2002.

② Berge, Z., "Computer conferencing and the on-line classroom", *International Journal of Educational Telecommunication*, Vol. 3, No. 1, 1997.

响，即女学生和男学生比较，女学生更愿意与教师进行网络互动。

H4：互动情境和人格特质会共同影响学生与教师进行网络互动的意愿程度。

H5：互动情境和学生性别会共同影响学生与教师进行网络互动的意愿程度。

H6：人格特质和学生性别会共同影响学生与教师进行网络互动的意愿程度。

H7：互动情境、人格特质和学生性别会共同影响学生与教师进行网络互动的意愿程度。

三　实验方法

（一）被试

被试来自于湖北省 A 中学的 319 名高中生，经《艾森克人格问卷内外倾分量表》（EPQ – RSC）即 E 量测试筛选其中的 172 名，平均年龄为 16.40 岁，标准差为 0.60。其中，男生 82 人，女生 90 人，高一学生 95 名，高二学生 77 名。

（二）实验设计

本研究采用模拟情境实验法，即在一个模拟的现实情境中对自变量进行操作，考察被试的反应。实验采用 2×2×2 混合实验设计，第一个自变量为互动情境，分为学习情境和社会情境两个水平，为组内变量；第二个自变量为人格特质，分为外向和内向两个水平，为组间变量；第三个自变量为被试性别，组间变量。因变量是被试在不同情况下与教师进行网络互动的意愿程度评价。

（三）实验材料

考虑到实验是以中学生为被试，实验的情境也必须是中学生熟悉并且容易理解的内容。因此，对 60 名中学生（其中男生 27 名，女生 33 名）进行了网络互动情境的开放式问卷调查（见附录 1）。将意思相近的不同句子归类为一句，然后根据情境句子的频率高低，从学习情境、社会情境两个类别中各选出 8 个高频率的情境句子，这 16 个情境句子见表 4 – 1。

表 4 - 1　　　　　　　　　　　　　互动的情境句子

社会情境	学习情境
当我有思想问题的时候	当我想和老师深入探讨某一个习题的时候
当我有心里话或烦恼要对老师讲的时候	当我对老师课堂上讲过的知识不能理解的时候
当我感觉有心理困惑的时候	当我学习成绩下降，想和老师探讨原因的时候
当我感到很沮丧的时候	当我希望在学习上学得更好，想要获得老师建议的时候
当我需要做出重大决策，想要得到老师建议的时候	当我有更好的解题思路，想要和老师交换想法的时候
当我和同学产生矛盾，自己又难以处理的时候	当我对知识的理解与老师的理解不一致，想要和老师探讨的时候
当你和家人关系紧张，想要老师建议你如何做的时候	当我付出努力，成绩却不理想，想要和老师交流学习方法的时候
当我遇到感情问题而又不知所措的时候	当我遇到学习难题的时候

艾森克人格问卷（Eysenck Personality Questionnaire，EPQ）是目前广泛应用于教育、心理、医学、司法等领域的人格问卷。钱铭怡等（2000 年）修订的中国版 EPQ 简式量表（EPQ-R Short Scale，EPQ-RS）包括 E、P、N、L 量表 4 个分量表，各有 12 个题目，该量表具有较好的信度和效度，易于操作。本研究采用的是 EPQ 的内外倾分量表即 E 量表，分数高表示人格外向、爱交际、喜爱刺激和冒险、易冲动等。分数低表示人格内向、交友不广、好静、离群、保守等（见附录 2）。在本研究中，E 量表的内部一致性系数为 0.82。

（四）实验程序

首先，使用艾森克人格问卷的内外倾分量对 319 名高中生施测。将被试按照得分从高到低排列，取得分前 27% 的被试（319 × 27% = 86 名）为高分组，即外向型，后 27% 的被试（86 名）为低分组，即内向型，共 172 名高中生被试，其中，男生 82 名，女生 90 名。

整个实验过程为集体施测，外向型和内向型两组被试分别集中在四间教室。主试在发放实验材料之前宣读指导语和注意事项，强调本调查为匿名调查，被调查者按照自己的想法真实做出回答即可。在每一个情境句子的后面，会让被试进行一个其希望通过网络互动还是面对面互动的程度评价。网络互动和面对面互动方式在左右边呈现的顺序进行了平衡。其中，1—4 表示学生更愿意通过左边的方式与教师进行互动，表示的程度从左到右依次为 1 = 非常更愿意，2 = 比较更愿意，3 = 一些更愿意，4 = 稍微更愿意；5—8 表示学生更愿意通过右边的方式与教师进行互动，表示的程度从左到右依次为 5 = 稍微更愿意，6 = 一些更愿意，7 = 比较更愿意，8 = 非常更愿意（见附录 3）。最后，对所有的实验材料统一回收。

（五）数据初处理

根据已有文献中所利用的方法对搜集到的数据进行初处理，采用 0—7 等级对学生意愿程度的评价数据进行编码：0 = 网络互动和面对面互动相比较而言，学生非常愿意和教师进行面对面互动；1 = 网络互动和面对面互动相比较而言，学生更愿意和教师进行面对面互动；2 = 网络互动和面对面互动相比，学生比较愿意和教师进行面对面互动；3 = 网络互动和面对面互动相比较而言，学生有一些愿意和教师进行面对面互动；4 = 网络互动和面对面互动相比较而言，学生有一些愿意和教师进行网络互动；5 = 网络互动和面对面互动相比，学生比较愿意和教师进行网络互动；6 = 网络互动和面对面互动相比较而言，学生更愿意和教师进行网络互动；7 = 网络互动和面对面互动相比较而言，学生非常愿意和教师进行网络互动。然后，将每个被试对在学习情境、社会情感情境下，和教师进行网络互动的平均意愿程度计算出来，然后进一步进行方差分析。

四　结果与讨论

（一）结果

1. 描述性统计结果

在不同的实验条件下，不同小组被试评价的网络互动意愿程度的平均数与标准差如表 4 - 2 所示。

表 4 - 2　　　　　　实验描述性统计结果（N = 154）

互动情境	被试性别	特质人格	N	M	SD
社会情境	男	外向	39	4.214	1.234
		内向	37	4.390	1.534
	女	外向	38	4.036	1.360
		内向	40	4.794	1.441
学习情境	男	外向	39	2.577	1.036
		内向	37	2.087	0.754
	女	外向	38	2.483	0.957
		内向	40	1.912	0.547

2. 假设检验

然后，将网络互动意愿程度的评价结果，经过 $2 \times 2 \times 2$ 的重复测量方差分析，分析结果如表 4 - 3 所示。

表 4 - 3　　　　　　方差分析的结果（N = 154）

变量	SS	Df	MS	F	Sig
互动情境（A）	337.275	1	337.275	272.438	0.000
人格特质（B）	0.077	1	0.077	0.054	0.816
被试性别（C）	0.009	1	0.009	0.006	0.937
A × B	19.127	1	19.127	15.450	0.000
A × C	1.170	1	1.170	0.945	0.333
B × C	1.206	1	1.206	0.849	0.358
A × B × C	2.109	1	2.109	1.704	0.194
误差	185.698	150	1.238		

从表 4 - 3 中可以看出，对网络互动意愿程度评价的互动情境变量的主效应显著，$F(1, 150) = 272.438$，$p < 0.001$，学生在社会情境中的互动意愿程度显著高于其在学习情境中的互动意愿程度，假设 1 得到验证。人格特质的主效应不显著，$F(1, 150) = 0.054$，$p = 0.816 > 0.05$，假设 2 未得到验证。被试性别的主效应不显著，F（1，

150）＝0.006，p＝0.937＞0.05，假设 3 未得到验证。互动情境和人格特质的两项交互作用显著，F（1，150）＝15.450，p＜0.001，假设 4 得到验证。互动情境和被试性别的交互作用不显著，F（1，150）＝0.945，p＝0.333＞0.05，假设 5 未得到验证。人格特质和被试性别的交互作用不显著，F（1，150）＝0.849，p＝0.358＞0.05，假设 6 未得到验证。互动情境、人格特质和被试性别的三项交互作用不显著，F（1，150）＝1.704，p＝0.194＞0.05，假设 7 未得到验证。

由于互动情境与人格特质的交互作用显著（见图 4-1），特进一步进行简单效应检验。分析结果显示，在社会情境中，外向型与内向型被试的互动意愿程度差异显著，F（1，152）＝4.44，p＝0.037＜0.05；在学习情境中，外向型与内向型被试的互动意愿程度差异也显著，且显著性水平更高，F（1，152）＝15.54，p＜0.001。这些结果说明，人格特质效应（即外向与内向之间的差异）受互动情境的影响，与社会情境相比，在学习情境中，外向型与教师进行网络互动的意愿程度显著增加。具体来说，也就是外向型更倾向于在学习情境中与教师进行网络互动，内向型更倾向于在社会情境中与教师进行网络互动。

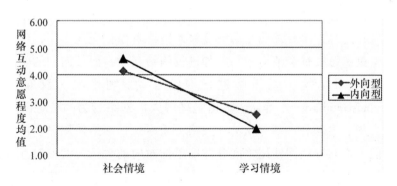

图 4-1　互动情境与人格特质的交互作用

（二）讨论

根据已有研究者将互动分为教学互动和社会互动的分类，本研究从社会情境和学习情境对互动情境进行探讨。研究结果表明，情境变量即互动情境的主效应显著，学生在社会情境中和教师进行网络互动的意愿程度显著高于在学习情境中的意愿程度。在这两种情境中，学生与老师进行网络互动的意愿程度明显不同，是和社会和学习的情境特点有关的。学习情境主要是与学生的学习认知过程相关的情景，它具有悬疑性或活动性、生活性、真实性等特点，不带有较强的私我性。符号互动理论认为社会情境是由各种有意义的符号构成，人正是在社会情境中不断实现自我。泰勒、佩普劳和希尔斯认为，在集体主义文化中塑造的自我是相互依赖的，是社会关系的一部分。因此，相较于学习情境而言，作为与个体发生直接心理联系的社会情境，更具有隐私性、关系性和情感性。网络空间的特征，使得网络互动中情感支持功能凸显。网络最本质的特征是交流，网络空间正好具有强调情感诉求的特点。网络提供了温暖、安全和理解的空间，网络使用者能够在网上更好地表达真实的自我。而学习情境则更多具有活动性、悬疑性等特点，在解决问题方面缺乏即时反馈和非言语交际手段的传递，如面部表情、手势或姿势的辅助等，在答疑和学习辅导方面没有面对面互动高效。所以学生更喜欢通过网络和教师交流有关社会情感的问题，而更愿意通过面对面的方式向教师请教和交流学习问题。

与此同时，研究发现互动情境和人格特质存在交互作用，内向型的学生更愿意在社会情境中与教师进行网络互动；而外向型的学生更愿意在学习情境中与教师进行网络互动。阿米凯·汉布格尔（Amichai-Hamburger）等认为人格是理解人们网络行为的核心因素。[①]但陈少华、吴颖和谭慧却认为，人格特质尽管是网络使用显著的预测源，但人格与互联网使用之间并非简单的对应的关系，人格对互联网使用的预测作用还要取决于对人格本质的分析和对互联网使用情况的

---

① Amichai-Hamburger, Y., Winapel, G., and Fox, S., "'On the Internet no one knows I'm an introvert': Extroversion, neuroticism, and internet interaction", *Cyberpsychology and Behavior*, Vol. 5, No. 2, 2002.

分解。① 针对研究者就外向型和网络交往和使用之间的关系得出的互相矛盾的结论，本研究结合不同情境考察学生人格对网络师生互动的影响，结果证明了陈少华等主张的人格特质并不是简单地对应于网络交往或使用的结论。

需求是行为的驱动力。内向型青少年具有害羞、保守、不爱交际、羞怯等特点，他们不善于在现实生活中与他人交往，也很难在现实生活中获得更多的社会支持。对他们而言，互联网为他们提供了一个不同于现实环境的交流平台，通过这个平台，他们可以摆脱令他们紧张和焦虑的现实情境式的交往方式。社会情境与个体发生着更直接的心理联系，与自我联系更为紧密，对于内向型的学生而言，他们更羞怯于在教师办公室、教室、校园等现实生活场景中去和教师面对面交流他们的情感生活。但是，网络的虚拟性、符号性和间接性等特点可以弱化教师的权威性，令内向型的学生感觉更轻松。交流方式的灵活性（同步和异步交流的方式可供自由选择）、时空的不限性令这些学生感觉更自在。而且书面交流的方式也让学生有更多的时间用于组织自己的思想和语言，使得他们的交流更加深入、更加真实。波迪亚（Bordia）也认为，在 CMC 中，学生感觉到更少的压力，能产生更多的想法和进行更多平等的互动。② 自我觉察的双因素模型可以解释这一现象，该模型认为在以计算机为媒介进行沟通时，用户的私下自我觉察会增加，公众自我觉察会减少，因而，用户会更多关注自己的内心想法。

高外向型的青少年具有好社交、活跃、有雄心、精力充沛、热情等特点。他们一般具有较好的人际关系，也更可能在现实生活中获得更多的社会支持。高外向型学生在现实生活中具有充分发挥与他人沟通及交际的优势，且自控力强，因此，他们更多地将网络作为信息获取的平台，使得信息获取性动机得以强化。相较于内向型学生而言，

---

① 陈少华、吴颖、谭慧：《论人格对互联网使用的预测作用》，《广州大学学报》（社会科学版）2011 年第 11 期。

② Bordia, P., "Face-to-face versus computer-mediated communication: a synthesis of the experimental literature", *Journal of Business Communication*, Vol. 34, No. 1, 1997.

外向型的学生具有更强的处理人际关系能力与拥有更多的社会支持，他们更愿意在现实生活中处理与解决情感与关系问题。同时，他们的信息获取性动机、自控力较强，因而，他们更愿意将网络作为信息获取、答疑解惑的一个平台。由于网络的间接性，网络互动成为与传统互动不同的"人—机—人"互动方式，使得传统的师生角色意识会有所弱化，教师是知识的权威观念会有所淡化；网络情境中的学习也扩展了师生的身份范围，师生在网络中也可以互相促进；而且网络互动具有不受时空限制的便捷性，这都使得具有强信息动机的外向型学生更倾向于在学习情境中和教师进行网络互动。

五　实验结论

（1）互动情境对学生与教师进行网络互动的意愿程度有着显著影响，学生在社会情境中与教师进行网络互动的意愿程度显著高于在学习情境中的意愿程度。

（2）互动情境和人格特质共同影响学生与教师进行网络互动的意愿程度，内向型的学生更愿意在社会情境中与教师进行网络互动，而外向型的学生更愿意在学习情境中与教师进行网络互动。

第二节　情感事件和情绪状态对
学生互动意愿的影响

一　实验目的

情绪与我们的生活息息相关，它对个体的知觉、注意、记忆、决策等具有非常明显的影响。帕金森（Parkinson）认为情绪在创造和维持积极的社会互动中扮演了关键的角色。[①] 尽管情绪的形式有所不同，但各类情绪可以按照驱动机制以及与需求满足状况的关系划分为积极/消极情绪（或正/负情绪）。个体在不同的情绪状态下，会做出不

---

① Parkinson, B., "Do facial movements express emotions or communicate motives?", *Personality and Social Psychology Review*, Vol. 9, 2005.

同的判断和决策。如果引发学生不同的情绪状态，它们会对学生参与网络互动的态度有何影响？社会情境中充满了各种各样的情感事件，这些情感事件同样按照效价可以分为积极事件和消极事件（affective events），情感事件理论（affective events theory，AET）认为这些情绪事件通过引起个体的情感反应，情感反应又继而影响个体的态度和行为。实验一的结果表明互动情境对学生的参与意愿具有显著影响，和学习情境比较，学生更愿意在社会情境中与教师进行网络互动。那么，社会情境中的事件按照效价可以分为积极事件和消极事件，这些不同效价的情感事件会如何影响学生的参与互动意愿？因此，实验二拟探讨个体的情绪状态和效价不同的情感事件对学生参与网络互动意愿的影响。

二　实验假设

本实验提出以下假设。

H1：不同效价的情感事件对学生与教师进行网络互动的意愿程度有着显著影响，即消极事件和积极事件相比，学生更愿意就消极事件与教师进行网络互动。

H2：个体的情绪状态对学生与教师进行网络互动的意愿程度有着显著影响，即消极情绪和积极情绪比较，学生更愿意在消极情绪状态中与教师进行网络互动。

H3：学生性别对其与教师进行网络互动的意愿程度有着显著影响，即女学生和男学生比较，女学生更愿意通过网络与教师进行互动。

H4：情感事件和情绪状态会共同影响学生与教师进行网络互动的意愿程度。

H5：情感事件和学生性别会共同影响学生与教师进行网络互动的意愿程度。

H6：情绪状态和学生性别会共同影响学生与教师进行网络互动的意愿程度。

H7：情感事件、情绪状态和学生性别会共同影响学生与教师进行网络互动的意愿程度。

三 实验方法

（一）被试

被试来自于湖北省 B 中学的 137 名高中生，其中，平均年龄为 16.36 岁，标准差为 0.55。其中，男生 66 人，女生 71 人。

（二）实验设计

本研究采用模拟情境实验法，即在一个模拟的现实情境中对自变量进行操作，考察被试的反应。实验采用 $2 \times 2 \times 2$ 混合实验设计，第一个自变量为情感事件，分为消极情感事件和积极情感事件两个水平，为组内变量；第二个自变量为个体的情绪状态，分为消极情绪和积极情绪两个水平，为组间变量；第三个自变量为被试性别，组间变量。因变量是被试在不同情况下与教师进行网络互动的意愿程度评价。

（三）实验材料

根据已有研究对情绪情境句子的征集方法，对 60 名中学生（其中男生 27 名，女生 33 名）进行了消极情感事件和积极情感事件的开放式问卷调查（见附录1）。将意思相近的不同句子归类为一句，然后根据情感事件句子的频率高低，从消极情感事件和积极情感事件两个类别中各选出 6 个高频率的情感事件句子，这 12 个情感事件句子见表 4 - 4。

表 4 - 4 **积极情感事件和消极情感事件**

积极情感事件	消极情感事件
收到一份特别精美的礼物	我与家人的关系闹得很僵
和好朋友的关系又和好如初	在课堂上接听手机，被老师发现并点名批评
被大家推选为班干部	父母吵架
妈妈的病终于治好了	总是有几个同学私下说我坏话
父母决定暑假带我去我想去的地方旅游	最近因为喜欢一个同学而不能集中心思学习
在学校运动会中，获得了比赛冠军	我因为嫉妒我的竞争对手而说了他的坏话

（四）实验程序

首先，对被试进行积极和消极情绪的引发。积极组（引发被试积极情绪）和消极组（引发被试消极情绪）分别在两间不同的教室进行。回忆诱发范式被大量研究证明是引发情绪较为成功的方法，因此，在被试就座之后，告知他们尽量放松。在积极组，让被试回忆一件令他最高兴的事情，并把它写下来。同时，为了更好地引发被试的不同情绪状态，播放浪漫钢琴曲《欢乐的牧童》（音乐曲调欢快）。消极组，让被试回忆一件令他最伤心的事情，并把它写下来，同时在写的过程中播放二胡曲《江河水》（忧伤的）。根据阈上情绪诱发宜用自我评定方法检测情绪体验，写完事件之后，接着让被试报告出他们当前的情绪状态，在1—9等级量表上作出评价，越靠近1的表示越伤心，越靠近9的表示越愉快。

在完成对被试情绪状态的引发之后，让被试完成一份就不同效价的情感事件与教师进行网络互动意愿的匿名调查（见附录4），做法同实验一。最后，对所有的实验材料统一回收，并表示感谢。

（五）数据初处理

数据处理方法和步骤同实验一。

四　结果与讨论

（一）结果

1. 引发情绪的效果检验

首先，对积极情绪组和消极情绪组的自评分数进行 t 检验发现，积极情绪组（M = 7.22，SD = 1.57）和消极情绪组（M = 3.24，SD = 1.48）的差异非常显著，t = 14.66，p < 0.001，表明对被试个体情绪状态的引发是有效的。

2. 描述性统计结果

在不同的实验条件下，不同小组被试评价的网络互动意愿程度的平均数与标准差如表4 - 5所示。

表 4 – 5　　　　　　　　实验描述性统计结果（N = 126）

情感事件	被试性别	情绪状态	N	M	SD
消极事件	男	消极	35	4.766	1.225
		积极	28	4.542	0.991
	女	消极	28	4.833	1.379
		积极	35	4.180	1.385
积极事件	男	消极	35	2.624	0.998
		积极	28	3.382	1.348
	女	消极	28	2.720	1.233
		积极	35	2.709	1.161

3. 假设检验

然后，将网络互动意愿程度的评价结果，经过 $2 \times 2 \times 2$ 的重复测量方差分析，分析结果如表 4 – 6 所示。

表 4 – 6　　　　　　　　方差分析的结果（N = 126）

变量	SS	Df	MS	F	Sig
情感事件（A）	184.365	1	184.365	168.511	0.000
情绪状态（B）	0.066	1	0.066	0.036	0.851
被试性别（C）	2.952	1	2.952	1.587	0.210
A×B	10.238	1	10.238	9.357	0.003
A×C	0.310	1	0.310	0.284	0.595
B×C	5.578	1	5.578	2.998	0.086
A×B×C	0.451	1	0.451	0.412	0.522
误差	133.478	122	1.094		

从表 4 – 6 中可以看出，对网络互动意愿程度评价的情感事件变量的主效应显著，$F_{(1, 122)} = 168.511$，$p < 0.001$，学生在消极情感事件中的互动意愿程度显著高于积极情感事件中的互动意愿程度，假设 1 得到验证。情绪状态的主效应不显著，$F_{(1, 122)} = 0.036$，$p = 0.851 > 0.05$，假设 2 未得到验证。被试性别的主效应不显著，$F_{(1, 122)} =$

1.587，p=0.210＞0.05，假设3未得到验证。情感事件和情绪状态的两项交互作用显著，F（1，122）=9.357，p=0.003＜0.01，假设4得到验证。情感事件和被试性别的交互作用不显著，F（1，122）=0.284，p=0.595＞0.05，假设5未得到验证。情绪状态和被试性别的交互作用不显著，F（1，122）=2.998，p=0.086＞0.05，假设6未得到验证。情感事件、情绪状态和被试性别的三项交互作用不显著，F（1，122）=0.412，p=0.522＞0.05，假设7未得到验证。

由于情感事件与情绪状态的交互作用显著（见图4－2），特进一步进行简单效应检验。分析结果显示，在积极情感事件中，消极情绪状态和积极情绪状态下学生进行网络互动的意愿程度差异不显著，F（1，124）=2.62，p=0.108＞0.05；在消极情感事件中，消极情绪状态和积极情绪状态下学生进行网络互动的意愿程度差异显著，F（1，124）=4.12，p＜0.05。也就是说，对于处于消极情绪状态的被试而言，他更愿意就消极事件与教师进行网络互动；而对于处于积极情绪状态的中学生被试则没有这种效应。

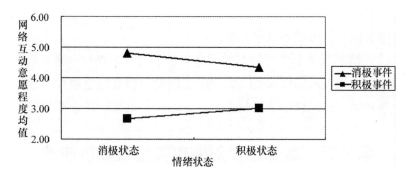

图4－2 情绪状态与情感事件的交互作用

（二）讨论

实验二的结果表明，情感事件的主效应显著，消极事件和积极事件相比，学生更愿意就消极事件与教师进行网络互动。消极事件和积极事件相比，更具私密性，而学校面对面交流的地点受到局限，不太适合学生表露太私人性信息，而且学生与教师面对面交流，往往会感觉羞涩、放不开，而网络的间接性特点、"人—机—人"的互动模式为学生与教师进行私人信息的交流提供了一个极好的平台。情感事件和情绪状态的交互效应显著，对于处于消极情绪状态的被试而言，他更愿意就消极事件与教师进行网络互动。这种现象也为情绪的加工一致性效应提供了证据支持，当个体处于某种情绪状态时，会有选择地利用与情绪状态相一致的信息与材料，消极情绪更易激活消极的项目。情感渗透理论（Affect Infusion Model）对这种效应进行了解释，指情绪影响或者成为个体建构性加工的一部分，它会有选择地影响个体的注意和联想，最终使得个体的认知结果朝着与情绪一致的方向倾斜。情感即信息模型（Affect-as-Information Model）也可以对这种情绪一致性效应作出解释，该理论认为人们往往是根据自己的情绪、自己的感受而不是任务特征来作出判断。

五　实验结论

（1）不同效价的情感事件对学生与教师进行网络互动的意愿程度有着显著影响，消极情感事件和积极情感事件相比，学生更愿意就消极情感事件与教师进行网络互动。

（2）情感事件和情绪状态共同影响学生与教师进行网络互动的意愿程度，在消极的情绪状态下，学生更愿意就消极情感事件与教师进行网络互动，在积极的情绪状态下，学生没有出现这种选择效应。

第三节　教师因素对网络师生互动的影响

一　实验目的

惠利斯（Wheeless）和格罗茨（Grotz）将自我表露（self-disclosure）界定为"一个人向他人交流有关自己的信息"，信息包括个人想法、感觉和经历等。[①] 教师自我表露是丰富师生交流的个人来源，

---

① Wheeless, L. R., and Grotz, J., "Conceptualization and measurement of reported self disclosure", *Human Communication Research*, Vol. 2, 1976.

也是培养学生学习的一种有效教学工具。麦克布赖德（McBride）和华尔（Wahl）提出自我表露更是一种策略，它既可以创造鼓励学生积极参与的气氛，营造一种富有亲和力的课堂气氛，也可以在课外作为维护关系的一种有效策略。① 交流隐私管理理论（Communication Privacy Management Theory）也将自我表露概念集中于私人信息，同时，该理论认为教师会基于各种规则（诸如文化、动机、情境等）来决定对学生是否表露、何时表露、表露内容的效价以及表露多少。那么，如果在同一种情境中，教师具有相同的动机，且表露内容的效价一样，教师自我表露水平的高低会对学生与之进行互动的行为倾向有着怎样的影响呢？

已有研究表明 CMC 中的技术使用会影响情感传递的效应，如，采用情绪图标等。董（Tung）和登格（Deng）更是进一步考察了可作为社会线索的动态和静态情绪图标对学生在网络学习环境中社会存在和学习动机的影响。② 结果表明，和在静态图标组的学生相比，在动态情绪图标组的学生感知到更高的社会存在，报告了更高的学习动机。德尔克（Derks）、博斯（Bos）和格伦布科（Grumbkow）发现，学生在社会情感情境中比在任务导向情境中使用更多的情绪图标，并且情境和文本的效价之间的交互效应显著，在消极文本和任务导向情境中使用了最少的情绪图标。③ 这些研究都表明网络使用者的交流风格和互动情境是网络互动中不可忽视的因素。但是在网络交流技术研究中，大多研究将情绪图标和网络互动情境以纸质问卷的形式呈现，在计算机上进行实验研究的还不多见。

网络师生互动的内容特征研究表明，网络师生互动的深度还有待提高，而教师作为良好师生关系的引导者和关键者，探讨影响网络互

---

① McBride, M. C., and Wahl, S. T., "'To say or not to say?' Teachers' management of privacy boundaries in the classroom", *Texas Speech Communication Journal*, Vol. 30, 2005.

② Tung, F. W., and Deng, Y. S., "Increasing social presence of social actors in e-learning environments: Effects of dynamic and static emoticons on children", *Displays*, Vol. 28, 2007.

③ Derks, D., Bos, A. E. R., and Grumbkow, J. V., "Emoticons and social interaction on the Internet: the importance of social context", *Computers in Human Behavior*, Vol. 23, 2007.

动的教师因素便显得非常必要和重要。因此，本研究在前两节就影响网络师生互动的学生因素探讨的基础上，采用实验法，进一步探讨影响网络师生互动的教师因素，具体探讨教师自我表露、教师交流风格以及教师交流情境对网络师生互动的影响。

二　实验假设

本研究提出如下假设。

H1：教师自我表露对学生与教师进行网络互动的意愿程度有着显著影响，即在教师自我表露水平高的条件下，学生与教师进行网络互动的意愿程度最高；在教师自我表露水平中等的条件下，学生与教师进行网络互动的意愿程度居中；在教师自我表露水平低的条件下，学生与教师进行网络互动的意愿程度最低。

H2：教师交流风格对学生与教师进行网络互动的意愿程度有着显著影响，即在教师交流风格为纯文本的条件下，学生与教师进行网络互动的意愿程度最低；在教师交流风格为文本和表情符号相结合的条件下，学生与教师进行网络互动的意愿程度居中；在教师交流风格为文本和表情图标相结合的条件下，学生与教师进行网络互动的意愿程度最高。

H3：教师交流情境对学生与教师进行网络互动的意愿程度有着显著影响，即任务导向型和社会情感型情境相比较而言，学生更愿意在社会情感情境中和教师进行网络互动。

H4：教师自我表露和教师交流风格会共同影响学生和教师进行网络互动的意愿程度。

H5：教师自我表露和交流情境会共同影响学生和教师进行网络互动的意愿程度。

H6：教师交流风格和交流情境会共同影响学生和教师进行网络互动的意愿程度。

H7：教师自我表露、教师交流风格和交流情境会共同影响学生和教师进行网络互动的意愿程度。

三　实验方法

（一）被试

被试来自于湖北省 B 中学的 99 名高中生，其中，男生 46 人，女生 53 人，平均年龄为 16.58 岁，标准差为 0.64。被试的裸视力或矫正视力正常，均无色盲或色弱，且均为右利手，实验结束后得到一份小礼物。

（二）实验设计

本研究采用 3×3×2 混合实验设计，第一个自变量为教师网络自我表露，分为高水平、中水平和低水平；第二个自变量为教师交流风格，分为纯文本、文本和表情符号相结合、文本和表情图标相结合三种水平；第三个自变量为教师交流情境，分为任务导向和社会情感两个水平。前两个自变量为组间变量，第三个自变量为组内变量。因变量是被试在不同情况下与教师进行网络互动的意愿程度评价。

（三）实验材料和仪器

1. 实验材料

首先，根据收集到的某校"师生互动家园"平台上的原始文本记录，提炼出不同的互动主题，一共有 222 个主题，来自于"德育讨论区""学科交流区""思辨空间区"三个平台上的文本记录。然后，从 222 个不同的话题中，请两名心理学博士和一名教育学博士就中学生的学习、生活特点进行讨论、协商和提炼，挑选出最贴近中学生实际的话题 12 个，其中，任务导向 6 个，社会情感 6 个。最后，请 40 名中学生（男生 19 人，女生 21 人）就这 10 个话题的经常性和普遍性进行了 1—5 级的评估，1 为低值，5 为高值。从中选出评定分值最高的那个任务导向话题 1 个，即"征集运动会开幕式方案"；分值最高的社会情感话题，即"有梦想才会有希望"（如表 4−7）。

表 4 - 7　　　　　　　　　师生互动话题普遍性评定结果表

任务导向	M	SD	社会情感	M	SD
提交设计作业	3.03	0.95	家访归来的点滴感受	2.65	0.74
征集运动会开幕式方案	4.05	0.71	教师节来了	3.08	1.05
国际关系你答我练讨论交流	2.70	0.76	让我们拥有一面完美的流动红旗	2.88	1.09
以文化的眼光谈建筑文化	2.68	0.94	分享军训感悟，揭开高中生活第一页	2.53	1.01
三角函数课前作业反馈	3.20	0.94	新学期，你做好准备了吗？	3.48	0.96
提交人生规划	3.13	0.97	有梦想才会有希望	4.08	0.73

本实验根据被试的预评估，选取任务导向——"征集运动会开幕式方案"和社会情感——"有梦想才会有希望"两个情境。从百度中搜索出和这两个情境相关的 10 个表情符号。从腾讯 QQ 表情库中也选出和情境相关的 10 个表情图标（见表 4 - 8）。然后，请 2 名心理学硕士研究生挑选出能和帖子文本内容最相匹配的 4 个表情符号和 4 个表情图标，并讨论符号和图标在文本中插入的位置。他们遇到不一致、不确定的地方，由研究者和这两名硕士研究生再次一起讨论，最后确定 4 个表情符号和 4 个表情图标以及它们插在文本中的位置。

2. 实验仪器

本实验采用 E-prime 2.0 软件编制程序在计算机上实现。电脑为联想牌台式机，Windows XP 的操作系统，显示器为 17 英寸的 CRT 纯平显示器，CPU 主频为 1.6GHz，屏幕的分辨率是 800×600，刷新率是 120Hz。

（四）实验程序

1. 实验的操纵

（1）教师自我表露的操纵

在页面上，将一位女教师的相片及其个人信息，按照教师自我表露程度分为高、中、低三个实验水平，进行教师网络自我表露水平的实验操纵。高自我表露组呈现一张该教师的私人生活照，提供教师最喜欢的书籍、电影和爱好信息，并且附有虚构的对一些社会事件的评论。中自我表露组，呈现一张教师在办公室工作中的相片以及教师喜欢的电影、书籍和爱好信息。低自我表露组仅仅呈现一张教师的面部相片和有关教师的工作情况信息。在中、低自我表露组均没有评论信息。三种水平中的图片大小均标准化为 256×192 像素（见附录 5）。

表 4 - 8　　　　　　　　　　　　**表情符号和表情图标表**

含义	表情符号	表情图标
微笑	: -)	
可爱	~ @^_ ^@ ~	
憨笑	*^? ^*	
鼓掌、欢呼	\ ^o^/	
加油、奋斗	~ ^o^ ~	
强	b（▽）d	
胜利	^o^y	
疑问	◎■◎?	
失望	⌣⌣	
难过	- (-	

（2）教师交流风格的操纵

首先，对"征集运动会开幕式方案"和社会情感——"有梦想才会有希望"两个情境的文本材料进行整理，整理后的两段材料都包含192个汉字。这两段整理后的文本就是教师交流风格的纯文本水平。经过相关专家的讨论，最后各选取 4 个情绪符号和 4 个情绪图标，并确定插入文本的位置。情绪符号穿插在文本的相应位置，就构成了教师交流风格的第二种水平——文本和表情符号相结合。表情图标穿插在文本的对应位置，便构成了教师交流风格的第三种水平——文本和表情图标相结合（见附录6）。

2. 实验的程序

被试来到学校机房参加实验，每名被试一台电脑。整个实验程序如下（见图4-3）。

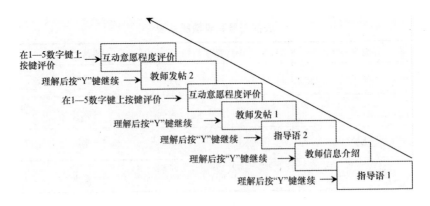

图4-3　实验流程

首先，主试向被试介绍实验相关背景和目的，"欢迎大家来参加我们的实验。下学期学校将会给大家配备一位新班主任老师，为了更全面了解这位新老师，大家将通过电脑操作来了解这位新老师的相关信息及其交流风格。请大家根据自己的真实想法，按照屏幕上的要求，作出相应评价，以便为学校教师招聘提供参考。本实验是匿名实验，不会透露你的个人信息，请放心作答"。

接着，在屏幕上呈现"欢迎你参加我们的实验！假设下学期你们班级将换一位新班主任老师，电脑上会呈现这位老师的相片和情况介绍，请认真阅读，并尽力记住相关信息。接着教师会通过发布两个不同主题的帖子来与你进行一些交流。当你看完一个帖子后，请就你希望与该老师交流的意愿程度在1—5所对应的数字键上进行按键评价，1表示程度最低，5表示程度最高。当你完全理解实验要求之后，请按'Y'键开始实验"。然后，屏幕上呈现这位女教师的相片及其相关情况介绍的界面。如果被试完全理解界面上有关该教师的信息，按"Y"键进入下一个页面。

这时，屏幕上呈现指导语"接下来，该老师将会发布两个不同主题的帖子，请你认真阅读它们，在帖子消失后，请就你希望与该老师交流的意愿程度在1—5所对应的数字键上进行按键评价，1表示程度最低，5表示程度最高。如果你做好了准备，请按'Y'继续实验"。当被试完全理解实验要求并按"Y"之后，屏幕上会依次呈现该教师所发布的两个不同主题的帖子，任务导向类型和社会情感类型帖子的先后顺序进行了平衡，且帖子随机以纯文本、文本和表情符号相结合、文本和表情图标相结合的方式呈现。帖子的下面有"如果你完全理解帖子的内容，请按'Y'继续"的提示。接着，屏幕进入评价页面，即让被试进行一个与该教师互动意愿程度的等级评价，在1—5所对应的数字键上进行按键评价，1表示低值，5表示高值。

电脑程序结束之后，让被试填写一份调查问卷，主要就教师自我表露的程度和适宜性进行评价（见附录5）。最后向所有参加实验的被试表示感谢，并赠送小礼物。

四 结果与讨论

（一）结果

1. 自变量操纵的检验

为了检验自变量教师自我表露操纵的有效性，对教师图片描述其表露程度的评价结果（在1—5点量表上进行评价，1表示非常不同意，5表示非常同意）进行方差分析发现，自我表露高、中、低三组之间的评价结果具有显著差异，$F_{(2, 98)} = 47.35$，$p < 0.001$（高组：$M = 3.58$，$SD = 0.75$；中组：$M = 2.67$，$SD = 0.65$；低组：$M = 2.03$，$SD = 0.53$）。对教师的文字材料揭示其个人信息程度的评价结果（在1—5点量表上进行评价，1表示非常不同意，5表示非常同意）进行方差分析发现，自我表露高、中、低三组之间的评价结果具有显著差异，$F_{(2, 98)} = 74.16$，$p < 0.001$（高组：$M = 3.79$，$SD = 0.70$；中组：$M = 2.61$，$SD = 0.50$；低组：$M = 1.97$，$SD = 0.64$）。

同时，也对教师表露内容的适宜性进行了一个 1—5 级的评价，1 代表非常不适宜，5 代表非常适宜。将被试对教师表露内容的适宜性评价结果（M = 3.77, SD = 0.67）与 5 分等级评价的中值 2.5 进行单样本的 t 检验，结果发现，被试对教师表露内容的适宜性评价显著高于中值等级，即 t = 18.90，p < 0.001。方差分析结果和适宜性评价 t 检验结果表明，本实验对教师自我表露的操纵是有效的。

2. 描述性统计结果

在不同的实验条件下，不同小组被试与老师进行网络互动的意愿程度的平均数与标准差如表 4 - 9 所示。

3. 假设检验

对网络互动意愿程度的评价结果，采用 3 × 3 × 2 的重复测量方差分析来检验研究假设，处理结果如表 4 - 10 所示。

从表 4 - 10 中可以看出，教师自我表露的主效应显著，F (2, 90) = 58.614，p < 0.001，假设 H1 得到验证。由于教师自我表露有三个水平，进一步进行多重比较。Tukey-HSD 检验结果显示，高自我表露水平和中自我表露水平之间的差异显著（p < 0.001）；高自我表露水平和低自我表露水平之间的差异显著（p < 0.001）；中自我表露水平之间的差异显著（p < 0.001）。教师交流风格的主效应显著，F (2, 90) = 7.112，p = 0.001 < 0.01，假设 H2 得到验证。因为教师交流风格也有三个水平，因此进行多重比较。Tukey-HSD 检验结果显示，纯文本与文本和表情符号相结合之间的差异显著（p = 0.029 < 0.05）；纯文本与文本和表情图标相结合之间的差异非常显著（p < 0.001）；文本和表情符号结合与文本和表情图标结合之间的差异不显著（p = 0.117 > 0.05）。互动情境的主效应显著，F (1, 90) = 10.852，p = 0.001 < 0.01，假设 H3 得到验证。教师自我表露和交流风格的交互作用不显著，F (4, 90) = 1.668，p = 0.164 > 0.05，假设 H4 未得到验证。教师自我表露和交流情境的交互作用显著，F (2, 90) = 3.230，p = 0.044 < 0.05，假设 H5 得到验证。教师交流风格和交流情境的交互作用显著，F (2, 90) = 10.468，p < 0.001，假设 H6 得到验证。教师自我表露、交流风格和交流情境的交互作用

不显著，F（4，90）＝0.605，p＝0.660＞0.05，假设 H7 未得到验证。

表4-9　　　　　　　　实验描述性统计结果（N＝99）

教师交流情境	教师自我表露水平	教师交流风格	N	M	SD
任务导向	高自我表露	纯文本	10	3.3	0.82
		文本加表情符号	12	3.33	0.65
		文本加表情图标	11	3.73	0.65
	中自我表露	纯文本	12	2.50	0.67
		文本加表情符号	11	2.36	0.67
		文本加表情图标	10	2.20	0.63
	低自我表露	纯文本	12	2.08	0.67
		文本加表情符号	11	1.91	0.54
		文本加表情图标	10	2.20	0.63
社会情感	高自我表露	纯文本	10	2.90	0.57
		文本加表情符号	12	3.67	0.65
		文本加表情图标	11	4.45	0.69
	中自我表露	纯文本	12	2.42	0.79
		文本加表情符号	11	3.09	0.94
		文本加表情图标	10	3.20	0.79
	低自我表露	纯文本	12	1.83	0.72
		文本加表情符号	11	2.09	0.70
		文本加表情图标	10	2.40	0.52

由于教师自我表露和交流情境的交互作用显著（见图4-4），因此，进一步进行简单效应检验。分析结果显示，在任务导向情境中，被试在高、中、低教师自我表露条件下报告的与老师网络互动的意愿程度有显著差异，F（2，96）＝40.84，p＜0.001；在社会情感情境中，被试在高、中、低教师自我表露条件下报告的与教师网络互动的意愿程度有显著差异，F（2，96）＝31.33，p＜0.001。

表4-10　　　　　　　　方差分析的结果（N=99）

变量	SS	Df	MS	F	Sig
教师自我表露（A）	73.330	2	36.665	58.614	0.000
教师交流风格（B）	8.898	2	4.449	7.112	0.001
教师交流情境（C）	3.607	1	3.607	10.852	0.001
A×B	4.173	4	1.043	1.668	0.164
A×C	2.147	2	1.074	3.230	0.044
B×C	6.960	2	3.480	10.468	0.000
A×B×C	0.804	4	0.201	0.605	0.660
误差	29.917	90	0.332		

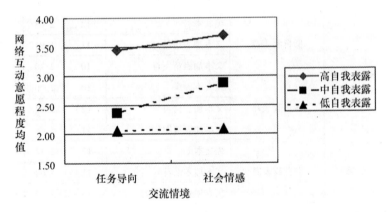

图4-4　教师自我表露和互动情境的交互作用

对教师交流风格和交流情境的交互作用进行简单效应检验（见图4-5），分析结果显示在任务导向情境中，被试对不同网络交流风格教师的互动意愿程度的差异不显著，F（2，96）=0.39，=0.680>0.05；在社会情感情境中，被试对不同网络交流风格教师的互动意愿程度的差异非常显著，F（2，96）=9.42，p<0.001。也就是说，在社会情感情境中，学生对采用文本和表情图标相结合交流的教师的互动意愿程度显著高于采用其他交流风格的教师，对采用文本和表情符号相结合交流的教师的互动意愿程度显著高于采用纯文本交流的教师的互动意愿程度。

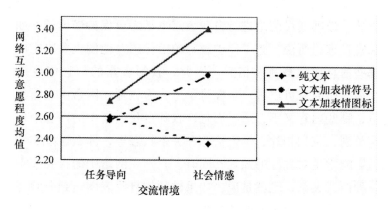

图 4 - 5 　教师交流风格与互动情境的交互作用

（二）讨论

　　研究结果表明，教师自我表露的主效应显著，学生和高自我表露的教师进行网络互动的意愿程度显著高于学生和中、低自我表露水平的教师进行网络互动的意愿程度。这个结果和已有研究发现的教师自我表露对诸如教师的透明度、学生的参与、学生的动机、情感学习和教室气氛以及学生感知到的教师的信赖度等变量有着积极影响的结论一致。CMC 的间接性、便捷性等特征有利于教师通过网络展现出他们在教室以外情境中那些轻松的、社会的一面，这些是在传统的教室环境无法看到的。当教师通过网络呈现他们的相片、个人信息以及对某一事件的看法和观点时，学生可能会感到教师和自己具有某些相似性，感觉到教师更多的信赖和关爱。而且，教师在网络上的介绍和表露更为真实、更贴近生活，也容易拉近学生与教师之间的距离。因此，他们更愿意与这样的教师进一步互动和交流。

　　研究的发现对于那些对内向的，甚至为和教师交往而焦虑的学生具有指导意义。他们登录教师的博客或者通过网络向教师提问和寻求帮助比在现实环境中面对面和教师交流更为放松自在，这样对学生的学习效果会有着更积极的作用。特别是对于新教师而言，通过网络进行自我表露，让学生尽早地熟悉教师，从而更好地适应。通过网络进行自我表露为教师提供了一个用来巩固师生关系的重要手段。教师可以有策略地通过网络进行合适的自我表露，增进与学生之间的亲密度。当然，教师通过网络进行自我表露也是需要保持谨慎的。如同交流隐私管理理论所说，为了保护教师的信任感，他们也要决定向学生表露哪些信息而隐藏哪些信息。因此，教师表露的信息应该是合适的。今后，研究者可以进一步探讨学生认为教师在网络中表露哪些内容合适，哪些内容又不合适。而且，教师自我表露中的内容中包括一些特定类别，例如相片、个人信念和关系状态等，那么这些类别又分别如何影响学生对教师的知觉？同时，教师在网络中的自我表露是否存在一种曲线关系，也就是说，如果教师的自我表露达到非常高的水平，它会使学生产生负面的认知吗？

此外，教师通过在网络发布自己非正式的相片以及爱好信息等呈现了他们相对放松的一面，但是，他们在教室里表现出来的往往是严肃和严格的一面，这样可能会产生一个相反的期许而给学生带来负面效应。未来的研究可以继续考察教师在网络中的自我表露和他们在教室里的教学风格之间的关系，如果这两者不一致，那么这种不一致会对教师的信任度、学生与之互动的行为倾向产生什么样的影响？这些都需要在今后的研究作进一步的探究。

教师交流风格的主效应显著，学生与交流风格为文本和表情图标相结合的教师进行网络互动的意愿程度显著高于和该教师采取其他交流风格时的意愿程度。德尔克（Derks）、格伦布考（Grumbkow）和博斯（Bos）指出由于 CMC 中缺少非言语线索，情感互动相较而言缺乏情绪具身和情绪体验。[1] 但哈里斯（Harris）和帕罗蒂斯（Paradice）对 CMC 中的技术使用及其对情感传递的效用进行了研究，他们发现，情绪效价和情绪图标等结合使用时，消息接收者能察觉消息发送者的情绪，且当消息中情绪线索的数量增多时，消息接收者对消息发送者的情绪觉察程度更高。[2] 董（Tung）和登格（Deng）也发现，

---

[1] Derks, D., Bos, A. E. R., and Grumbkow, J. V., "Emoticons and social interaction on the Internet: the importance of social context", *Computers in Human Behavior*, Vol. 23, 2007.

[2] Harris, R. B., and Paradice, D., "An Investigation of the Computer-mediated Communication of Emotions", *Journal of Applied Sciences Research*, Vol. 3, No. 12, 2007.

动态情绪图标让学生感知到更高的社会存在。[①] 因此，文本和表情图标相结合的方式既让学生感知到了更高的社会存在感，也避免了交流的呆板，弥补了网络交流情绪线索的缺乏。表情图标比表情符号更为形象生动，因此，教师采取文本和表情图标的方式更令学生喜欢。认知负荷理论（cognitive load theory）也指导教师通过言语表征和图像表征互补，使学习者尽快从浅层语义表征与视觉影像达到命题表征与心理模型。

教师交流情境的主效应显著，在任务导向型情境和社会情感型情境相比较而言，在教师交流情境为社会情感型下，学生与教师进行网络互动的意愿程度更高。研究三对学校网络师生互动的社会网络分析结果也表明，和学科交流区比较而言，学生在德育讨论区交流更为主动和活跃。学生在德育讨论区的发帖也更受关注。任务导向情境以任务为目标，而社会情感情境则以情感交流与支持为导向。网络最本质的特征是交流，网络空间正好具有强调情感诉求的特点，而且，网络提供了温暖、安全和理解的空间，网络使用者能够在网上更好地表达真实的自我。所以，网络的间接性使得学生更愿意在教师交流社会情感的情境中与教师进行互动。

教师自我表露和交流情境对学生和教师进行网络互动的意愿程度具有交互效应。交流隐私管理理论将公共关系和私人信息之间的关系比喻为边界，它强调教师是否表露以及何时表露基于诸如情境、动机等规则。乔伊森（Joinson）的研究论证了 CMC 是以高水平的自我表露为特征，CMC 与面对面讨论比较而言，CMC 中的自我表露水平显著高于面对面情境。[②] 在任务导向型情境中，任务凸显出来，进行私人信息的表露不太适宜。在社会情感情境中，公众自我觉察水平下降，私下自我觉察水平提高，在这样的情境中进行私人信息的表露自然且适宜。因而，学生更愿意在社会情感情境中和高自我表露的教师

---

① Tung, F. W., and Deng, Y. S., "Increasing social presence of social actors in e-learning environments: Effects of dynamic and static emoticons on children", *Displays*, Vol. 28, 2007.

② Joinson, A. N., "Self-disclosure in computer-mediated communication: The role of self-awareness and visual anonymity", *European Journal of Social Psychology*, Vol. 31, 2001.

进行网络互动。

教师交流风格和交流情境共同影响学生和教师进行网络互动的意愿程度。德尔克（Derks）、博斯（Bos）和格伦布考（Grumbkow）就社会情境（分为任务导向型和社会情感型）对网络交流中情绪图标使用的影响进行了研究，结果表明，被试在社会情感情境中比任务导向情境中使用更多的情绪图标。①

表情图标是网络中的情绪线索，它的使用传达了运用表情图标人的意图和动机。在社会情感情境中，情绪情感的表达动机更强烈，表达的需要也更明显，在社会情感情境中结合表情图标的使用才能获得师生情感交融、情感支持的最佳效果，因此，学生更愿意在社会情感情境中与采用文本和表情图标相结合的方式交流的教师去进行网络互动。

五　实验结论

（1）教师自我表露对学生与教师进行网络互动的意愿程度有着显著影响，学生与高自我表露的教师进行网络互动的意愿程度显著高于学生与中、低自我表露水平的教师进行网络互动的意愿程度。

（2）教师交流风格对学生与教师进行网络互动的意愿程度有着显著影响，学生与交流风格为文本和表情图标相结合的教师进行网络互动的意愿程度显著高于与采取其他交流风格的教师进行网络互动的意愿程度。

（3）教师交流情境对学生与教师进行网络互动的意愿程度有着显著影响，任务导向型情境和社会情感型情境相比较，学生更愿意在社会情感情境中与教师进行网络互动。

（4）教师自我表露和交流情境对学生和教师进行网络互动的意愿程度具有交互效应，学生更愿意在社会情感情境中与高自我表露的教师进行网络互动。

---

① Derks, D. , Bos, A. E. R. , and Grumbkow, J. V. , "Emoticons and social interaction on the Internet: the importance of social context", *Computers in Human Behavior*, Vol. 23, 2007.

（5）教师交流风格和交流情境共同影响学生与教师进行网络互动的意愿程度，学生更愿意在社会情感情境中与采用文本和表情图标相结合方式交流的教师去进行网络互动。

第五章　高校网络师生互动的实证研究

第一节　高校网络师生互动问卷编制及应用

一　问题的提出与设计

（一）问题的提出

网络最近几年，类似于"西安电子科技大学师生巧用网络媒体互动沟通""网络和 QQ 成师生互动新平台""华中师大教师研发课堂'微助教'促互动"等新闻频繁出现，武汉某高校甚至要求 45 岁以下教师须开微博以加强师生交流。这一切都在暗示着，随着网络化、信息化的到来，师生之间的交流和沟通已不仅仅局限于传统的课堂互动和面对面的交流，而是可以打破空间和时间的限制，课外同步异步互动已越来越普遍。

21 世纪的高校学生可以用"网不离身"来形容，QQ 及 QQ 群、空间或博客、微博、微信、电子邮件、BBS 论坛等是他们常用的网络沟通和交往形式。但高校的老师对于网络的利用却与学生有所不同，有些新潮老师或许像学生一样开微博、QQ 聊天、通过空间或博客发表言论，而有些对网络的利用或许仅停留在资料检索、新闻浏览等上面，甚至于有些尚处摸索阶段。

学生和教师对于网络的观念和利用如此不同，那么在这个网络化的时代，师生网络交往表现出什么样的特点？采用什么工具去测量师生间的网络交往情况？在时代网络化、教育信息化的大背景下，本章旨在对这一问题作出回答，即意在对高校师生网络互动情况进行描述和解释。鉴于此，本研究在回顾和梳理已有文献、借鉴相关理论和研究成果的基础上，对大学生进行问卷调查和访谈，编制符合高校网络师生互动状况的测量问卷，为今后的师生互动研究提供科学有效的测量工具。

（二）研究设计

人们常说，网络是一把双刃剑，用得恰当，无往不利、无坚不摧；用得不当，误入歧途、虚度光阴。而在今天这个网络化已成大势所趋的社会，一味强调其消极的作用，采用封堵回避的方式，是无益亦无效的，显然也违背了教育因势利导的原则。正因人们有此共识，我们才看到了对加强师生网络互动的强调、促进师生网络互动的措施的出台。显然，高校师生网络互动尚处起步阶段，关于此方面的研究相对较少，而有关高校师生网络互动情况如何测量的研究则更是少之又少。在未来，随着网络影响力的不断扩大和深入，了解高校师生的网络互动情况并据此提出有针对性的策略和建议是顺理成章的。因此，编制一份能够用于测量高校师生网络互动情况的量表则显得迫在眉睫。

高校师生网络互动，顾名思义即需要分别从教师、学生的角度去反映师生间网络互动的情况。然而由于时间等各方面的限制，本研究仅从学生的角度来描述高校师生网络的互动情况。问卷编制的总体流程如图 5 - 1。

（三）研究意义

1. 理论意义

随着网络化、信息化的到来，这一科技领域的变革对教育领域产生重大影响，远程教育即是其产物之一。许多学者敏锐地感受到信息技术的影响，不约而同地从各个领域对其展开研究。目前，国内对于师生互动的静态研究较多，如分析和探讨师生互动的本质、特征和影响因素，进而提出相应的师生互动策略；在网络环境下研究师生互动的主要表现为定性研究，如分析师生网络互动与师生课堂互动的异同，阐述师生网络互动的含义、特征等。但高校师生网络互动的定量研究还未开展，这块理论上的空白亟待我们的丰富和填补，同时为教育工作者的教学活动提供理论指导。而这正是本研究的意义所在。

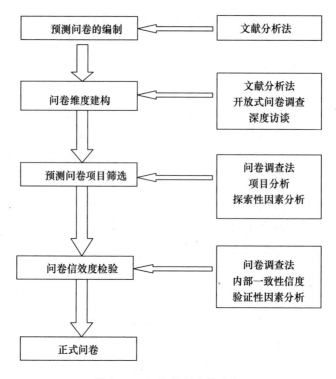

图 5 - 1   问卷编制总体流程

2. 实践意义

最近，成都市某小学迎来了十周年的校庆，而利用信息技术和电子教学设备进行辅助教学的"智慧课堂"是此次校庆的重头戏。据介绍人性化的"智慧课堂"调动了学生的积极性，便于师生之间以及教师与家长之间的交流。不但如此，诸如"西安电子科技大学师生巧用网络媒体互动沟通""网络和 QQ 成师生互动新平台"等信息频繁出现，这些无不体现着 21 世纪的网络化、信息化所带来的师生互动的变革。

21 世纪的学生用"网不离身"来形容最为贴切不过，与此同时"网络成瘾"等现象也层出不穷。面对网络这把双刃剑，一味强调其消极作用、采用封堵回避的方式，显然违背教育的因势利导原则。相反，学校和教师可以投新时代的学生之所好，把网络作为课堂教育延伸的一个平台，借虚拟世界解决现实问题，开拓思想政治教育新阵地。

基于上述观点，研究师生网络互动的理论、模式则成必然之势，以大学生为被试编制师生网络交互的问卷可以帮助教育工作者了解师生互动的现状、特点；为高校德育教育提供参考；指导高校师生更好地利用网络这一工具进行更快捷、更高效的交流与互动。

二 初始问卷编制及预测

（一）问卷维度建构

问卷的编制，前期的理论模型的建构至关重要。一旦确定所要编制问卷的维度，也即说明了研究的目的和方向，同时也为后面的问卷条目的编制奠定基础。然而在确定维度之前，需要对以往的研究进行梳理和归纳。并结合自己的看法和观点，确定本问卷的维度。

心理学领域，研究者更侧重从师生互动的内容来探讨其内涵。如：皮安塔（Pianta）认为亲密（closeness）、矛盾（conflict）和依赖（dependency）是师生相互作用和影响的主要方面；豪斯（Howes）等人则以依恋为基础，强调在师生相互作用中教师敏感性和参与性的重要意义，并从情感安全性、依赖程度和社会性指导这三个方面分析师生间的相互作用和关系；麦科比（Maccoby）和马丁（Martin）在自己多年对亲子交往研究的基础上，指出所有的成人与儿童之间的交往，包括师生交往都包含两方面内容，即参与性（engagement involvement）和积极或消极的情感（positive/negative affect）。在他们的影响下，一些研究者也提出将参与程度和交往的情感质量作为理解师生互动的主要方面，如，林奇（Lynch）和奇凯蒂（Cicchetti）将情感质量（emotional quality）和心理接近渴求程度（psychological proximity seeking）看作是师生互动的主要内容。同时舒茨还区分了三种人际需求下的人际行为反应，这种反应分为两种类型：第一，主动型，即积极地表现者（以 e 代表）；第二，被动型，即被动地期待他人的行动者

（以 w 代表）。舒茨从中还分出六种基本的人际关系的倾向，如表 5 - 1 所示。

表 5 - 1　　　　　　　　　　　基本人际关系倾向

表现出	以 e 代表	以 w 代表
	主动型	被动型
包容	主动与他人来往	期待别人接纳自己
支配	支配他人	期待别人引导自己
感情	对他人表示亲密	期待别人对自己亲密

　　结合上述各学者对师生互动的分析，笔者发现师生互动的参与性与情感质量是被共同强调的。同时笔者认为，师生网络互动还存在自主性和有用性两个维度。可以这样理解，自主性为师生网络互动是否是双方自愿主动参与；而有用性则表明这种师生网络互动的形式对学生而言是否是有益的或有助其进步的。因而，拟定高校师生网络互动问卷的维度为：参与性、自主性、有用性、情感性，并以此拟定问卷的条目。

　　（二）拟定问卷的条目

　　师生网络互动问卷条目的编写，并非凭空想象，除了可以查阅相关文献和现有的师生互动问卷的项目作为参考。编写问卷条目时，参考的相关的现有的师生互动问卷主要包括：辛自强、林崇德以及俞国良在 2000 年时，对贝斯（Wubbels）等人编制的师生互动问卷（Questionnaire on Teacher Interaction，QTI）进行了中文版的修订；西南大学教育学院的葛缨、张大均运用自编问卷进行了大学网络教学师生互动状况的调查；华中师范大学平凡博士自编网络交往问卷等。同时还需要借助开放式问卷调查和深度访谈了解师生网络互动的现状，以此作为编制师生网络互动问卷条目的主要依据。

　　1. 被试

　　（1）开放式问卷调查被试

　　开放式问卷调查在长江大学应用心理学专业的大二学生中发放，

问卷发出 50 份，有效回收 41 份。其中男生 21 人，女生 20 人，年龄从 19 岁到 21 岁。

（2）深度访谈被试

参与深度访谈的被试共有 10 人，均为长江大学在校学生。

2. 研究工具

（1）开放式问卷调查

为了了解当前高校师生网络互动的情况及方式，需要对在校大学生进行开放式问卷调查，要求他们回答所呈现开放式问题，作答要求客观、详细。其中的开放式问题主要包括：①你是否喜欢通过网络与老师进行交流？为什么？②在哪些情况下，你会通过网络主动和老师交流？③在哪些情况下，老师会通过网络与学生交流？④你会积极参与到老师与同学们的网络交流中吗？如果会，你一般是怎么参与的？⑤你认为通过网络与老师进行交流对你个人的成长有哪些帮助？⑥你会通过网络与老师交流情感类的问题吗？对你情感的帮助体现在哪些方面？（详见附录7）。

（2）深度访谈提纲

在开放式问卷调查的基础上，对 10 名同学进行深度访谈。这些同学大都有当学生干部的经历。访谈主要按下述流程（图 5 - 2）进行。

访谈由研究者独立完成。首先向被访谈者介绍自己和本次研究的目的，并强调研究的匿名性和保密性。访谈按照既定的访谈提纲进行，访谈内容不会偏离主题，但对访谈中出现的与主题相关的问题进行深入探讨。访谈时间控制在 10—30 分钟，以信息饱和为标准。

3. 内容分析

首先对开放式问卷调查的每道题进行编码，包括提取关键词、统计关键词出现的频数。然后，依据深度访谈的内容，对其进行补充。最终的内容编码的结果如表 5 - 2 所示。

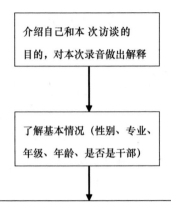

介绍自己和本次访谈的
目的，对本次录音做出解释

了解基本情况（性别、专业、
年级、年龄、是否是干部）

根据研究的目的进行针对性提问。

1 你是否喜欢通过网络与老师进行交流？为什么？

2 在哪些情况下，你会通过网络主动和老师交流？

3 在哪些情况下，老师会通过网络与学生交流？

4 你会积极参与到老师与同学们的网络交流中吗？如果会，你一般是怎么参与的？

5 你认为通过网络与老师进行交流对你个人的成长有哪些帮助？

6 你会通过网络与老师交流情感类的问题吗？对你情感的帮助体现在哪些方面？

备注：在被访问者回答之后，如果你不清楚或者有想要更深入了解的情况，可以继续追问。

结束本次访谈，并表示感谢

图 5 - 2　深度访谈流程

表 5 - 2　　　　　　　　　　　　**内容编码的结果**

类别		条目	频数
对师生网络 交往的态度	喜欢	可以充分表达自己	4
		方便	4
		交流更随意	3
		轻松	3

续表

类别		条目	频数
对师生网络交往的态度	喜欢	话题更广泛	3
		避免正面交流的尴尬	2
	不喜欢	无压力	2
		身份平等	2
		不方便	8
		老师经常不在线	6
		不够直接	3
		面对面更有利于沟通	3
		不喜欢和老师交流	2
		不够正式	2
		有距离感和神秘感	2
		不习惯	2
		没有情感交流	2
学生主动通过网络与老师交流		遇到解决不了的问题寻求帮助	14
		学习困惑	9
		其他途径联系不到老师	8
		空闲时聊天	6
		生活困惑	6
		了解学习任务与安排	4
		了解有关专业方面的问题	3
		交流内容比较难以启齿	3
		节日祝福	2
教师通过网络与学生交流		发布通知（放假、作业等）	24
		了解学生情况	6
		分享学习资料	5
		老师有事找学生帮忙	4
		学生主动找	2
		老师分享生活感悟	1
学生主动参与网络交流		QQ 群聊	5
		对话题感兴趣	3
		遇到重要事情的时候	1

续表

类别	条目	频数
与老师的网络交流对学生个人的帮助	促进师生情感	10
	老师可以给予帮助与建议	8
	提高为人处世的能力	5
	学业上的帮助	5
	释放压力	3
	克服与老师当面交流的羞怯	2
	帮助更深入地认识自己	2
	更多地了解专业方面的知识	2
	增长知识	2
师生网络交往中对学生情感的帮助	给予相应的建议与指导	6
	解开心结	3
	作为最适合的倾听者	3
	给予鼓励与安慰	3

依据前期所拟定的问卷的维度，与专业老师对开放式问卷调查和深度访谈的结果进行谈论、分析，并着手拟定问卷的条目。

（三）预测问卷的形成

根据开放式问卷调查和深度访谈的内容编码的结果，将筛选出来的词条和短语形成陈述性语句，编制《高校师生网络互动预测问卷（学生版）》，请专业老师对该预测问卷进行表述纠错及补充遗漏之点，以避免项目有歧义、难以理解、表达不够简练、涵盖面狭窄等问题。同时对项目进行语义分析，将其初步划分到拟定的维度上。经由上述步骤，最终确定《高校师生网络互动预测问卷（学生版)》，问卷包括59个项目，其中有8道反向计分题，问卷采用五点计分，即完全不符合、不符合、不确定、符合、完全符合（详见附录8）。

（四）预测问卷的发放

1. 被试

在湖北省某高校公共心理学课堂（公关心理学、人际关系心理学、性别差异心理学）以及土木工程专业的专选课课堂进行预测问卷的施测，发放问卷 400 份，回收有效问卷 379 份，有效回收率达 94.75%。被试的年龄为 16—23 岁，平均年龄 20.67 ± 1.17 岁，被试其他基本情况如下表 5-3。

表 5-3 　　　　　　　　　　被试基本情况

属性	类别	总计	比例（%）
性别	男生	216	57.0
	女生	163	43.0
年级	大一	40	10.6
	大二	241	63.6
	大三	96	25.3
	缺失值	2	0.5
专业	文科	107	28.2
	理科	115	30.3
	艺体	35	9.2
	工科	117	30.9
	缺失值	5	1.3

同时对师生的网络交流情况和师生网络交往中的最经常使用的三种形式进行统计，具体情况见图 5-3 及图 5-4。

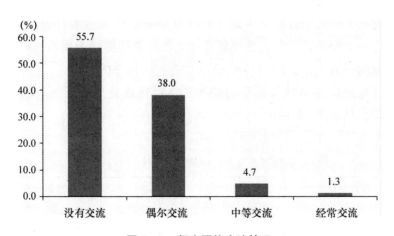

图 5-3 　师生网络交流情况

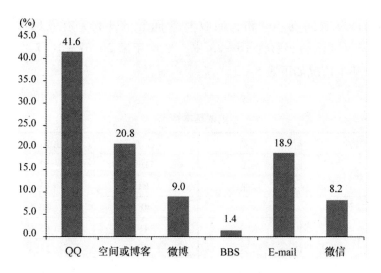

图 5 - 4　师生网络互动经常使用的网络工具

2. 研究工具

自编《高校师生网络互动预测问卷（学生版）》，问卷包括 59 个项目，其中有 8 道反向计分题，问卷采用五点计分，即完全不符合、不符合、不确定、符合、完全符合。在预测问卷中，内容包括师生网络互动的参与性、自主性、有用性、情感性四个维度（详见附录 8）。

（五）预测问卷的数据处理

1. 项目分析

根据本研究的目的，本研究的项目分析主要考察项目的区分度，以确定是否保留该项目。使用题总相关法和项目鉴别力指数法对预测所得到的有效问卷的数据（$N = 379$）进行项目分析。

首先计算各题目与总分的相关，并剔除相关度较低（$r < 0.3$）的题目，见表 5 - 4。

表 5 - 4　　　　　　　　各题项与总分的相关系数 （$N = 379$）

项目	与总分的相关	项目	与总分的相关
b1	- 0. 179 **	b31	0. 450 **
b2	0. 437 **	b32	- 0. 225 **

续表

项目	与总分的相关	项目	与总分的相关
b3	0.513＊＊	b33	0.525＊＊
b4	0.487＊＊	b34	0.428＊＊
b5	0.467＊＊	b35	0.661＊＊
b6	0.518＊＊	b36	0.559＊＊
b7	0.510＊＊	b37	0.623＊＊
b8	0.639＊＊	b38	0.480＊＊
b9	0.588＊＊	b39	0.651＊＊
b10	0.572＊＊	b40	0.670＊＊
b11	0.557＊＊	b41	0.607＊＊
b12	0.420＊＊	b42	0.607＊＊
b13	0.605＊＊	b43	0.606＊＊
b14	0.636＊＊	b44	0.605＊＊
b15	－0.249＊＊	b45	0.552＊＊
b16	0.597＊＊	b46	－0.195＊＊
b17	0.598＊＊	b47	－0.156＊＊
b18	0.585＊＊	b48	0.632＊＊
b19	0.660＊＊	b49	0.611＊＊
b20	－0.063	b50	0.630＊＊
b21	0.474＊＊	b51	0.678＊＊
b22	0.520＊＊	b52	0.607＊＊
b23	－0.162＊＊	b53	0.553＊＊
b24	0.554＊＊	b54	0.587＊＊
b25	0.638＊＊	b55	0.692＊＊
b26	0.632＊＊	b56	0.642＊＊
b27	0.554＊＊	b57	0.517＊＊
b28	0.595＊＊	b58	－0.234＊＊
b29	0.470＊＊	b59	0.442＊＊
b30	0.579＊＊		

注：＊＊$P < 0.01$，下同。

接着，计算项目鉴别力指数。首先对问卷总分由高到低进行排序，取得分前27%的被试（379×27% = 102.33，取102名）为高分组，取得分后27%的被试（102名）为低分组。并对高低分组的被试在每一题项上的得分进行差异性检验。若项目的CR值（临界比例）达到了显著性水平（P < 0.05 或 P < 0.01），证明该项目对于不同水平的被试的反应具有良好的区分度，否则删掉该项目，结果见表5-5。

表5-5   项目鉴别力指数（N = 379）

项目	t 值	项目	t 值
b1	3.411**	b31	-6.874**
b2	-9.768**	b32	3.811**
b3	-9.312**	b33	-8.979**
b4	-7.571**	b34	-6.648**
b5	-9.193**	b35	-13.097**
b6	-9.598**	b36	-11.488**
b7	-9.071**	b37	-13.620**
b8	-14.309**	b38	-8.607**
b9	-13.506**	b39	-12.280**
b10	-11.810**	b40	-13.136**
b11	-9.460**	b41	-9.863**
b12	-7.430**	b42	-11.336**
b13	-12.693**	b43	-11.111**
b14	-15.510**	b44	-10.929**
b15	4.555**	b45	-10.291**
b16	-11.583**	b46	2.432
b17	-11.702**	b47	1.770
b18	-12.369**	b48	-11.601**
b19	-13.692**	b49	-11.189**
b20	-0.266	b50	-14.378**
b21	-7.564**	b51	-14.407**
b22	-11.433**	b52	-11.302**

项目	t 值	项目	t 值
b23	1.765	b53	-10.412**
b24	-9.102**	b54	-11.282**
b25	-13.646**	b55	-15.915**
b26	-13.760**	b56	-12.885**
b27	-9.541**	b57	-9.019**
b28	-11.288**	b58	3.469**
b29	-8.473**	b59	-8.624**
b30	-9.954**		

由表 5-5（题总相关）可以看出，第 1、15、20、23、32、46、47、58 题的项目与总分的相关系数低于 0.3，且第 20、23、46、47 题项经过独立样本 t 检验，高低分组间的差异不显著。其余 51 题项的题总相关系数均在 0.3—0.8 之间，且每个项目在高低分组间的差异均在 0.01 水平显著。经由综合考虑题总相关系数和项目鉴别力指数，删除 b1、b15、b20、b23、b32、b46、b47、b58 这 8 个项目。

2. 探索性因素分析

（1）被试

将发放的预测问卷进行编号，选取 200 名用作探索性因素分析。被试的年龄从 16 岁到 23 岁，平均年龄为 20.43 ± 1.089 岁，其他的基本情况见表 5-6。

表 5-6　　　　　　　　　　被试基本情况

属性	类别	总计	比例（%）
性别	男生	108	54.0
	女生	92	46.0
年级	大一	35	17.5
	大二	140	70.0
	大三	24	12.0
	缺失值	1	0.5

续表

属性	类别	总计	比例（%）
	文科	61	30.5
	理科	74	37.0
专业	艺体	23	11.5
	工科	40	20.0
	缺失值	2	1.0

同时对被试与教师的交流情况进行统计，其中60.5%的人认为自己基本没有通过网络与老师交流，而偶尔交流的占34.0%，中等交流的占4.0%，经常交流的占1.5%。与此同时，对师生网络互动中经常使用的网络工具进行统计，按使用的频繁程度依次为：QQ占40.8%；空间或博客占20.8%；E-mail占18.3%；微博占9.7%；微信占8.8%；BBS占1.7%。

（2）探索性因素分析数据处理

删除经项目分析中区分度不高的项目，将剩余的51个项目进行探索性因素分析。在进行探索性因素分析之前，首先用Bartlett球形检验和KMO系数检测数据是否适合做因素分析。结果见表5-7。

表5-7　　　　　　　　KMO和Bartlett球形检验结果

KMO测度系数		0.917
Bartlett球形检验	近似卡方值	5508.890
	自由度	1275
	显著性	.000

通常标准为，KMO的值在0.9以上为"极好"，0.8以上为"好"，0.7以上为"一般"，0.6以上为"差"，0.5以上为"很差"，若KMO的值在0.5以下则为"不可接受"。本研究中预测数据的KMO值为0.917，Bartlett球形检验的近似卡方值为5508.890（自由度为1275）达到显著性水平，说明所调查的数据适合进行因

素分析。

采取主成分法抽取因子，并进行 VARIMAX 旋转，以特征根值大于或等于 1 为标准抽取因子，结果发现特征根值大于 1 的因子有 12 个，解释项目总变异的 65. 911%。

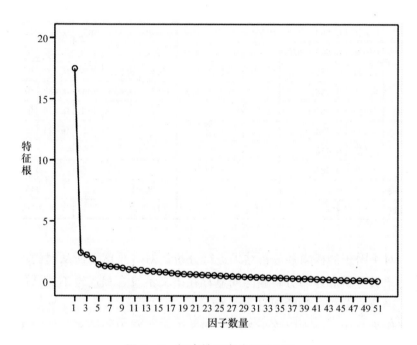

图 5 – 5　探索性因素分析碎石图

同时参考碎石图，由图 5 – 5 可以看出在第 5 个因子处趋于平缓，表明提取 4 个因子比较合适。根据碎石图的结果以及前期建构的维度分别提取 3 因子、4 因子、5 因子再次进行探索性因素分析。

首先，进行 4 因子的探索性因素分析。以共同度低于 0. 3，因素负荷低于 0. 4，存在双重负荷（双重负荷均在 0. 3 以上且负荷之差小于 0. 3）为标准删除项目，结果发现，4 个因子解释项目总变异的 47. 155%。具体结果见表 5 – 8。

表 5 - 8 　　　　　　　　　　高校师生网络互动 4 因子结构

项目	1 因子		项目	2 因子		项目	3 因子		项目	4 因子	
	因素负荷	共同度		因素负荷	共同度		因素负荷	共同度		因素负荷	共同度
b44	0.720	0.594	b29	0.592	0.405	b57	0.698	0.578	b4	0.663	0.559
b43	0.669	0.561	b34	0.537	0.403	b38	0.688	0.547	b3	0.650	0.515
b52	0.660	0.560	b30	0.526	0.406	b59	0.674	0.510	b7	0.623	0.504
b39	0.628	0.549	b25	0.447	0.426	b50	0.622	0.549	b10	0.552	0.486
b31	0.591	0.372	b37	0.408	0.410.	b54	0.615	0.516	b5	0.531	0.364
b40	0.546	0.488				b53	0.535	0.436	b11	0.487	0.397
b21	0.544	0.383							b14	0.479	0.440
b48	0.537	0.464							b2	0.421	0.346
b24	0.520	0.430									
b33	0.480	0.384									
特征根	7.486			5.823			5.797			4.943	
解释量	14.679%			11.417%			11.367%			9.692%	

对 4 因子的探索性分析结果进行分析，对各维度下所从属的项目进行语义分析和逻辑分析删除明显存在语义不符合和逻辑不通顺的题项。经研究分析，删除项目 39、57、4。

作为对比，分别限定为 3 因子和 5 因子进行因素分析，考察 3 因子结构、5 因子结构和 4 因子结构的优劣。限定为 3 因子进行探索性因素分析，以共同度低于 0.3，因素负荷低于 0.4，存在双重负荷（双重负荷均在 0.3 以上且负荷之差小于 0.3）为标准删除项目，结果发现，3 个因子解释项目总变异的 43.389%。具体结果见表 5 - 9。

表 5 - 9 　　　　　　　　　　高校师生网络互动 3 因子结构

项目	1 因子		项目	2 因子		项目	3 因子	
	因素负荷	共同度		因素负荷	共同度		因素负荷	共同度
b44	0.731	0.594	b6	0.644	0.458	b57	0.722	0.575
b43	0.689	0.557	b7	0.637	0.449	b38	0.688	0.509

续表

项目	1 因子		项目	2 因子		项目	3 因子	
	因素负荷	共同度		因素负荷	共同度		因素负荷	共同度
b52	0.670	0.556	b5	0.564	0.338	b59	0.652	0.454
b39	0.648	0.549	b16	0.558	0.445	b54	0.631	0.516
b31	0.590	0.361	b10	0.531	0.420	b50	0.612	0.521
b40	0.572	0.482	b14	0.502	0.417	b53	0.573	0.428
b17	0.560	0.426	b2	0.494	0.330	b45	0.498	0.407
b21	0.548	0.371	b30	0.490	0.369	b49	0.482	0.401
b48	0.547	0.451	b29	0.484	0.318			
b36	0.526	0.381	b11	0.418	0.344			
b33	0.492	0.376						
b18	0.397	0.350						
特征根	8.180			7.285			6.663	
解释量	16.039%			14.285%			13.064%	

分析比较 3 因子结构和 4 因子结构，3 因子解释项目总变异的 43.389%，比 4 因子解释项目总变异要低，因而不予采纳。

限定为 5 个因子进行探索性因素分析，以共同度低于 0.3，因素负荷低于 0.4，存在双重负荷（双重负荷均在 0.3 以上且负荷之差小于 0.3）为标准删除项目，结果发现，5 个因子解释项目总变异的 49.996%。具体结果见表 5 - 10。

表 5 - 10　　　　　　**高校师生网络互动 5 因子结构**

项目	1 因子		项目	2 因子		项目	3 因子		项目	4 因子		项目	5 因子	
	因素负荷	共同度		因素负荷	共同度		因素负荷	共同度		因素负荷	共同度		因素负荷	共同度
b44	0.735	0.621	b29	0.580	0.406	b57	0.701	0.595	b3	0.595	0.525	b5	0.702	0.548
b43	0.693	0.614	b9	0.576	0.553	b38	0.685	0.549	b10	0.545	0.514	b7	0.647	0.577
b52	0.661	0.562	b34	0.564	0.407	b59	0.673	0.515	b14	0.522	0.475	b8	0.491	0.557

续表

	1因子		项目	2因子		项目	3因子		项目	4因子		项目	5因子	
项目	因素负荷	共同度		因素负荷	共同度		因素负荷	共同度		因素负荷	共同度		因素负荷	共同度
b39	0.620	0.555	b30	0.501	0.406	b54	0.607	0.526	b18	0.471	0.428	b2	0.448	0.377
b31	0.565	0.379	b37	0.401	0.410	b50	0.606	0.551	b11	0.465	0.406			
b40	0.554	0.510				b53	0.539	0.463	b12	0.461	0.458			
b48	0.553	0.479												
b21	0.487	0.436												
b33	0.444	0.401												
特征根	7.114			5.449			5.236			4.651			3.048	
解释量	13.949%			10.684%			10.267%			9.120%			5.967%	

从表 5-10 可以看出，1 因子、2 因子、3 因子分别对应着 4 因子模型中的情感依赖性、行为主动性和内容分享性，表明这三个因子比较稳定。因子中，项目 18 "我会通过网络与老师交流现实生活中不大提及的话题" 对应着 4 因子模型中的内容分享性，而项目 12 "我更愿意在网络上给老师留言而不会给老师发短信" 对应着 4 因子模型中的行为主动性，因而难以给该维度命名。同时 5 因子中，项目 2 "我会经常浏览老师的博客或空间" 与其他项目（项目 5 "在遇到较为棘手的问题时，我会通过网络向老师寻求帮助"、项目 7 "与老师的网络交流可以让我尽快弄懂学习上的疑问"、项目 8 "老师在网上就我的困惑或困难给予中肯的建议与帮助"）所阐述的师生网络互动的内容不同，难以对其进行命名。综上所述，不考虑 5 因子的结构模型。

综合比较 3 因子模型、4 因子模型及 5 因子模型，最终考虑舍弃 3 因子模型、5 因子模型，选择 4 因子模型。结合前期建构的维度及具体的项目，对四个因子分别命名为情感依赖性、行为主动性、内容分享性、互动有用性。具体的结果如表 5-11。

表 5 - 11　　　　　　　　　　　4 因子模型各项目因素负荷表

项目	情感依赖性	行为主动性	内容分享性	互动有用性
b44	0.720			
b43	0.669			
b52	0.660			
b31	0.591			
b40	0.546			
b21	0.544			
b48	0.537			
b24	0.520			
b33	0.480			
b29		0.592		
b34		0.537		
b30		0.526		
b25		0.447		
b37		0.408		
b38			0.688	
b59			0.674	
b50			0.622	
b54			0.615	
b53			0.535	
b3				0.650
b7				0.623
b10				0.552
b5				0.531
b11				0.487
b14				0.440
b2				0.346
解释变异量 （共计47.155%）	14.679%	11.417%	11.367%	9.692%

（六）正式问卷的形成

经由项目分析、探索性因素分析，确定正式的《高校师生网络互动问卷（学生版）》。该问卷总计 26 个项目，问卷采用 5 点计分，即完全不符合、不符合、不确定、符合、完全符合。问卷内容涉及情感依赖性、行为主动性、内容分享性、互动有用性四个维度（详见附录 9）。

三 正式问卷验证与施测

（一）问卷发放

1. 被试

正式问卷在湖北省荆州市长江大学公共心理学课堂及某些专业班级发放，被试涵盖机械、心理学、人力资源管理、信息管理与信息系统、中文、城市规划、临床医学、教育学、计算机等专业的学生，对其进行正式问卷的施测。总共发放问卷 400 份，有效回收问卷 371 份，有效回收率 92.75%。

被试年龄从 18 岁到 25 岁，平均年龄为 20.91 ± 1.19 岁，被试其他的基本情况见表 5 - 12。

表 5 - 12 　　　　　　　　　　被试基本情况

属性	类别	总计	比例（%）
性别	男生	181	48.8
	女生	189	50.9
	缺失值	1	0.3
年级	大一	9	2.4
	大二	241	65.0
	大三	101	27.2
	大四	17	4.6
	缺失值	3	0.8
专业	文科	177	47.7
	理科	81	21.8
	艺体	20	5.4
	工科	88	23.7
	缺失值	5	1.3

同时对师生间网络交往经常使用的网络工具进行统计（如图 5 - 6）。

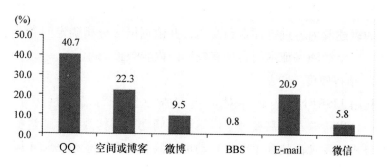

图 5 - 6　师生间网络互动经常使用的网络工具

2. 研究工具

自编《高校师生网络互动问卷（学生版）》，问卷包括 26 个项目，问卷采用 5 点计分，即完全不符合、不符合、不确定、符合、完全符合。问卷内容涉及情感依赖性、行为主动性、内容分享性、互动有用性四个维度（详见附录 9）。

（二）信度分析

高校师生网络互动问卷的内部一致性（Cronbach's α）系数为 0.925，四个维度的内部一致性系数在 0.709—0.864 之间，表明项目的质量较好。具体的信度分析见表 5 - 13。

表 5 - 13　　　　　高校师生网络互动问卷信度分析结果

	情感 依赖性	行为 主动性	内容 分享性	互动 有用性	总分
Cronbach's α 系数	0.864	0.747	0.709	0.802	0.925

（三）效度分析

1. 内容效度

内容效度是问卷的项目是否测量到了所要测量的内容，是否能够代表所要测量的内容范畴。本问卷首先对有关师生网络交往的文献进行整理和梳理，初步确定编制师生网络交往的问卷的维度；然后通过开放式问卷调查和深度访谈，并参考一些相关的师生互动问卷的题目，编制了高校师生网络交往的预测问卷；然后请专业老师对问卷的项目的表述及内容进行评定和修改，并依据语义分析确定问卷的大致维度。以上措施保证本问卷具有较好的内容效度。

2. 结构效度

利用 LISREL 8.7 软件对正式调查数据进行验证性因素分析（CFA），以检验自编高校师生网络互动问卷的结构效度。通过探索性因素分析，发现高校师生网络互动可以区分为 3 因子模型和 4 因子模型。通过验证性因素分析，对两个模型进行比较，结果如表 5 – 14。

表 5 – 14　　　　　　　高校师生网络互动的验证性因素分析

Model	X^2	df	X^2/df	RMSEA	CFI	NFI	IFI	GFI	AGFI
3 因子模型	1025.34	402	2.551	0.067	0.97	0.94	0.97	0.84	0.81
4 因子模型	653.44	293	2.230	0.060	0.97	0.95	0.97	0.88	0.85

在衡量模型的拟合情况的指标中，CFI、NFI、GFI、NNFI 的变化区间在 0—1 之间，越接近 1，拟合度越好；RMSEA 的变化区间也在 0—1 之间，但越接近 0 越好，临界标准为 0.08 以下；另外，X^2/df 的值小于 3 时，说明模型拟合较好，小于 5 时，表明模型可以接受。

由表 5 – 14 可知，4 因子模型拟合得更好，且 4 因子的项目变异的解释率较高。这个结果与本研究的假设一致。4 因子模型验证分析结构方程模型如图 5 – 7。

（四）正式问卷施测

1. 研究目的

本部分旨在了解当前高校网络师生互动的现状，对高校师生网络互动现状进行人口变量学分析，考察网络师生互动的特点。

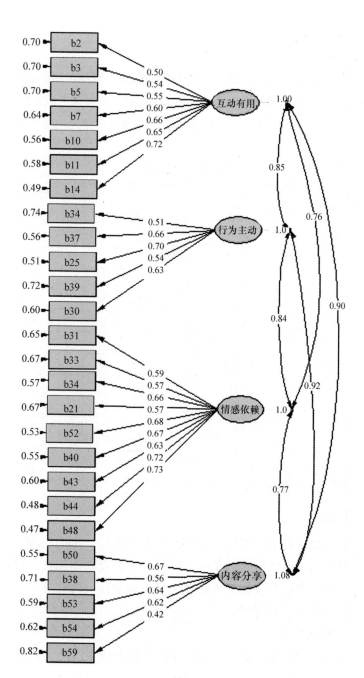

图 5－7　4 因子模型验证分析结构方程模型

2. 研究方法

（1）被试

利用正式问卷对高校网络互动情况进行调查，问卷在湖北省荆州市长江大学中公共心理学课堂和某些专业班级中发放。被试的年龄范围从16岁到25岁，平均年龄为20.74±1.177，被试的其他基本情况如表5-15。

表5-15　　　　　　　　　　被试基本情况表

属性	类别	总计	比例（%）
性别	男生	289	50.6
	女生	281	49.2
	缺失值	1	0.2
年级	大一	44	7.7
	大二	381	66.7
	大三	125	21.9
	大四	17	3.0
	缺失值	4	0.7
专业	文科	238	41.7
	理科	155	27.1
	艺体	43	7.5
	工科	128	22.4
	缺失值	7	1.2

（2）研究工具

自编《高校师生网络互动问卷（学生版）》，问卷包括26个项目，问卷采用5点计分，即完全不符合、不符合、不确定、符合、完全符合。问卷内容涉及情感依赖性、行为主动性、内容分享性、互动有用性四个维度（详见附录9）。

（3）数据处理

利用SPSS 20对回收的有效问卷进行数据录入。随后对师生间网络互动中经常使用的网络工具进行统计，并对各维度进行人口学变量的统计分析，包括采用独立样本t检验和方差分析。

3. 结果

（1）总体特征分析

高校师生网络互动问卷采用 5 点计分，分数越高，说明高校师生的网络互动越频繁。如表 5 - 16，高校师生网络互动总分 74.7507 ± 16.06419，说明高校师生网络互动处于中等偏上的水平。高校师生网络互动的各维度中，不同因子的得分有所差异，其中情感依赖性、互动有用性的得分最高，均为 18.4650 ± 5.05207；其次为行为主动性（15.0580 ± 3.81155）；得分最低的为内容分享性（12.9081 ± 3.72607）。

表 5 - 16　　　　　　　高校师生网络互动的总体特征

	M	SD
情感依赖性	18.4650	5.05207
行为主动性	15.0580	3.81155
内容分享性	12.9081	3.72607
互动有用性	18.4650	5.05207
总分	74.7507	16.06419

对师生间网络互动经常使用的网络工具统计如图 5 - 8，师生间使用频率最高的网络工具为 QQ，其余依使用频繁程度依次为：空间及博客、E-mail、微博、微信、BBS。

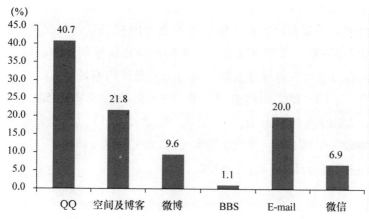

图 5 - 8　师生间网络互动经常使用的网络工具

（2）人口学变量分析

①高校师生网络互动的性别差异比较

表 5 - 17 呈现的是高校师生网络互动的性别差异分析结果，从中可以看出，就情感依赖性、行为主动性、内容分享性、互动有用性四个维度而言，男女之间的差异都不显著。同时从表 5 - 17 看到，四个维度中情感依赖性、互动有用性两维度的平均得分高于其他两个维度。

表 5 - 17　　　　　　高校师生网络互动的性别差异分析

因变量	性别	N	M	SD	t	Sig.
情感依赖性	男	289	18.2856	5.33735	-0.899	0.369
	女	281	18.6654	4.74473		
行为主动性	男	289	15.1395	3.86695	0.418	0.676
	女	281	15.0064	3.72715		
内容分享性	男	289	13.1068	3.91911	1.226	0.221
	女	281	12.7248	3.50223		
互动有用性	男	289	18.2856	5.33735	-0.899	0.369
	女	281	18.6654	4.74473		

②高校师生网络互动的年级差异比较

利用方差分析对不同年级学生与老师的网络互动状况进行分析，结果如表 5 - 18。从中可以看出，不同年级在情感依赖性、行为主动性、内容分享性三各维度上的平均得分的差异均不显著；但在互动有用性上，不同年级之间的差异显著（$F = 3.230$，$P < 0.05$）。在该维度上，大四学生的得分最高（21.0588 ± 3.21074），其次为大一学生（19.8962 ± 4.87166）、大二学生（18.2737 ± 4.94520），大三学生（18.0145 ± 5.41626）的得分最低。

表 5 – 18 高校师生网络互动的年级差异分析

因变量	年级	N	M	SD	F	Sig.
情感依赖性	大一	44	29.0077	7.15721	1.496	.215
	大二	381	28.5044	6.23761		
	大三	125	27.2476	7.07895		
	大四	17	29.1176	4.62172		
行为主动性	大一	44	15.7016	3.78908	.934	.424
	大二	381	15.1055	3.71809		
	大三	125	14.6404	4.18063		
	大四	17	15.0588	3.24943		
内容分享性	大一	44	13.6591	4.06313	1.151	.328
	大二	381	12.9178	3.68259		
	大三	125	12.4790	3.85274		
	大四	17	13.0588	2.56102		
互动有用性	大一	44	19.8962	4.87166	3.230	.022
	大二	381	18.2737	4.94520		
	大三	125	18.0145	5.41626		
	大四	17	21.0588	3.21074		

③高校师生网络互动的专业差异比较

利用方差分析对不同专业的学生与老师的网络互动情况进行分析,结果见表 5 – 19。从中可以看出,情感依赖性、行为主动性、内容分享性、互动有用性四个维度,在不同专业的学生间的差异均不显著。

表 5 – 19 高校师生网络互动的专业差异分析

因变量	专业	N	M	SD	F	Sig.
情感依赖性	文科	238	18.8210	4.65634	1.146	.330
	理科	155	18.2257	5.31139		
	艺体	43	18.8628	5.37943		
	工科	128	17.8908	5.34300		

续表

因变量	专业	N	M	SD	F	Sig.
行为主动性	文科	238	15.1891	3.50797	.563	.640
	理科	155	15.1952	3.98520		
	艺体	43	14.9256	4.43606		
	工科	128	14.6957	3.92402		
内容分享性	文科	238	12.9596	3.33987	.189	.904
	理科	155	12.9588	4.04488		
	艺体	43	12.5581	3.78784		
	工科	128	12.7911	3.99715		
互动有用性	文科	238	18.2257	4.65634	1.146	.330
	理科	155	18.8628	5.31139		
	艺体	43	17.8908	5.37943		
	工科	128	18.4495	5.34300		

四 讨论

(一) 高校师生网络互动问卷的结构

随着信息化时代的到来，师生之间的互动不会仅仅局限于课堂，伴随互联网的普及，师生的网络互动会越来越频繁。一种用来测量这些师生网络互动的情况且可靠性和有效性较高的测量工具便成为亟待解决的问题。

本研究通过理论取向和数据取向结合的方法，尝试从学生的角度对这一问题做出回答。

本研究所得的四个维度：情感依赖性、行为主动性、内容分享性、互动有用性，分别从情感、行为、内容、效用四个方面来分析高校师生网络互动状况：在情感上，高校师生的网络互动绝不仅仅是停留在将其单纯的作为交流和沟通的一种方式，而存在情感上的联系，即这种方式会让彼此间更亲近，消除已有的偏见或误会，彼此以诚相待；在行为上，高校师生网络互动存在一个由谁发起的问题，即主动性的问题，学生会主动地与老师交流、互动、咨询相关的问题或通过网络表达自己的祝福等；在内容上，师生之间通过网络所分享的内容较为广泛，包括学习上的困惑、家庭的琐事、班级或社团的事务等；在效用上，师生之间的网络互动是对学生而言是有益的，如沟通的便捷性、学生可以弄懂自己学习上的疑问、交流个人的问题以促进学生的自我发展，老师分享相关内容可以开阔学生的视野等。

（二）高校师生网络互动问卷的信度

高校师生网络互动问卷的编制首先通过文献查找、开放式问卷调查、深度访谈来确定问卷的维度及相关的项目。问卷的编制严格按照心理学的科学原理和问卷编制流程，从最初确定的 59 个项目，经由项目分析、探索性因素分析、验证性因素分析，最终获得包含 26 个项目的高校师生网络互动问卷。

正式调查后进行信度分析，进行内部一致性系数检验，结果表明高校网络师生互动问卷以及各维度的信度系数在 0.709—0.925 之间，到达团体施测通常所要求的 0.7 以上的标准。

（三）高校师生网络互动问卷的效度

效度检验包括结构效度、内容效度。问卷的编制过程中与指导老师的充分讨论保证了问卷的内容效度。结构效度主要采用验证性因素分析进行验证，验证性因素分析结果表明数据对于高校网络师生互动的四因素结构拟合良好（$X^2/df = 2.230$　RMSEA $= 0.060$　CFI $= 0.97$　NFI $= 0.95$　IFI $= 0.97$　GFI $= 0.88$　AGFI $= 0.85$）。但观察 4 因子结构方程模型的结果发现，每个项目在相应潜变量上的负荷在 0.42—0.73 之间，而在误差变量上的负荷大部分超过 0.40；同时分析各维度之间的相关矩阵（如表 5 - 20）发现，各维度与总分的相关在 0.817—0.885 之间，各维度之间的相关在 0.585—0.688 之间。各维度与总分的相关比较高，说明问卷具有较高的同质性；而有些维度之间的相关系数超过 0.6，说明有些维度之间可能存在相互重合的情况。因而，若本问卷需要做进一步研究，则需要对问卷维度的某些项目进行修订。

表 5 - 20　　　　　　　　高校师生网络互动各维度相关矩阵

	情感依赖性	行为主动性	内容分享性	互动有用性	总分
情感依赖性	1				
行为主动性	0.688 * *	1			
内容分享性	0.585 * *	0.649 * *	1		
互动有用性	0.633 * *	0.639 * *	0.679 * *	1	
总分	0.885 * *	0.850 * *	0.817 * *	0.862 * *	1

注：＊＊P < 0.01。

（四）人口统计学信息在高校师生网络互动状况的差异分析

1. 高校师生网络互动的性别差异分析

调查结果显示，在性别变量上，四个维度的 t 统计量均未达到显著性水平。说明在一定程度上，高校中女生和男生对与通过网络与老师互动的接受程度、参与程度是基本一致的，不存在男生更愿意与老师进行网络互动或女生更乐意的问题。同时我们也可以看到四个维度中情感依赖性、互动有用性两维度的平均得分较高，且男女生的平均得分相近，这进一步佐证了探索性因素分析的结果，在师生间的网络互动中，情感依赖性占有很大的比重。

2. 高校师生网络互动的年级差异分析

不同年级在情感依赖性、行为主动性、内容分享性三各维度上的平均得分的差异均不显著；但在互动有用性上，不同年级之间的差异显著。在该维度上，大四学生的得分最高，其次为大一学生、大二学生，大三学生的得分最低。对此，我们可以做出这样的解释：大一学生刚进入大学，新奇感强且面临着新环境适应等各方面的问题，与老师的网络互动会更为频繁也更易从中受到启发和鼓励，因而对与师生网络互动的认同度较高；大四学生面临着就业、升学等各方面的人生道路抉择问题且随着年龄的增长和阅历的增长，能够正视网络的利与弊，并善于利用网络以助自己的发展。

3. 高校师生网络互动的专业差异分析

调查结果显示，在专业变量上，四个维度的 t 统计量均未达到显著性水平。在情感依赖性维度上，艺体以及文科的平均得分较高，其次为理科，而工科的平均得分较低；在行为主动性上，文科和理科的平均得分接近且高于艺体和工科的平均得分；在内容分享性上，无论是文科、理科还是艺体及工科的平均得分均比较接近；在互动有用性上，文科、理科及工科的平均得分接近且高于艺体生的平均得分。但是这些差异均未到达显著性水平，说明学生与老师的网络互动情况并不因所学专业不同而存在较大的差异，不同专业的学生与老师的网络互动情况大体相同。

（五）研究不足与展望

1. 样本取样代表性和多样性不足

高校师生网络互动，顾名思义，应分别从教师、学生角度出发来探讨师生网络互动的情况。但由于时间限制、教师样本不易取等原因，本研究仅从学生角度出发编制高校师生网络互动问卷学生版。同时学生样本取样方面尽量做到多样性和代表性。如问卷施测被试学科及年级的覆盖面比较大，但被试取样仅限于湖北省，未涉及其他地区。

2. 问卷编制有待进一步修订完善

高校师生网络互动问卷是严格按照心理学问卷编制程序来编写，信度和效度方面基本达到要求。但从上述对结构效度的分析可以看出，问卷的四个维度之间的相关系数过高，进一步研究时需要对某些项目进行修正和完善。

3. 问卷的外部效度有待研究与扩展

本问卷的调查对象主要是集中在荆州市的高校学生，能否推广到其他地区有待研究。

五　结论

（1）自编的《高校师生网络互动问卷（学生版）》包括四个维度，情感依赖性、行为主动性、内容分享性、互动有用性。其中情感依赖性的方差解释量最大。

（2）自编的《高校师生网络互动问卷（学生版）》信度和效度良

好，符合心理测量学的技术要求，作为进一步研究的工具时需要进一步地修订与完善。

（3）高校师生间网络互动使用网络工具，依其频繁程度依次为QQ、空间及博客、E-mail、微博、微信、BBS。

（4）师生网络互动问卷施测结果发现，男生、女生的情感依赖性、行为主动性、内容分享性、互动有用性差异均不显著；不同专业之间的差异不显著；不同年级在情感依赖性、行为主动性、内容分享性三个维度上的差异也不显著，但在互动有用性上，不同年级之间的差异显著，在该维度上，大四学生的得分最高，大三学生得分最低。

第二节　基于社会网络分析的网络师生互动

一　研究目的

社会网络（Social Network）是指社会行动者（SocialActor）及其之间的关系集合。它是由多个节点（行动者）和节点之间的连线（关系）组合而成的，节点可以是个人、组织和国家等社会要素或实体；连线可以是友情、商业往来和信息共享等关系。而社会网络分析（Social Network Analysis，SNA）就是对社会网络中的关系进行量化分析的艺术和技术，可用于描述和测量网络社群成员之间的关系，以及经由这些关系流动的各种有形或无形的东西。本研究运用社会网络分析方法，选择QQ群为样本来源，试图从该QQ群聊天记录的网络视角来探究交流互动问题，了解师生之间的交流现状，描绘师生之间的社群图，以揭示QQ群交流结构与特征，为促进虚拟社区中的信息交流与人际互动提供建议。

二　研究方法

（一）研究对象

本研究以长江大学某班QQ群26名成员为被试，其中包括4名老师和22名学生。老师中男性有1人，女性有3人；学生中男生有6人，女生有16人。被试的具体情况如表5-21。

表 5 – 21　　　　　　　　　　　　　**班级群成员信息**

序号	群成员	类别	序号	群成员	类别
1	S2	2	14	S14	2
2	S16	2	15	T1	1
3	S17	2	16	S10	2
4	S8	2	17	S3	2
5	S5	2	18	T2	1
6	S18	2	19	S6	2
7	S11	2	20	S9	2
8	S7	2	21	S12	2
9	T3	1	22	S13	2
10	T4	1	23	S15	2
11	S19	2	24	S20	2
12	S4	2	25	S21	2
13	S1	2	26	S22	2

注：类别栏中 1 代表老师，2 代表学生。

　　为了保证 QQ 聊天记录的代表性和研究样本的完整性，本研究以该班 2012 年 9 月至 2013 年 5 月的 QQ 群聊天记录为研究对象。

　　（二）研究工具

　　1. Msgsa 软件

　　Msgsa 软件以网络互动消息文本记录 Excel 文件为输入数据，经过关系网络数据构建处理后，得到输出结果。输出的关系网络数据结果包括.net 文件（网络文件）、.clu 文件（节点分类文件）和 * – Author. txt 文件，这些文件均采用文本格式（ACSII 格式）存储，其中，.net 文件和.clu 文件按照 Pajek 格式存放，可供 Pajek 软件直接使用进行社会网络分析，* – Author. txt 文件提供有关消息作者的信息，不能被 Pajek 使用，而是为关系网络研究者提供数据参考。

　　Msgsa 软件是为了对基于消息的网络交互行为进行关系网络数据构建而开发的专门软件，其界面见图 5 – 9。Msgsa 采用面向对象方法进行设计，利用 Microsof Visual C# 2005 程序设计语言和工具开发。Msgsa 以网络互动消息文本记录 Excel 文件消息链号（MsgChain）、消息号（MsgNo）、父消息号（FatherMsgNo）和消息作者（Author）为输入数据。

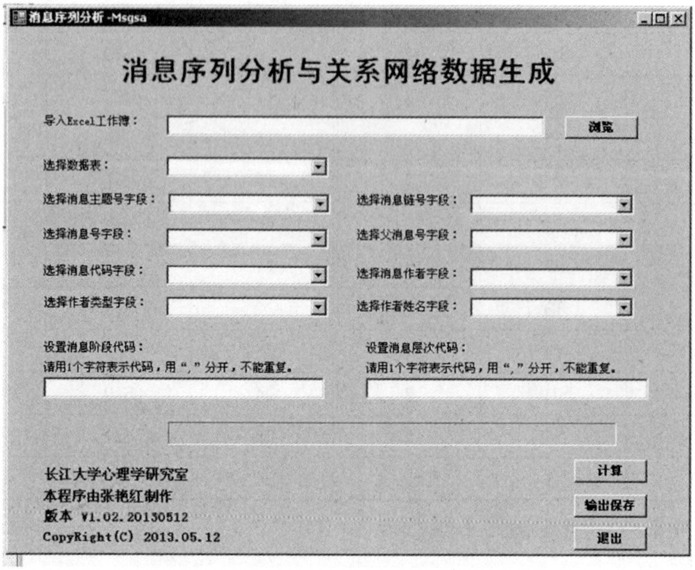

图 5 - 9　Msgsa 软件界面

2. Pajek 2.05 软件

Pajek 以网络图的模型为基础，以六种数据类型为形式，以其快速有效性和人性化的特点，为复杂网络的分析提供了一个仿真平台。它集成了一系列快速有效的算法用于分析复杂网络的拓扑结构，包括从局部的角度分析网络节点和边的性质、利用抽象化的手段分析网络的全局结构、实现各种类型网络图之间的相互转换以及随即图的生成等。Pajek 利用一个三维的可视化界面，为用户提供了一系列可视化工具。允许用户通过手动或者自动的调节节点位置、旋转网络图等方法，从视觉的角度直观地分析网络模型。

（三）数据处理

第一步：将 QQ 群聊天记录按消息时间和消息主题加工成网络互动消息记录 Excel 表。

第二步：采用 Msgsa 软件从网络互动消息记录 Excel 表生成关系网络数据。生成的关系网络数据有两种：分别是网络数据文件（network data file）（. net 文件）和分类数据文件（partition）（. clu 文件）。其中网络数据文件包括两部分：第一部分存储参与者的编号与用户名；第二部分存储参与者之间的回帖关系。

第三步：以关系网络数据作为输入数据，利用 Pajek 软件对师生互动消息进行社会网络分析（SNA）。

（四）分析指标

社会网络分析方法作为一种较为成熟的社会学方法，逐渐形成了许多特有的分析概念与特征，如密度、中心度、派系、凝聚子群等。本研究选择下列几种关键性指标作为研究视角。

1. 整体结构特征分析

网络密度，即网络中实际的边数与最大可能边数的比率，它的取值范围在 0—1 之间。网络密度用来衡量一个网络中各个节点之间连接的紧密程度。

网络中心性，表征的是整个网络的集中或集权程度，即整个网络围绕一个点或一组点来组织运行的程度。它包括 2 个层次，即局部中心性和全局中心性。当一个节点与其他节点具有较多的连接时，它的地位是局部中心的。局部中心性只考虑直接边，即直接与该节点相连的边。全局中心性还考虑非直接边，即并非与该节点直接相连的边。如果一个节点与其他节点距离都较短，则称该点是全局中心的点。

集中性，是对全局网络集中结构程度的测度，它描述了网络围绕着某一中心节点组织的程度。

平均最短路径，是指网络中节点对之间最短路径的平均值。它影响到网络节点之间进行产品、技术、知识以及其他各类信息交流所需经过的"路程"的长短。

2. 个体结构特征分析

节点中心度（Degree Centrality）：即与某节点直接相连的其他节点总数。有向网络的节点中心度又分为点入度（In-Degree）与点出度（Out-Degree），前者指直接指向该节点的其他节点的总数，后者指该节点所直接指向的其他节点的总数。点入度表征了该节点被其他节点关注的程度，是衡量"意见领袖"的指标，而点出度则说明了该节点在网络中的活跃程度。

中介中心度（Betweenness Centrality）：指某节点与其他各节点之间相隔的远近程度，表示该节点在多大程度上是其他节点的"中介"，这样的节点具有"经纪人"或"守门人"的作用。中介中心度表征着某个节点对网络中资源控制的程度，某节点中介中心度越高，说明该节点越多地占据操纵资讯资源流通的关键性位置。

三　结果与讨论

（一）网络的基本属性

1. 网络社群图

社群图（Sociogram）是各个节点和线构成的网络图，是描述社会网络结构的方法之一，能简洁地可视化各节点间的关系网络。通过 Pajek 可自动绘制较为稳定的基本社群图，该班网络社群图如图 5 - 10 所示。

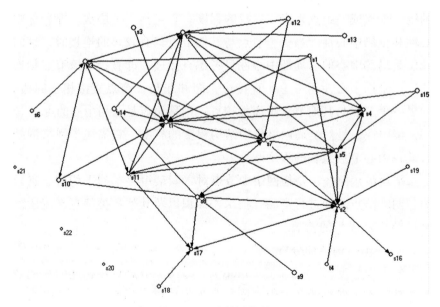

图 5 - 10　班级网络社群

图 5 – 10 结果表明，在 2012 年 9 月至 2013 年 5 月，一共有 19 名学生，4 名老师参与了该班 QQ 群互动，还有 3 人未参与其中。但参与了互动的 19 名学生中只有 13 名学生直接与老师进行过互动，还有 6 人未直接与老师进行互动交流。

2. 网络基本属性的特征值

依据确定的多个研究视角，应用 pajek 软件进行对样本数据进行处理，结果如表 5 – 22。

表 5 – 22 网络属性表

网络密度	平均最短路径	节点中心势	中介中心势
Density	Average Distance	Degree Centrality	Network Centralization Index
0.0907	1.95	42.35%	9.28%

该 QQ 群网络密度较小，为 0.0907。一般来说，关系紧密的团体合作行为较多，信息流通较易，情感支持也会较好；而关系十分疏远的团体，则常有信息不通、情感支持太少、协作程度低等问题，该 QQ 群整体上的信息交流或人际交流不太紧密，网络完备性较低。

节点之间的平均距离为 1.95，说明该样本社区中任意两个人之间平均只要通过 2 个人就可以相互连通，具有小世界效应的显著特征，是一个信息流通顺畅、人际交流迅速、利于互通有无网络。

42.35% 的节点中心势属于中等水平，说明社区不存在明显的网络集中性、向心性，相反"离心势"较大些，说明群成员之间的交流比较分散。

9.28% 的中介中心势很小，说明该样本网络资源被个别行动者控制、垄断的可能性很小，各好友链接基本上都呈现出分散性、分布式特征。

（二）网络的中心性分析

表 5 – 23 列出了各节点的点出度（Out-Degree）与点入度（In-Degree），点入度最高的依次为 T1、S2、T2、S7、T3、S17，入度分别是 13、10、8、6、6、5；点出度最高的依次为 S7、S2、T3、S8、S5、

S11，出度分别是 8、6、6、6、6、6；总度数最高依次为 S2、T1、S7、T3、T2、S8，度数分别是 16、15、14、12、11、10。

超过 6 个点入度链接的节点具有"意见领袖"特征，即被群体关注度超过 20% 的人，说明这些人与其他人的联系最为密切，该样本网络最有可能是以这些人为中心而组织起来的。值得注意的是 S2、S7、T3 这 3 个群成员同时具有高点出度与高点入度的特征，这些群成员是网络的交流枢纽，是该群的核心成员，没有他们该网络互动可能将处于瘫痪状态。

表 5 – 23　　　　　　　　　　群成员中心度

序号	群成员	入度	出度	总度数	序号	群成员	入度	出度	总度数
1	S2	10	6	16	14	S14	2	3	5
2	S16	1	1	2	15	T1	13	2	15
3	S17	5	2	7	16	S10	3	2	5
4	S8	4	6	10	17	S3	0	1	1
5	S5	4	6	10	18	T2	8	3	11
6	S18	0	1	1	19	S6	0	1	1
7	S11	4	6	10	20	S9	0	1	1
8	S7	6	8	14	21	S12	0	3	3
9	T3	6	6	12	22	S13	0	1	1
10	T4	0	1	1	23	S15	0	2	2
11	S19	0	1	1	24	S20	0	0	0
12	S4	4	3	7	25	S21	0	0	0
13	S1	0	4	4	26	S22	0	0	0

老师在群互动入度高，但出度较低，说明老师在互动中较受欢迎，有较高声望，老师虽然发的消息比较多，但大多是通知性的，而在于其他方面没有过程多和学生交流，并没有成为学生的意见领袖。

（三）讨论

通过网络中心性分析得出老师的入度高，拥有较高声望，这说明老师在学生的人际关系中占有非常重要的地位，在师生互动中起着关键作用，在班级网络互动中受到学生的极大欢迎。出度较低，表明老师很少参与到学生们的话题中去和学生一起讨论，除了发布通知之外的消息，没有就更多的话题与学生互动。通过查阅文献和分析比较，总结了以下几个原因：（1）教师的教学、科研任务繁重，使得老师很少有时间或精力和学生进行更多的互动。（2）师生互动观念有待更新，网络互动作为一种新型师生互动模式，想要有效开展还需要师生树立网络互动的良好意识，改变网络费时、不便的认知观念，培养老师科学有效的师生互动观。（3）老师和学生之间由于年龄、知识背景、角色和地位等方面的差异导致共同话题比较少，进行深入交流存在一定障碍。所以在群成员中没有任课老师，只有专门负责学生工作的辅导老师。辅导老师只是发布一些关于通知通告方面的消息，而在其他方面并没有与学生进行互动，学生对于这些消息的回复使老师在团体中的入度较高，而老师并没有参与学生的话题使得老师的出度较低。

通过访谈了解到，很多学生只看群消息，一般并不参与群讨论，大多时间都以隐身的状态出现，所以导致了一部分的边缘人物。学生之间的交流主要是通过 QQ 一对一地交流，而很少在 QQ 群内私聊，所以在群消息中大部分是班委发借助 QQ 群的群发功能发的通知，很少有其他内容，导致网络密度较低，这也是影响师生互动的因素之一。

针对以上分析，特为促进教师与学生的网络交往提供一些建议：

加入 QQ 群的老师不能以老师身份自居，而是更多地以学生的思维模式参与其中，这样有助于拉近与学生之间的距离。

加入班级群的不仅只是做学生工作的辅导员，其他任课老师也可以加入 QQ 群一起和学生互动，利用 QQ 的即时性随时随地的沟通，当学生在群里讨论学习问题，老师可以及时地作出解答，同时老师们也可以发表或转载一些有助于学生成长的日志，这样不仅能够提升学生的学习成绩，促进学生的长成，也能让学生体会到老师的关怀，对于增近师生关系和做好学生工作事半功倍。

老师在群下也应了解不同成员的兴趣爱好，班级干部也应积极参与其中，引入不同的话题，调动群成员的积极性，增加该 QQ 群的活跃性和成员的交流，充分利用 QQ 群所具有的各种优点，使得虚拟空间与现实生活产生紧密的联系，让老师与学生相处氛围更加融洽。

此外，也应注意小团体的生成，其中也可以充分发挥小团体对 QQ 群成员交流所产生的积极作用。

四 结论

本研究通过使用社会网络分析方法和相关软件，对一个班级 QQ 群进行分析，以一个比较新的视角探讨 QQ 群师生之间的关系及相互的信息交流情况，得出如下结论。

（1）该班级 QQ 群中，大部分学生和老师有直接联系，但仍接近一半的学生未与老师互动，形成的关系网络密度较低，属于稀疏型，说明师生之间联系不太紧密。

（2）老师在群互动入度高，但出度较低，说明老师在互动中较受欢迎，声望较高，但并没有成为学生的意见领袖。

第三节 大学生对网络师生互动的内隐态度

一 问题的提出

随着计算机的普及和网络技术的发展，网络已经从当初的"奢侈品"成为一个现今的日常性资源。越来越多的学校借助于网络这一媒介来加强教学和促进师生之间的互动。因为互联网的广泛使用，其相关研究逐渐成为热点。网络态度给研究者提供了一个新的角度来考察网络使用行为。许多研究表明网络使用在很大程度上依赖于使用者对互联网的态度。

楚艳民、周世杰认为网络态度是指个体对互联网的稳定观点、情绪体验和行为倾向。它包括网络认知、网络情感和网络倾向性三个方面。[1]已有的研究表明，态度存在两种形式，一种是经过深思熟虑的并且易

---

① 楚艳民、周世杰：《网络态度及其评估》，《中国临床心理学杂志》2008 年第 4 期。

于报告的评价，这是传统意义上的态度概念，另一种被认为是自动化的、不受控制的而且往往是无意识的评价。后一种态度以及两种态度的区别与联系成为态度研究中的一个热点问题。传统的态度测量往往是自我报告的直接测量，但是，后来有研究者发现，运用直接测量所得到的态度可能并不是被试的真正所想。研究者发现，间接测量似乎给研究者提供了认识"真实"态度的途径。间接测量态度的方式多种多样，有的基于反应时，有的基于反应偏向，还有的基于认知神经。而当前最为常见的间接测量方式是由格林沃尔德（Greenwald）等人提出的内隐联想测验（Implicit Association Test，IAT）及其变式。[①] 如果想要探讨被试对单一对象的内隐态度时，经典 IAT 则无能为力。卡尔宾斯基（Karpinski）等于 2005 年提出对 IAT 进行修正，用单类内隐联想测验（Single Category Implicit Association Test，SC - IAT）测量了内隐性别认同和内隐自尊，艾传国、佐斌用 SC - IAT 测量了大学生的内隐群体认同，[②] 这些都是对 SC - IAT 方法应用的检验。本研究拟采用 SC - IAT 来间接测量大学生对网络师生互动的内隐态度。

二 研究方法

（一）被试

从长江大学选取 36 名大学生为被试，其中男生 18 人，女生 18 人。视力或矫正视力正常，懂得电脑的简单操作。

（二）实验材料

本研究的概念词为"网络师生互动"，属性词为"积极"和"不积极"。首先，从大学生中收集代表概念词和属性词的短语和词汇，然后根据频率的高低进行筛选。最后挑选出最能代表网络师生互动的

---

① Greenwald A. G. , McGhee D. E. , Schwartz J. L. K. , "Measuring individual differences in implicit cognition: The implicit association test", *Journal of Personality and Social Psychology*, Vol. 74, No. 6, 1998.

② 艾传国、佐斌：《单类内隐联想测验（SC - IAT）在群体认同中的初步应用》，《中国临床心理学杂志》2011 年第 4 期。

6 个短语以及最能代表对网络师生互动积极态度的 6 个词和最能代表对网络师生互动消极态度的 6 个词。代表"网络师生互动"的短语有：给老师发邮件，给老师空间留言，和老师 QQ 交流，浏览老师博客，收听老师微博，在师生论坛上发帖。代表"积极"的词有：轻松，有益，快乐，和谐，友好，方便。代表"不积极"的词有：焦虑，无益，伤心，冲突，冷漠，烦琐。

（三）实验程序

本实验采用 Inquisit 2.0 编写 SC - IAT 实验程序，通过测量不同联结关系时被试的反应时之间的差异来测量被试的内隐态度。

整个实验程序模式见表 5 - 24。练习阶段不记录实验结果，测试阶段记录实验结果。步骤 2 和步骤 4 分别做了 48 次实验。为防止反应偏差，相容任务中代表"网络师生互动"的短语，代表"积极"和"不积极"的词按照 1:1:2 的频率出现，使得左右按键的比率各 50%；不相容任务中代表"积极"的词，"网络师生互动"的短语和"不积极"的词按照 2:1:1 的频率出现使得左右按键的比率各为 50%。

表 5 - 24　　　网络师生互动内隐态度的 SC - IAT 的程序模式

步骤	实验次数	功能	"A"键	"L"键
1	24	练习	积极 + 网络师生互动	不积极
2	48	测试	积极 + 网络师生互动	不积极
3	24	练习	积极	不积极 + 网络师生互动
4	48	测试	积极	不积极 + 网络师生互动

被试在归类任务中会给予及时反馈，判断正确会在屏幕中央出现绿色的"√"，持续 200ms，如果判断错误会在屏幕中央出现红色的"×"，持续 200ms。假设网络师生互动与积极词汇的联结为相容任务，网络师生互动与不积极词汇的联结为不相容任务。为了平衡任务顺序效应，可以让一半被试做相容任务在前的实验，另一半被试做不相容任务在前的实验。

测量一共分为四个部分（以相容任务在前的实验程序为例）：①初始联合辨别（练习阶段）：屏幕的左上方会出现"积极＋网络师生互动"，右上方会出现"不积极"。如果被试认为屏幕中间所呈现的词或短语是网络师生互动或积极词汇，按"A"键，如果属于不积极词汇，按"L"键，不计反应时。②初始联合辨别（正式实验）：实验任务同①，计反应时。③相反联合辨别（练习阶段）：屏幕的左上方会出现"积极"，右上方会出现"不积极＋网络师生互动"。如果被试认为屏幕中间所呈现的词是积极词汇，按"A"键，如果属于网络师生互动或不积极词汇，按"L"键，不计反应时。④相反联合辨别（正式实验）：实验步骤同③，计反应时。

四个部分中每部分都有指导语，告诉被试本轮实验任务，要求被试读懂后按"A"键继续，在②④轮实验前告诉被试将进行反应速度的测试，要求被试尽量又快又准地做出判断。每一轮实验中，计算机屏幕的左上角呈现该轮实验与"A"键相应的类别，右上角呈现该轮实验与"L"键相应的类别，靶词和属性词呈现在屏幕中间。每一次反应均给被试反馈。

三　结果与分析

（一）SC－IAT 分数的计算

采用卡尔宾斯基（Karpinski）等在研究中所使用的 SC－IAT 分数计算方法。将反应时高于10000ms，低于350ms的实验数据予以删除。对于错误反应的反应时进行修改，将其替换成其所属组块的正确反应的平均反应时加上400ms的惩罚，然后计算相容任务与不相容任务的平均反应时之差，再除以所有正确反应（不包含原先错误反应）的反应时的标准差，所得数值叫作 D 分数，用该 D 分数来代表内隐效应。在相容任务在前的实验中，界定步骤 2 为相容任务，步骤 4 为不相容任务。用步骤 4 的平均反应时（包含已将错误反应修改后的反应时）减去步骤 2 的平均反应时（包含已将错误反应修改后的反应时），再除以所有正确反应的标准差，即为所得的 D 分数；在不相容任务在前的实验中，界定步骤 2 为不相容任务，步骤 4 为相容任务。

用步骤 2 的平均反应时（包含已将错误反应修改后的反应时）减去步骤 4 的平均反应时（包含已将错误反应修改后的反应时），再除以所有正确反应的标准差，即为所得的 D 分数。所得的 D 分数越大，则大学生对网络师生互动的内隐态度越积极。

（二）信度分析

根据卡尔宾斯基（Karpinski）的 SC – IAT 的内部一致性系数计算方法，将每位被试的测验数据按奇偶分成两部分（比如相容任务中 48 个测验就分成 2 个 24 次），分别计算相容任务与不相容任务的平均反应时，并求二者的差值。这样每位被试就有两个差值。将所有被试的两个差值计算相关关系。Spearman-Brown 校正后的相关系数 r = 0.6，$P < 0.05$。

（三）内隐效应分析

将所有被试的相容任务反应时与不相容任务反应时进行比较，并作配对 t 检验，结果见表 5 – 25。不相容任务的反应时高于相容任务反应时，说明内隐效应显著，大学生对网络师生互动的内隐态度是积极的。分别计算 D 分数，男生的平均 D 分数为 0.091，女生的平均 D 分数为 0.144，两者差异 t 检验值为 0.601，$P > 0.05$，说明大学生在对网络师生互动的内隐态度上不存在显著的性别差异。

表 5 – 25　　　不同类型任务中大学生对网络师生互动
内隐态度的平均反应时（x ± s）

相容任务	不相容任务	t	P
785.99 ± 163.647	850.04 ± 191.182	– 3.103	0.004 < 0.05

四　结论

（1）大学生对网络师生互动态度的内隐效应显著，大学生对网络师生互动的内隐态度是积极的。

（2）男女大学生在对网络师生互动的内隐态度上不存在显著差异。

第六章 网络师生互动研究的
结论及对教育的启示

第一节 网络师生互动的研究结论

一 网络师生互动研究结果分析

（一）中学网络师生互动中的知识建构具备一定水平

网络师生互动的内容特征研究以改进的古纳瓦德纳 Gunawardena 编码系统为编码方案，对来自于上海市闵行二中校级网络平台"师生互动家园"中的"德育讨论区"和"学科交流区"两大主题讨论区的互动帖子进行内容分析，结果表明师生通过"德育讨论区"平台，有78%（阶段1和阶段2比例的和）的互动内容是关于知识建构。师生互动中74%的帖子集中在"信息的分享或比较"阶段，帖子主要围绕问答问题或者对某个问题的观点表达，知识的社会建构水平处于初级阶段。4%的帖子集中在深化认识阶段，主要表现为发现和分析各种思想、概念或描述中不一致的地方，从而深化对问题的认识。具体表现为部分师生不仅能针对相关问题阐述自己的观点，而且能指出自己与他人观点的异同，这样，学习者从更多角度对问题或概念发表不同的看法，从而深化学生对知识的理解。深度达到更高阶段（如意义协商、新观点的检验与修改、新知识的应用）的帖子的比例接近于0。但在德育讨论区的师生互动中，还有22%的互动表现为与知识建构无关的内容，其中，人际交流占到14%，情感支持占到8%。这说明，"德育讨论区"平台除了发展师生的知识建构水平以外，还体现出了其在师生交流、互动过程中的情感功能。

在"学科交流区"平台上，师生互动中70%的帖子集中在"信息分享或比较"。但与"德育讨论区"不同的是，"学科交流区"平台上师生互动的深度，其次表现在了"深化认识"方面，比例为16%。这说明师生在"学科交流区"互动过程中对概念、描述或思路不一致的地方，进行了更多的讨论，促进学生对知识的更全面和深入的理解。5%的帖子属于"意义协商"阶段，表明学生在和老师的交流过程中，针对一些问题进行了不同思想的碰撞。对话理论指出，通过对话语之间的相互关系以及社会交换导致的话语碰撞的思考，意义得以重新协商；通过增多的社会互动，意义得以重新构建。这种碰撞激发和驱使个人观点和其潜在的假设不断询问、反思和关联。因此，学生在和老师和同学的碰撞中，可以发展其批判性思维能力，进行更多有意义学习。属于"新观点的检验与修改"阶段与"新知识的应用"阶段的帖子数量虽然很少，比例都为1%，但还是在"学科交流区"平台上有所出现，表明有少量师生在互动的过程中，在观点不一致时，经过思想的碰撞，达成新的见解，并加以检验与修改，直到指导新知识的应用。5%的帖子属于人际交流阶段，2%的帖子属于情感支持阶段。这些数据表明，师生在"学科交流区"中的互动更多的是以知识构建为主。

与同样采用古纳瓦德纳（Gunawardena）编码系统为编码方案的研究结果进行比较发现，许多研究也显示在网络讨论过程中知识建构水平大多数都集中表现在阶段1上。根据知识建构的多样性，为了更好地分析知识建构的水平，将不同研究中的代码比例进行比较。乔安（Jeong）研究的一个普通论坛互动中的知识建构从阶段2到阶段5的比例为7.2%。侯（Hou）等人发现，一般论坛中同伴评价讨论中的知识建构从阶段2到阶段5的总比例为11.5%。基于解决问题活动中的网络讨论知识建构从阶段2到阶段5的总比例达到32.6%。之后，他们发现在一个以教师博客为互动工具的互动中，阶段2到阶段5的总比例为11.75%。和前几个研究相比较，该校网络师生互动水平在深化认识阶段上有所突破，且师生的情感支持功能显著，该校的网络平台在促进学生知识建构和融洽师生关系方面发挥了特有的作用。

当然，该中学师生在网络互动过程中知识建构的深度还可进一步提高和挖掘，该校是一所具有鲜明信息化特色的示范学校，通过对该校网络师生互动的深度分析对于今后更多中小学师生通过网络开展师生主题讨论具有示范与指导作用。建构主义理论认为，知识不是通过教师传授得到的，而是学习者在一定情境下，借助于他人的帮助，利用必要的学习资料，通过意义建构的方式而获得的。网络互动作为课堂互动的有益补充，如何让学生在和老师以及同学的群体讨论中经历高级认知思维过程，进行高水平的群体知识建构便是今后网络师生互动面临的一大挑战。对该校师生互动帖子的原始记录进行分析，发现教师在和学生互动的过程中都提供了认知和社会支持，但他们在提问的水平、直接指令的使用、对群体动态的注意程度上还是有所不同。

同时，有研究表明运用交流策略的网络讨论比那些没有运用策略的讨论更能达到深度的知识构建阶段。在网络师生互动平台中，教育知识建构的多样性受到限制，可能是因为教师在和学生分享、探讨知识时缺乏互动策略。这些发现能为今后对教师的网络互动技巧、策略培训方面提供重要的参考。在中小学的网络师生互动中，教师是网络互动的主要发起者。因此，建议教师应该掌握网络各讨论区的特征及功能以及采用合适的互动策略，例如，解决问题的广泛讨论策略、师生互评策略、同级互评策略、同级辅导来形成教师的知识分享和建构策略，这些策略结合了讨论区或者其他网络互动工具的特点和相应的互动技巧。

贝克（Baker）的研究表明，如果有更多的教师整合相关的支持性的语言，那么，便会有更多的学生从网络互动的体验中受益。当教师采取促进人际鼓励或者社会融合的策略时，师生之间便会发生良好的互动。同时，教师在网络上及时地回复也是一个重要的实际因素，麦克伊萨克（McIsaac）等研究者的研究也证实了这一结论。研究发现，教师的及时反馈会影响到师生的互动，如果教师的反馈不及时，学生容易产生孤立感。当教师的反馈不多时，学生也会感觉不满意和孤立。对帖子的原始记录进行分析，发现教师都提供了认知和社会支持，但他们在提问的水平、直接指令的使用、对群体动态的注意程度上还是有所不同。所以，针对教师在提升网络师生互动知识建构的质量方面提出以下建议：首先，注重教师的引导作用。一方面，教师通过发布精选的知识问题帖，引导学生参与进来；另一方面，在发布问题帖之后，还应该引导学生对与问题相关的知识点进行讨论，鼓励学生积极思考，激发学生思想的碰撞直到建构新的知识。在讨论失去方向或停滞不前时，教师应适当地指引，教师的循循诱导和有效监控才能保证互动交流的质量。其次，引导学生协作学习的开展，充分发挥学生的团队合作和主体性。再者，给予学生更多的情感支持。教师可以通过发布问候帖、注意回复的语气、措辞、给予肯定和鼓励以及尽可能及时地提供反馈等方式来营造友好的氛围。

（二）中学网络师生互动的行为模式以连续型为主

网络师生互动的行为模式研究在研究一的基础上，采用滞后序列分析方法进一步探讨师生在"发帖—回帖"互动过程中所反映出来的行为模式。序列分析的结果表明，当师生利用"德育讨论区"这个平台去分享知识、深化认识和意义协商的时候行为具有连续性。这意味着尽管知识构建具有局限性（大多数师生互动属于信息的分享，P1比例为74%），但是师生互动依然出现了较高层次（P2深化认识、P3意义协商）的知识构建，而且在分享知识、深化认识和意义协商的时候，师生互动行为表现出了一定程度的连续和中心性（P1→P1，P2→P2，P3→P3）。在师生之间出现检验与修改新观点的时候，老师会从情感上给予学生以支持（P4→P7）。当师生互相从情感上支持彼此的时候，其互动也会拓展到知识构建的较高层次意义协商阶段（P7→P4）。心理契约理论可以解释这种现象。教师的契约期望比未被学生接受的单向期望具有更高的激励效应，且期望值较高的"契约期望"又比期望值较低的"契约期望"具有更强的激励作用。得到情感支持的学生因而具有更强的动力，在和老师的知识探讨和构建中，会向更深层次发展。也可以从情绪和认知的关系角度来作进一步的解释。积极情绪有助于类比推理任务的完成。伊森（Isen）等的研究在考察创造性中的流畅性和变通性时，发现积极情绪有助于更好地完成任务。卢家楣等的现场实验研究结果也表明，学生的情绪状态会影响其创造性的发挥：愉快情绪状态与难过情绪状态相比，愉快情绪状态有助于促进学生创造性的发挥，且这种促进作用主要表现为提高学生的流畅性和变通性上。得到更多情感支持的师生，情绪状态也会更为积极，在积极情绪的影响下，学生更容易采用启发式的信息加工策略，更倾向于风险寻求，也会更利于知识的深层次构建。

与此同时，也发现一旦知识构建主题外的讨论和交流发生，该行为也会倾向于持续发生（P6→P6），而且这占据了一定的比例（人际交流14%，情感支持8%，比 P2、P3、P4、P5 都要高）。在德育讨论区内，师生在交流的过程中伴随着情感支持，情感支持和人际交流交替出现（P6→P7、P7→P6）。人际交流和情感支持之间的互相转移和德育讨论区的交流主题是分不开的，和情感教育与人格培养的目的是分不开的。

对"学科交流区"互动帖子的序列分析结果表明，当师生利用"学科交流区"这个平台去分享知识、深化认识、意义协商和新观点的检验与修改的时候，其行为会有连续性（P1→P1，P2→P2，P3→P3，P4→P4）。这表明在学科交流区里，虽然知识构建也存在局限性（大多数交流帖子的深度为信息分享，P1 比例为70%），但是，在知识构建的深度和持续性方面，师生在学科交流区中比在德育讨论区中做得更好。不仅 P3（意义的协商）和 P4（新观点的检验与修改）的比例增加，而且师生的行为在这两个方面上也表现出了持续性。

学科交流区中，也出现了与知识构建主题无关的讨论。在对知识的探讨和协商中，发生了转移偏差（P3→P6），转移到了与学科讨论主题无关的人际交流。一旦主题外的讨论发生，会倾向于发生持续的转移（P6→P6，P7→P7）。而且，在人际交流和情感支持之间依然会交替出现（P6→P7，P7→P6）。鉴于学科交流区中人际交流帖子也有一定的比例，因此，建议教师在学科交流区中，通过引导学生多开展探究、发现、合作学习，多引导学生开展深入讨论，激发学生的深度探索，在群体讨论中逐步提升学生的知识建构能力。

基于对德育讨论区和学科交流区中师生互动行为滞后序列分析结果的分析和讨论，可以对这些行为模式进行归纳和总结。结果表明，连续性显著的序列包括 P1→P1、P2→P2、P3→P3、P4→P4、P6→P6、P7→P7，这表明，该中学网络师生互动的行为模式主要表现为连续型。如果行为的转移不具有这样的连续性，就表现为非连续型。非连续型又存在以下几种情况，在知识建构非连续型行为模式中，根据知识建构深度变化的方向，形象地划分为知识正向跃迁和知识负向跃迁，知识正向跃迁指知识建构的深度由浅向深发展，知识负向跃迁指深度由深向浅降低。例如，在语文学科交流中，师生的互动行为从"信息的分享与比较"转移到对"意义的协商"（P1→P3），该序列所表示的行为转移的含义就是由知识的浅度建构跃迁到知识的深度建构，属于知识正向跃迁。在英语学科交流中，师生的互动行为从"深化认识"转移到"信息的分享与比较"（P2→P1），该序列所表示的行为转移的含义就是由知识的深度建构降低到浅度建构，属于知识负向跃迁。在其他非连续型模式中，根据互动的内容，主要存在知识情感互迁（P4→P7、P7→P4）、知识人际迁移（P1→P6）、人际情感互迁（P6→P7、P7→P6）模式。

总体而言，该中学网络师生互动的行为模式主要表现为连续型，说明师生在网络互动的过程中，能保持一定的连续性和中心性，没有脱离发帖者的讨论主题。但是，师生在学科交流之间的互动行为若能更多地向由低到高的知识正向跃迁模式发展，将会更好地促进学生的知识建构，从而促进学生批判思维能力的提升。

（三）中学网络师生互动的结构表现为复杂的网状模式

通过社群图，可以清晰地看到该师生互动的结构模式概貌，综观不同群体的师生互动网络社群图，发现在不同规模的群体中，大部分节点只有少数连接且大都位于社群图的外围边缘位置，它们所代表的参与者则成为网络中的边缘成员。这些参与者在讨论区中很少主动发起主题帖子，与其他成员缺乏沟通和共享，对社群的贡献很小。而有一小部分参与者在网络中拥有大量连接，而且大都处于社群图的内部中心位置，他们成为网络中的核心成员，且经常引出新的话题或主题，乐于分享个人的学习经验和心得，敢于提出个人的学习问题或困惑，引导着讨论区中的学习互动，对社群的贡献较大，在社会网络中，称这部分参与者为"意见领袖"。他们是群体的核心人物，如果群体中缺少意见领袖，网络结构关系就显得松散。

接下来通过量化分析进一步了解结构模式的深层次特征。密度是社会网络分析中最常用的测量指标之一，表示网络参与者之间联系的紧密程度，也就是说，网络的密度在一定程度上表征着这个网络中关系的数量与完备程度。参与者之间的联系愈多，网络的密度就愈大。但是，密度还受到网络的规模的影响，对不同规模的网络无法进行很客观的衡量，因此，在具体使用过程中，将密度与网络的规模一起表示出来，使得网络的密度具有更明显的参考价值。对德育讨论区和学科交流区的网络密度进行比较，德育讨论区的密度为0.01，学科交流区的密度为0.005，表明在德育讨论区中，师生互动更为频繁、联系更为紧密。罗家德认为，一般而言，关系紧密的团体合作行为会较多，信息流通方便，情感支持也会较好；而关系疏远的团体，则表现出合作程度低、信息不畅、情感支持少等问题。说明和学科交流区比较而言，师生在德育讨论区中信息流通更为及时，情感支持更好。但是，总体来看网络密度值都较小，表示该校的师生互动网络是稀疏型的，老师与学生、学生与学生之间的联系还不太紧密。这与韦尔曼的发现结果是一致的，他认为在多数情况下，人们参与的网络都是稀疏连接，是低密度的。

中心性表示个人在社会网络中居于怎样的中心地位，或者具有什么样的影响力。通常核心成员比较容易将信息快速地转移给其他个体，起到桥梁作用。在对德育讨论区和学科交流区中师生中心性特征进行分析发现，教师的点入度在这两大网络中的差异不显著，表明教师在这两个网络中的帖子或观点受到学生关注以及回复的程度相近，教师在学生中受欢迎程度相当。但是教师的点出度差异接近边缘显著，表明教师在德育讨论区中比在学科交流区中对学生帖子的关注更多，给学生发了更多的帖子，教师在德育讨论区中与学生的互动更为活跃。这种现象也许是与讨论区的主题和中学教学特点有关系，中学是以班级为单位组织教学。学科交流区以学科为单位将之划分为若干子讨论区，教师在学科讨论区中的交流没有明显的指向性。而德育讨论区是以班级为单位将之划分为若干子讨论区。不同的班级有着不同的班主任和科任教师，即使也有部分教师带多个班级，但是不同班级学生的学习状况不一样，因此，教师在讨论区中对学生的检查、反馈与指导带有更强的指向性，更针对他所教的那个班级的学生，他们的责任感更强，因而更及时地、更为主动地回复讨论区中所教班级学生的帖子。学生在德育和学科两个网络中的点入度和点出度差异都非常显著，点入度更高说明学生在德育讨论区中受到其他参与者关注的程度明显高于学科交流区，且受到的欢迎程度更高；点出度更高说明和学科交流区比较而言，学生在德育讨论区中交流更为主动和活跃。这同样也与中学的班级特色有关系。同一个班级的学生更为熟悉，彼此了解，有着更多的共同话题，因此，他们更愿意去关注德育讨论区上的帖子并积极回复。再从中心势这个指标进行比较，德育讨论区的标准化点入度中心势和点出度中心势数值差距不大，表明德育讨论区网络的结构对称性较好；学科交流区的标准化点入度中心势和点出度中心势数值差距较大，说明学科交流区网络的结构性对称性不太好。

深入对德育讨论区中师生中心性特点进行分析发现，教师的点入度和点出度在各年级之间差异都不显著，表明不同年级的教师发挥了相当的"意见领袖"作用，且与学生互动的主动性也相当。学生的点入度在三个年级之间差异不显著，但是学生的点出度在三个年级之间的差异却非常显著。多重比较显示，2010 级学生的点出度显著大于 2009 级学生的点出度，2011 级学生的点出度显著大于 2009 级学生的点出度，虽然 2010 级学生的点出度大于 2011 级学生的点出度，但是它们之间的差异不显著。这表明不同年级的学生在受到其他参与者关注程度上相当，但是 2010 级和 2011 级的学生在德育讨论区中对更多的人发了帖，无论是老师的还是学生的帖子。2009 级学生的点出度更小，可能与高三学生处于紧张备战高考阶段，学习任务更重，没有更多的时间对大范围的参与者进行发帖，而是更有目的性和针对性。2010 级（高二）的学生对学校的生活已经完全适应，对教师和同学也已非常熟悉，所以高二的学生在讨论区中的发帖指向更广。

同样，也进一步对学科交流区中师生的中心性特点进行考察，教师的点入度在文、理科之间的差异不显著，但是，教师的点出度在文、理科之间差异显著，文科教师的点出度显著小于理科教师的点出度。这表明理科教师给更多学生的帖子进行了回复，回复的范围更广。这也许和学科特点有关系，因为理科的学习对于逻辑思维要求要稍高一些，因此，教师的答疑数量会更多。解惑需要更为及时和主动，这样更有利于学生更好地理解知识。学生的点入度在文、理科之间差异显著，文科学生的点入度显著小于理科学生的点入度，这反映出在理科交流区中，学生的影响力更大，受到了他人更多的关注。学生的点出度在文、理科之间差异非常显著，在文科交流区中，学生的点出度显著小于在理科交流区中的点出度，表明学生在理科交流区交流面更为广泛。这也许也和学科特点有着关系，理科学习中遇到问题和困惑，更需要他人的帮助，并且理科知识的学习更具有递进关系，前面知识的疑问会制约下一步知识的掌握，所以学生在理科交流区中发帖可以寻求到更多的帮助。

在发帖—回帖交互构成有向关系网络中，互动方向也是一个很重要的考察要素，它是社会关系不对称性的表现，不对称性体现为参与者在关系网中的等级。在关系网络中，声望是指参与者受到关注的程度，在这里用可以跨网络比较的接近声望指标来表示，它不同于一般意义上的社会声望。对德育讨论区和学科交流区的接近声望值进行的独立样本 t 检验的结果表明，两个讨论区中教师的声望差异不显著，表明教师无论在哪个讨论区都是互动的引导者，都有着较大的影响力。但是，德育讨论区中学生的声望显著高于学科交流区中学生的声望，即在德育讨论区中，不仅教师受到关注，而且相较学科交流区而言，学生也更受欢迎，有着较高的认可度。但是，对不同年级学生的声望做进一步分析发现，2009 级学生的声望显著高于 2010 级和 2011 级，对这三个年级师生互动的原始记录进行分析发现，2009 级的师生互动更多的是多次互动，两两之间的互动更为深入。处在高三备考紧张时期，师生之间的互动更有质量，教师的引导作用更为突出，带动了师生之间、生生之间的多次双向互动，使得互动更为深刻和富有内涵。这点从研究二的行为模式研究结论中可以得到证明，2009 级的互动行为模式有 4 条连续性序列，而 2010 级和 2011 级则只有 2 条和 1 条。2010 级和 2011 级的发帖者缺乏持久关注，这样他的影响力难以传导下去，声望便集中在少数人身上，使得班级互动缺乏层级性。对理科和文科交流区师生声望的独立样本 t 检验结果表明，理科交流区中学生的声望显著高于文科交流区中学生的声望。这表明，理科学科交流中学生的影响力更大，交流更为深入。

德育讨论区和学科交流区社群网络中的声望和参与者类型之间的秩相关系数均在 0.05 或 0.01 置信水平上显著，这表明，从总体上看，声望和参与者类型在统计意义上具有显著的等级相关性，说明网络中的声望与参与者的社会威望是成等级相关的。为了提高学生参与网络互动的积极性和提升互动的深度，作为具有高社会威望的教师（相对于学生而言）的引导和鼓励便会非常重要。德育讨论区声望和参与者类型之间的等级相关程度低于学科交流区，说明在德育讨论区，已有部分学生积极参与了网络互动，他们获得了较高的网络声望；而学科交流区学生参与程度较低，获得的网络声望不高，因此，学科交流区网络的声望主要还是来自于教师的声望。从以上讨论我们可以看出，要对网络参与者的受欢迎程度和影响力进行全面和深入考察，除了看点度中心度，还要结合声望指标，才能更全面了解参与者在网络中的地位和作用。

在已有文献对网络模式划分的基础上，考察这些不同规模的社群图，并结合对网络的量化分析，发现该中学师生互动的网络社群图均表现为复杂的网状结构特征。相较于链状和星形的互动模式，网状社群结构中的参与者之间的互动更加深入，也相对频繁，更有利于知识的分享和任务协作，具有网状互动结构的社群团队也具有更大的活力。它既避免了星形网络的高中心性带来的隐性知识的匮乏和创新性的缺失，也避免了链状互动结构给团队造成的信息传递效率降低、成员之间交流不通畅等弊端。但是，该中学师生互动的网络社群图并不是简单的网状结构，还表现出了多样化的复杂特征：（1）大部分的网络结构具有多个中心，并往往以这些中心形成若干小的群体，少数的网状结构具有单个中心（如政治学科交流区网络）。（2）而且网络的中心由不同类型的节点构成，部分网络的中心节点由教师构成，部分网络的中心节点主要由学生构成，而有的中心节点则由教师和学生共同构成，因而，将多个中心网络又分为教师中心（例如德育 2009级 2 班、6 班讨论区以及生物、语文、政治、物理学科交流区）、学生中心（例如德育 2010 级的三个班级和 2011 级的三个班级的讨论区）以及师生共同中心（例如德育 2009 级 4 班以及数学、英语学科交流区）三类。这些中心成员发起互动的话题，引领互动的方向，引导着讨论区的运作。（3）不同类型节点的参与程度存在明显差异。（4）网络中心节点显示出明显的等级性，教师的声望总体上高于学生的声望，核心节点学生的声望高于普通学生的声望。

将研究的微观探讨和宏观考察结合起来，可以发现，虽然该校的互动网络结构都表现出网状模式，但是，社群网络中的不同中心组成对互动的广度和深度有着不同的影响。经过原始记录分析发现，学生中心的社群网络，学生的参与面更广（点出度更高），但是以单次互动为多，缺乏深入的交流和探讨。而教师中心的社群网络，学生的参与面（点出度低于前者）也许不太广，但是互动以多次居多，在多次互动中，不断深化认识、进行意义的协商。许（Heo）、林（Lim）和金姆（Kim）的研究也表明，互动的数量对于网络交互是必要的，但是要想取得好的效果，互动的质量却是关键的。因此，在学生中心的社群网络中，教师对讨论深度的引导作用还可加强。

（四）预测网络师生互动的学生变量

卡斯皮（Caspi）等明确指出，人的行为既由外部因素决定，也由内部因素决定。研究四将外部因素即互动情境分为社会情境和学习情境。研究结果表明，情境变量即互动情境的主效应显著，学生在社会情境中与教师进行网络互动的意愿程度显著高于在学习情境中的意愿程度。在这两种情境中，学生与老师进行网络互动的意愿程度明显不同，是和社会和学习的情境特点有关的。符号互动理论认为社会情境是由各种有意义的符号构成，人正是在社会情境中不断实现自我。泰勒、佩普劳和希尔斯认为，在集体主义文化中塑造的自我是相互依赖的，是社会关系的一部分。因此，相较于学习情境而言，作为与个体发生直接心理联系的社会情境，更具有隐私性、关系性和情感性。网络空间的特征，使得网络互动中情感支持功能凸显。网络最本质的特征是交流，网络空间正好具有强调情感诉求的特点。网络提供了温暖、安全和理解的空间，网络使用者能够在网上更好地表达真实的自我。而学习情境主要是与学生的学习认知过程相关的情景，它具有悬疑性或活动性、生活性、真实性等特点，不带有较强的私我性。在解决问题方面缺乏即时反馈和非言语交际手段的传递，如面部表情、手势或姿势的辅助等，在答疑和学习辅导方面没有面对面互动高效。所以学生更喜欢通过网络和教师交流有关社会情感的问题，向教师请教和交流学习问题则更愿意通过面对面的方式。

同时，研究发现互动情境和人格特质存在交互作用，内向型的学生更愿意在社会情境中与教师进行网络互动；而外向型的学生更愿意在学习情境中与教师进行网络互动。阿米凯·汉布格尔（Amichai-Hamburger）等认为人格是理解人们网络行为的核心因素。但陈少华、吴颢和谭慧却认为，人格特质尽管是网络使用显著的预测源，但人格与互联网使用之间并非简单的对应的关系，人格对互联网使用的预测作用还要取决于对人格本质的分析和对互联网使用情况的分解。针对研究者就外向型和网络交往和使用之间的关系得出的互相矛盾的结论，本研究结合不同情境考察学生人格对网络师生互动的影响，结果证明了陈少华等主张的人格特质并不是简单地对应于网络交往或使用的结论。需求是行为的驱动力。内向型青少年具有害羞、保守、不爱交际、羞怯等特点，他们不善于在现实生活中与他人交往，也很难在现实生活中获得更多的社会支持。对他们而言，互联网为他们提供了一个不同于现实环境的交流平台，通过这个平台，他们可以摆脱令他们紧张和焦虑的现实情景式的交往方式。社会情境与个体发生着更直接的心理联系，与自我联系更为紧密，对于内向型的学生而言，他们更羞怯于在教师办公室、教室、校园等现实生活场景中去和教师面对面交流他们的情感生活。但是，网络的虚拟性、符号性和间接性等特点可以弱化教师的权威性，令内向型的学生感觉更轻松。交流方式的灵活性（同步和异步交流的方式可供自由选择）、时空的不限性令这些学生感觉更自在。而且书面交流的方式也让学生有更多的时间用于组织自己的思想和语言，使得他们的交流更加深入、更加真实。波迪亚（Bordia）也认为，在 CMC 中，学生感觉到更少的压力，能产生更多的想法和进行更多平等的互动。自我觉察的双因素模型可以解释这一现象，该模型认为在以计算机为媒介进行沟通时，用户的私下自我觉察会增加，公众自我觉察会减少，因而，用户会更多关注自己的内心想法。

高外向型的青少年具有好社交、活跃、有雄心、精力充沛、热情等特点。他们一般具有较好的人际关系，也更可能在现实生活中获得更多的社会支持。高外向型学生在现实生活中具有充分发挥与他人沟通及交际的优势，且自控力强，因此，他们更多地将网络作为信息获取的平台，使得信息获取性动机得以强化。相较于内向型学生而言，外向型的学生具有更强的处理人际关系能力与拥有更多的社会支持，他们更愿意在现实生活中处理与解决情感与关系问题。同时，他们的信息获取性动机、自控力较强，因而，他们更愿意将网络作为信息获取、答疑解惑的一个平台。由于网络的间接性，网络互动成为与传统互动不同的"人—机—人"互动方式，使得传统的师生角色意识会有所弱化，教师是知识的权威观念会有所淡化；网络情境中的学习也扩展了师生的身份范围，师生在网络中也可以互相促进；而且网络互动具有不受时空限制的便捷性，这都使得具有强信息动机的外向型学生更倾向于在学习情境中和教师进行网络互动。

研究四实验一的结果表明互动情境对学生的参与意愿具有显著影响，学生更愿意在社会情境中与教师进行网络互动。那么，社会情境中的事件按照效价可以分为积极事件和消极事件，这些不同效价的情感事件会如何影响学生的参与互动意愿？实验二的结果表明，情感事件的主效应显著，消极事件和积极事件相比，学生更愿意就消极事件与教师进行网络互动。消极事件和积极事件相比，更具私密性，而学校面对面交流的地点受到局限，不太适合学生表露太私人性信息，而且学生与教师面对面交流，往往会感觉羞涩、放不开，而网络的间接性特点、"人—机—人"的互动模式为学生与教师进行私人信息的交流提供了一个极好的平台。情感事件和情绪状态的交互效应显著，对于处于消极情绪状态的被试而言，他更愿意就消极事件与教师进行网络互动。这种现象也为情绪的加工一致性效应提供了证据支持，当个体处于某种情绪状态时，会有选择地利用与情绪状态相一致的信息与材料，消极情绪更易激活消极的项目。情感渗透理论（Affect Infusion Model）对这种效应进行了解释，指情绪影响或者成为个体建构性加工的一部分，它会有选择地影响个体的注意和联想，最终使得个体的认知结果朝着与情绪一致的方向倾斜。情感即信息模型（Affect-as-Information Model）也可以对这种情绪一致性效应作出解释，该理论认为人们往往是根据自己的情绪、自己的感受而不是任务特征来作出判断。

了解学生特质与互动情境的共同作用特点之后，教师可以更好地针对不同个性的学生在不同的情境中采取不同的交流方式。对于那些内向的学生而言，他们在网络中可以更真实、更清楚地向教师表达自己的情感，使得教师可以更及时地走进他们的内心世界，促进他们的健康成长。对于那些外向的学生而言，教师可以合理利用网络令他们进行更好地自我展示，促进他们思维的拓展与延伸。同时，学生的情绪状态和情感事件对网络互动意愿的交互影响，也为教师洞察学生的心理状态，及时帮助学生排解消极情绪提供了一个建议。中学生正处于身心迅速发展的时期，他们的心智发育还未成熟，心理比较脆弱，耐挫能力较差，如果学生的消极情绪没有得到及时调节和管理，将会严重影响他的健康成长。教师可利用学生更愿意通过网络来讲述自己的苦闷，释放自己的伤心这一特点，及时有效地帮助学生走出消极的情绪，让他们以愉快的状态投入到学习和生活中去。根据学生的不同情绪状态以及情感事件的不同性质，教师采取不同的交流方式，会更有利于学生的情绪健康。因此，对预测网络师生互动学生变量的探讨，可以让教师在师生互动方面更为主动和高效。

（五）促进师生网络交流的教师策略

教师了解学生特质和互动情境对师生互动的影响特点之后，教师可以采取什么样的策略来促进与学生的互动从而使得师生关系更为融洽？研究五带着这样的问题对影响网络师生互动的教师因素进行了探究。

结果表明，教师自我表露的主效应显著，学生和高自我表露的教师进行网络互动的意愿程度显著高于学生和中、低自我表露水平的教师进行网络互动的意愿程度。这个结果和已有研究发现的教师自我表露对诸如教师的透明度、学生的参与、学生的动机、情感学习和教室气氛以及学生感知到的教师的信赖度等变量有着积极影响的结论一致。CMC 的间接性、便捷性等特征有利于教师通过网络展现出他们在教室以外情境中那些轻松的、社会的一面，这些是在传统的教室环境无法看到的。当教师通过网络呈现他们的相片、个人信息以及对某一事件的看法和观点时，学生可能会感到教师和自己具有某些相似性，感觉到教师更多的信赖和关爱。而且，教师在网络上的介绍和表露更为真实、更贴近生活，也容易拉近学生与教师之间的距离。因此，他们更愿意与这样的教师进一步互动和交流。

研究的发现对于那些对内向的，甚至为和教师交往而焦虑的学生具有指导意义。他们登录教师的博客或者通过网络向教师提问和寻求帮助比在现实环境中面对面和教师交流更为放松自在，这样对学生的学习效果会有着更积极的作用。特别是对于新教师而言，通过网络进行自我表露，让学生尽早地熟悉教师，从而更好地适应新教师。通过网络进行自我表露为教师提供了一个用来巩固师生关系的重要手段。教师可以有策略地通过网络进行合适的自我表露，增进与学生之间的亲密度。当然，教师通过网络进行自我表露也是需要保持谨慎的。如同交流隐私管理理论所说，为了保护教师的信任感，他们也要决定向学生表露哪些信息而隐藏哪些信息。因此，教师表露的信息应该是合适的。今后，研究者可以进一步探讨学生认为教师在网络中表露哪些内容合适，哪些内容又不合适。而且，教师自我表露中的内容中包括一些特定类别，例如相片、个人信念和关系状态等，那么这些类别又分别如何影响学生对教师的知觉？同时，教师在网络中的自我表露是否存在一种曲线关系，也就是说，如果教师的自我表露达到非常高的水平，它会使学生产生负面的认知吗？

教师交流风格的主效应显著，学生与交流风格为文本和表情图标相结合的教师进行网络互动的意愿程度显著高于和该教师采取其他交流风格时的意愿程度。德尔克（Derks）、费希尔（Fischer）和博斯（Bos）指出由于 CMC 中缺少非言语线索，情感互动相较而言缺乏情绪具身和情绪体验。但哈里斯（Harris）和帕罗蒂斯（Paradice）对 CMC 中的技术使用及其对情感传递的效用进行了研究，他们发现，情绪效价和情绪图标等结合使用时，消息接收者能察觉消息发送者的情绪，且当消息中情绪线索的数量增多时，消息接受者对消息发送者的情绪觉察程度更高。董（Tung）和邓（Deng）也发现，动态情绪图标让学生感知到更高的社会存在。因此，文本和表情图标相结合的方式既让学生感知到了更高的社会存在感，也避免了交流的呆板，弥补了网络交流情绪线索的缺乏。表情图标比表情符号更为形象生动，因此，教师采取文本和表情图标的方式更令学生喜欢。认知负荷理论（cognitive load theory）也指导教师通过言语表征和图像表征互补，使学习者尽快从浅层语义表征与视觉影像达到命题表征与心理模型。

教师交流情境的主效应显著，在任务导向型情境和社会情感型情境相比较而言，在教师交流情境为社会情感型下，学生与教师进行网络互动的意愿程度更高。研究三对学校网络师生互动的社会网络分析结果也表明，和学科交流区比较而言，学生在德育讨论区交流更为主动和活跃。学生在德育讨论区的发帖也更受关注。任务导向情境以任务为目标，而社会情感情境则以情感交流与支持为导向。网络最本质的特征是交流，网络空间正好具有强调情感诉求的特点，而且，网络提供了温暖、安全和理解的空间，网络使用者能够在网上更好地表达真实的自我。所以，网络的间接性使得学生更愿意在教师交流社会情感的情境中与教师进行互动。

教师自我表露和交流情境对学生和教师进行网络互动的意愿程度具有交互效应。交流隐私管理理论将公共关系和私人信息之间的关系比喻为边界，它强调教师是否表露以及何时表露基于诸如情境、动机等规则。乔伊森（Joinson）的研究论证了 CMC 是以高水平的自我表露为特征，CMC 与面对面讨论比较而言，CMC 中的自我表露水平显著高于面对面情境。在任务导向型情境中，任务凸显出来，进行私人信息的表露不太适宜。在社会情感情境中，公众自我觉察水平下降，私下自我觉察水平提高，在这样的情境中进行私人信息的表露自然且适宜。因而，学生更愿意在社会情感情境中和高自我表露的教师进行网络互动。

　　教师交流风格和交流情境共同影响学生和教师进行网络互动的意愿程度。德尔克（Derks）、博斯（Bos）和哥伦布考（Grumbkow）就社会情境（分为任务导向型和社会情感型）对网络交流中情绪图标使用的影响进行了研究，结果表明，被试在社会情感情境中比任务导向情境中使用更多的情绪图标。表情图标是网络中的情绪线索，它的使用传达了运用表情图标人的意图和动机。在社会情感情境中，情绪情感的表达动机更强烈，表达的需要也更明显，在社会情感情境中结合表情图标的使用才能获得师生情感交融、情感支持的最佳效果，因此，学生更愿意在社会情感情境中与采用文本和表情图标相结合的方式交流的教师去进行网络互动。

　　综上所述，网络在促进师生交往和关系融洽方面有着巨大潜力。教师在不同的网络交流情境中可以进行不同程度的自我表露，例如，在社会情境中，教师可以进行更高水平的自我表露，学生会对教师产生更大的信任感，感觉教师更具有亲和力。教师在不同的交流情境中也可以采取不同的交流方式，例如，在社会情境中，教师采取文本和表情图标相结合的方式，弥补情绪线索的缺失，增进学生的社会存在感，从而让学生通过网络展现真实的自我，有利于教师及时了解他们的心理困惑和学习困难。教师可以充分利用网络的特点与优势，让网络中的互动促进现实情境中师生关系的改善，同时，引领学生更好地发展自我、完善自我。

二　总结论

　　本书的系列研究采用内容分析法从微观层面对中学网络师生互动的深度特征进行了考察，以此为基础，采用滞后序列分析法探讨网络师生互动的行为模式以及采用社会网络分析法从宏观层面描述网络师生互动的结构模式。并采用实验法考察影响网络师生互动的学生因素和教师因素。通过问卷调查法与深度访谈法，编制高校网络师生互动问卷并利用自编问卷考察高校网络师生互动的现状与特点。采用社会网络分析方法从宏观与关系角度上描述高校网络师生互动的特点。最后采用单类内隐联想测验法考察大学生对网络师生互动的内隐态度。上述研究主要得出以下结论。

（1）Gunawardena 的交互模型可以用来分析中学师生在网络互动中知识建构所达到的深度。上海闵行二中"德育讨论区"和"学科交流区"中的知识建构都以信息分享和比较为主，但在知识建构深度阶段的分布上具有各自鲜明的特征。师生在"德育讨论区"互动过程中知识建构的深度有待加强，同时还表现出了师生情感支持的特点。和"德育讨论区"相较而言，师生在"学科交流区"互动过程中知识建构的水平更高。

（2）该中学网络师生互动的行为模式以连续迁移型为主。"德育讨论区"中的师生互动行为模式包括连续迁移型、知识人际互迁型以及知识情感互迁型。"学科交流区"中的师生互动行为模式包括连续迁移型、知识正向跃迁型、知识负向跃迁型以及人际情感互迁型。知识正向序列能够促进知识互动质量的提高。

（3）该中学网络师生互动的结构呈现出复杂多样化的网状模式。大部分的网络结构具有多个中心，并往往以这些中心形成若干小的群体，中心由不同类型的节点构成，且根据中心组成的不同情况，师生互动的网络结构可细分为教师中心网状模式、学生中心网状模式、师生共同中心网状模式；不同类型节点的参与程度存在明显差异；网络中心节点显示出明显的等级性，教师的声望总体上高于学生的声望，核心节点学生的声望高于普通学生的声望。

（4）互动情境、不同效价的情感事件对学生与教师进行网络互动的意愿程度有着显著影响。和学习情境比较，学生更愿意在社会情境中与教师进行网络互动；消极情感事件和积极情感事件相比，学生更愿意就消极事件与教师进行网络互动。互动情境和人格特质共同影响学生与教师进行网络互动的意愿程度，内向型的学生更愿意在社会情境中与教师进行网络互动，而外向型的学生更愿意在学习情境中与教师进行网络互动。情感事件和情绪状态共同影响学生与教师进行网络互动的意愿程度，在消极的情绪状态下，学生更愿意就消极情感事件与教师进行网络互动，在积极的情绪状态下，学生没有出现这种选择效应。

（5）教师在网络中进行高水平的自我表露、采取文本和表情图标相结合的交流方式、以社会情感为交流情境都是促进学生与教师网络交流的策略；同时，教师的自我表露对学生互动意愿程度的影响与交流风格，对学生互动意愿程度的影响都要受到交流情境的制约，教师在社会情感情境中进行高水平的自我表露以及教师在社会情感情境中采用文本和表情图标相结合的交流方式均更能促进学生与教师进行网络互动的意愿程度。

（6）自编的《高校师生网络互动问卷（学生版）》包括四个维度，情感依赖性、行为主动性、内容分享性、互动有用性。其中情感依赖性的方差解释量最大。

（7）自编的《高校师生网络互动问卷（学生版）》信度和效度良好，符合心理测量学的技术要求，作为进一步研究的工具时需要进一步地修订与完善。

（8）高校师生间网络互动使用网络工具，依其频繁程度依次为QQ、空间及博客、E-mail、微博、微信、BBS。

（9）师生网络互动问卷施测结果发现，男生、女生的情感依赖性、行为主动性、内容分享性、互动有用性差异均不显著；不同专业之间的差异不显著；不同年级在情感依赖性、行为主动性、内容分享性三个维度上的差异也不显著，但在互动有用性上，不同年级之间的差异显著，在该维度上，大四学生的得分最高，大三学生得分最低。

（10）该班级QQ群中，大部分学生和老师有直接联系，但仍接近一半的学生未与老师互动，形成的关系网络密度较低，属于稀疏型，说明师生之间联系不太紧密。

（11）老师在群互动入度高，但出度较低，说明老师在互动中较受欢迎，声望较高，但并没有成为学生的意见领袖。

（12）大学生对网络师生互动态度的内隐效应显著，大学生对网络师生互动的内隐态度是积极的。

（13）男女大学生在对网络师生互动的内隐态度上不存在显著差异。

第二节　对当前信息化教育实践与理论研究的启示和建议

一　对当前信息化教育实践的启示与建议

互联网与教育日益深度地结合既为教育领域带来了广大的机遇，同时也充满了无数的挑战。有关网络师生互动的研究结论可以为当前的信息化教育实践和教育理论研究提供一定的借鉴和启示。

（一）对当前信息化教育实践的启示

1. 注重互联网思维在教育系统中的应用

互联网思维，原指在（移动）互联网＋、大数据、云计算等科技不断发展的背景下，对市场、用户、产品、企业价值链乃至对整个商业生态进行重新审视的思考方式。互联网时代的思考方式，不局限在互联网产品、互联网企业。这里指的互联网，不单指桌面互联网或者移动互联网，是泛互联网，因为未来的网络形态一定是跨越各种终端设备的，台式机、笔记本、平板、手机、手表、眼镜，等等。而运用在教育领域的互联网思维则是指在（移动）"互联网＋"、大数据、云计算等科技不断发展的背景下，对整个教育生态进行重新审视的思考方式。

"互联网＋教育"的关键是用互联网思维改造学校。互联网思维指导下的学校建设，将会突破校园的界限，延伸到无限的空间；将会打破课堂的时间限制，随时都是课堂，从而打造更多元、更立体的育人空间与场所。浙江绍兴柯桥区将建"智慧校园"，投入1000万元推进柯桥区教育资源云平台二期建设，进行教育软件项目、特色应用项目、云环境租用等配套建设，优化现代设施设备应用水平。开创新时代下的创新教育。湖北恩施着力打造教育信息化工作品牌，以教育均衡发展为目标，大力发展教育信息化工作，基本建成了覆盖全市各教育单位的教育城域网和覆盖校园的校园网，实现了网络的高速互联互通。湖南省政协委员李新宇呼吁，"农村贫困地区不应成为教育信息的'孤岛'，在'互联网＋'时代，应创新教育扶贫方式，大力发展在线教育"。从这些实践中我们可以看到互联网思维正贯彻在教育系统的建设中，并将持续下去。这种思维将从宏观层面、战略层面指导互联网背景下新型教育生态的构建。

2. 树立新型师生交往理念

传统的师生关系中，教师享有更多的话语权，更有权威性，师生互动更多的是教师单向传递，学生被动接受。在互联网飞速发展的当今，学生的思想也随之发生了变化，他们有着网络互动的意愿与需求，他们既是信息的接收者，也是信息的传播者，互动方式也不可能仅仅局限于课堂交往。而互联网便为师生交往提供了新的选择，新的平台。在互联网、数字化的大环境下，新时代的教师应突破传统师生交往观念的束缚与禁锢，以全新的理念来指引师生交往活动。教师需要正确把握面对面互动与网络互动的关系。师生课堂面对面互动与网络互动是不同情境下的两种互动方式。两者的互动模式及结构特点不同，但也存在着交叉性的共生关系。它们之间不是非此即彼的二元对立关系，也不是简单的替代关系，而是互相包容、互为补充、互相促进。两者各有所长，在通常情况下，网络互动知识建构的广度和深度稍强于课堂面对面互动；在网络互动中，异步互动的深度又会强于同步互动。研究表明，网络互动有利于学生释放情感，获得支持，特别是对于内向型学生。但在情感沟通的广泛性与强度上，网络互动要弱于面对面互动。所以，今后的互动可以根据不同性格、不同性别的学生，根据不同的沟通任务与情境，采用不同的互动方式，既提高知识建构的深度，也促进学生的社会性发展。

3. 开辟网络育人新战场

网络的开放性、容量丰富性不仅为学生提供了更为广阔的信息平台和学习资源，其匿名性与平等性更容易让网络成为学生释放情感、压力、分享秘密、情感沟通的平台。在面对面的情境中，许多学生尤其是那些内向型学生因或是感到羞涩，或是觉得不便等等原因不太愿意主动去跟老师进行交流，尤其是涉及私密情感时，他们更不会主动沟通。但是，网络因为其间接性、平等性，让他们可以不用顾忌身份差异、不用考虑同学们眼光。他们在社交网站上写日志、上传照片、转发情感文字、发微博、朋友圈，老师们对学生网络上的动态给予适当的关注和反馈，一定程度上可以减少学生的顾虑。甚至，利用QQ、微信等在线沟通方式同步、异步交流，更好地帮助他们解决生活疑惑，给予情感支持，促进学生身心健康成长。今后的教育中，教师可以好好开发并利用这块育人战场。

（二）对当前信息化教育实践的建议

1. 教师角色的转变

教师由传统教学中单一的教师角色变为了网络环境下教学互动中的引导者、教学秩序的监督者，同时又是互动讨论中的聆听者和参与者。在互动讨论的时候，教师不仅可以进行引导与启发，对讨论内容进行有效监督，而且可以通过改变网络ID地址的方式变为学生身份，和学生平等对话，更加真实地了解学生的学习状况和思想动态，然后反馈到教学应用上，增强教学效果。但是，莱维奇（Levitch）和米尔黑姆（Milheim）认为，"教师需要在参与太少和参与太多之间维持平衡。教师没有必要给每个学生的帖子回复，但是相反，应该决定参与、评论、提问或者再次讨论的恰当时间。过多地参与会减少学生之间的互动，会对教师产生一个不必要的依赖感"。

教师应成为网络师生互动的推动者、指导者而不是控制者。如果教师以推动者与指导者的角色参与网络互动，那么他们将鼓励学生发起讨论并对学生的问题进行回答，但是不会去控制学生的讨论。他们时而会积极发起讨论，时而又在合适的地方中止讨论。他们积极推动学生在论坛中的讨论，也为促进师生之间的深层次交流做出贡献。但是，教师不应是网络互动的控制者。他们应尽力通过自己的推动和指导，让学生参与到网络学习讨论中来。由于网络讨论既不受时间的限制，也不受空间的阻碍，所以为了促进学生知识建构的深度，教师可以通过鼓励、推动、帮助指导等手段之后，逐步减少学生在网络讨论

中对教师的依赖。

2. 提高教师信息素养

社交网络师生互动模式构建的关键也就在于主体双方的参与程度，其中，教师的引导行为不容忽视。在互联网时代，教师可以充分利用网络社交对师生互动的重要影响力来增加与学生的网络互动频率，定期更新个人网络空间内容，发微博等丰富互动资源，分析学生的网络行为特点，找寻他们的兴趣点，吸引他们加入到师生互动中来，如主题帖子的创设、利于思考的微博、书评、人生感悟、网络词汇的使用、热门讨论帖的发布等，都会引起学生的关注与参与，进而为更广泛的交往活动奠定基础。教师还可以以问题逻辑的方式，设计与创作"微课程"教学单元，把教材的逻辑体系转化为"微课程"教学的问题逻辑体系，优化教师的"教"与学生的"学"、"课内"和"课外"衔接、"线上"与"线下"互联，让学生享受到新技术带来的便利与实惠。教师甚至利用一些广受好评的手机 APP，比如英语趣配音、Fishbox 等，无论是对于英语等语言课程，还是理科课程的学习，这些软件的使用既激发了学生的学习热情，也促进孩子对知识的探究。总之，教师需要根据时代的发展提升自己的数字媒介素养，这不仅仅在于掌握数字化的工具，更重要的是培养一种思维方式。如何依托信息技术与互联网，走进学生的内心，激发学生的热情，让学生更乐于与教师交往，更乐于接受教师的影响。

3. 尝试课堂教学结构的转型

为了真正贯彻以学生为本的理念，教师可以尝试做一些课堂教学结构的转型。比如慕课"翻转课堂"教学模式，它将"以教师讲授为中心的课堂"转变为"以学生为中心的课堂"，实现课堂教学结构的转型，是以"学"为本教学理念的具体体现和实践要求。慕课设置的微课程、问题讨论、小测验、师生互动等教学环节要求学生在线自主学习，掌握教学内容和基本理论观点，借助于回答问题和小测验环节了解学习效果，并通过在线师生交流讨论，教师针对性地引导学生深化理解和认识，既增加了师生、生生互动的机会，更能满足不同层次学生个性化学习的需要。"翻转课堂"教学模式将教学过程中教师的主导作用和学生的主体地位有机结合，"教"与"学"各得其所，相得益彰。借鉴慕课"翻转课堂"教学模式，教师可以充分利用网络技术优化教学流程，建构网络学习资源，学生通过网络在线学习相关基础理论和教学内容，对于教学知识点先行了解和认知。在学生自我学习的基础上，课堂主要进行师生互动交流，拓展知识视野、完善知识结构，探讨社会热点话题，深化知识建构程度，提高学生独立思考问题和分析问题的能力。看上去老师似乎讲得更少了，老师的影响小了，其实不然，教学结构的转型可以拓宽学生对知识广度与深度的探究。

二　对未来理论研究的展望

虽然本书在网络师生互动的内容特征、行为模式、网络模式以及影响因素等方面的探讨做出了一定的努力，但是总体而言，本书仍然只是针对网络师生互动这一新课题所进行的一系列初步的基础性的探索，今后的研究还需要从以下几方面进一步地去深入和完善。

对中学网络师生互动的深度特征、行为模式和结构模式探讨的数据来源于上海市某中学的校级网络平台，这是一个公共平台，但是，师生互动的方式除了这个公共平台以外，还有非正式交流工具，比如QQ（特别是私聊部分）、E-mail等，这些交互信息是不在这个网络平台中的。因此，今后的研究既要获取公共平台中的互动信息，也要尽力采集非正式交流渠道中的交互信息，以便为得出全面、客观的结论奠定坚实的基础。本书中的现状与特点考察主要是基于横断面研究，今后可以采用追踪调查，进行纵向研究，以便更清楚地展现网络师生互动的发展特点。

其次，对中学网络师生互动影响因素的探究只是未来网络师生互动研究的开始。今后，可以通过多种方法更广泛地挖掘出网络师生互动的前因变量，例如，互动动机等。由于网络师生互动是一个动态的过程，未来的实验研究可以模拟互动的动态过程，行为实验与认知神经实验数据相结合，更深入考察网络师生互动的影响因素。同时，还应加强对网络师生互动结果变量的研究。学生就网络互动的参与意愿和网络互动的实现之间具有什么样的关系？网络师生互动对学生的学习成绩产生了什么样的效果？对学生的情绪调节具有什么样的作用？对师生关系以及教师心理有着什么样的影响？此外，网络师生互动的前因与结果变量之间如何发生作用，对作用机制的探讨也将是今后研究的方向。

附　　录

附录1　研究四情境句子征集问卷

亲爱的同学：

你好！

无论是在学校，还是在校外，你们都会在一些情况下，想要与老师进行交流或互动。在不同的情况下，你可能会选择通过不同的方式（如，网络互动、面对面互动等）去和老师交流或互动。该问卷一共包括两大部分，请你按照要求填写出相应的句子。

非常感谢你的参与与支持！

班级：　　　　学号：　　　　年龄：　　　　性别：

一　互动情境句子

如果把需要和老师交流、互动的各种情况划分为学习情境和社会情境两大类，那么请你回想你平时的学习与日常生活，对之进行一下总结与思考，尽可能多地写出属于学习情境和社会情境的句子，句子越多越好。

1. 学习情境句子

（1）

（2）

（3）

（4）

（5）

（6）

（7）

（8）

（9）

（10）

2. 社会情境句子

（1）

（2）

（3）

（4）

（5）

（6）

（7）

（8）

（9）

（10）

二　情感事件句子

在我们的生活中发生了各种各样的情感事件，有的令你感到伤心、生气、难过、厌恶、后悔、害怕、羞耻、焦虑，把带给你这种感觉的事件统称为消极情感事件；而有的事件会令你感到高兴、愉快、惊喜、自豪，把带给你这种感觉的事件统称为积极情感事件。那么请回想你平时的学习与生活，尽可能多地写出属于消极情感事件和积极情感事件的句子，句子越多越好。

1. 消极情感事件句子

（1）

（2）

（3）

（4）

（5）

（6）

（7）

（8）

（9）

（10）

2. 积极情感事件句子

（1）

（2）

（3）

（4）

（5）

（6）

（7）

（8）

（9）

（10）

非常感谢你的支持与参与！

附录2　EPQ简版（外向性）问卷

亲爱的同学：

　　你好！请你根据实际情况，如实完成下列问题。你只需要在与你所选等级相应的数字上画"√"，不需要对每题的含义进行过多的思考。

题目	是	否
1. 你是个健谈的人吗？	1	2
2. 你是个生气勃勃的人吗？	1	2
3. 你愿意认识陌生人吗？	1	2
4. 在热闹的聚会中你能使自己放得开，使自己玩得开心吗？	1	2
5. 在结交新朋友时，你经常是积极主动的吗？	1	2

题目	是	否
6. 你能否很容易地给一个沉闷的聚会注入活力？	1	2
7. 你是否喜欢和人们相处在一起？	1	2
8. 你是否喜欢在自己周围有许多热闹和令人兴奋的事情？	1	2
9. 你是否喜欢说笑话和谈论有趣的事？	1	2
10. 在别人眼里你总是充满活力的吗？	1	2
11. 你能使一个聚会顺利进行下去吗？	1	2
12. 在社交场合你是否倾向于待在不显眼的地方？	1	2

附录3　研究四实验一情境材料及反应量表

亲爱的同学：

你好！

无论是在学校，还是在校外，你们都会在一些情况下，想要与老师进行交流或互动。不同的情况下，你可能会选择通过不同的方式（网络互动、面对面互动等）去与老师交流、互动。以下是一些与老师互动的各种情况，请你仔细阅读，并按照你平时的做法和你内心真实的想法，就你打算通过网络或者面对面方式去和老师互动的意愿程度做一个评价，请在相应的数字上打"√"。其中，1—4 表示学生更愿意通过左边的方式与教师进行互动，表示的程度从左到右依次为1＝非常更愿意，2＝比较更愿意，3＝一些更愿意，4＝稍微更愿意；5—8 表示学生更愿意通过右边的方式与教师进行互动，表示的程度从左到右依次为5＝稍微更愿意，6＝一些更愿意，7＝比较更愿意，8＝非常更愿意。

你对问题的回答没有对错之分，仅用于研究，不会泄露你的任何信息，请你按照自己的想法放心作答！谢谢合作！

班级：　　　　学号：　　　　年龄：　　　　性别：

1. 当你对老师课堂上讲过的知识不能理解的时候，你愿意通过面对面或者网络与老师交流的程度是?

面对面互动　1　2　3　4　5　6　7　8　网络互动

2. 当你想和老师深入探讨某一个习题的时候，你愿意通过面对面或者网络与老师交流的程度是?

面对面互动　1　2　3　4　5　6　7　8　网络互动

3. 当你感觉有心理困惑的时候，你愿意通过面对面或者网络与老师交流的程度是?

网络互动　1　2　3　4　5　6　7　8　面对面互动

4. 当你学习成绩下降，想和老师探讨原因的时候，你愿意通过面对面或者网络与老师交流的程度是?

网络互动　1　2　3　4　5　6　7　8　面对面互动

5. 当你有心里话或烦恼要对老师讲的时候，你愿意通过面对面或者网络与老师交流的程度是?

面对面互动　1　2　3　4　5　6　7　8　网络互动

6. 当你有思想问题的时候，你愿意通过面对面或者网络与老师交流的程度是?

网络互动　1　2　3　4　5　6　7　8　面对面互动

7. 当你希望在学习上学得更好，想要获得老师建议的时候，你愿意通过面对面或者网络与老师交流的程度是?

网络互动　1　2　3　4　5　6　7　8　面对面互动

8. 当你感到很沮丧的时候，你愿意通过面对面或者网络与老师交流的程度是?

面对面互动　1　2　3　4　5　6　7　8　网络互动

9. 当你有更好的解题思路，想要和老师交换想法，你愿意通过面对面或者网络与老师交流的程度是？

网络互动　1　2　3　4　5　6　7　8　面对面互动

10. 当你需要做出重大决策，想要得到老师建议的时候，你愿意通过面对面或者网络与老师交流的程度是？

面对面互动　1　2　3　4　5　6　7　8　网络互动

11. 当你和同学产生矛盾，自己又难以处理的时候，你愿意通过面对面或者网络与老师交流的程度是？

网络互动　1　2　3　4　5　6　7　8　面对面互动

12. 当你对知识的理解与老师的理解不一致，想要和老师探讨的时候，你愿意通过面对面或者网络与老师交流的程度是？

面对面互动　1　2　3　4　5　6　7　8　网络互动

13. 当你付出努力，成绩却不理想，想要和老师交流学习方法的时候，你愿意通过面对面或者网络与老师交流的程度是？

面对面互动　1　2　3　4　5　6　7　8　网络互动

14. 当你和家人关系紧张，想要老师建议你如何做的时候，你愿意通过面对面或者网络与老师交流的程度是？

网络互动　1　2　3　4　5　6　7　8　面对面互动

15. 当你遇到感情问题而又不知所措的时候，你愿意通过面对面或者网络与老师交流的程度是？

面对面互动　1　2　3　4　5　6　7　8　网络互动

16. 当你遇到学习难题的时候，你愿意通过面对面或者网络与老师交流的程度是？

网络互动　1　2　3　4　5　6　7　8　　面对面互动

附录4　研究四实验二情境材料及反应量表

积极组/消极组：

亲爱的同学：

　　你好！

　　在你的成长经历中，你一定体验过一些令你非常高兴/伤心的事情，请回想一下这些令你高兴/伤心的事件和场景，并把其中一件令你非常高兴/伤心的事情写下来，与我们分享。

　　能告诉我们你此刻的心情怎样吗？请在1—9等级上作出评价，越靠近1的表示越伤心，越靠近9的表示越高兴，请在相应的数字上打"√"。

　　伤心　1　2　3　4　5　6　7　8　9　高兴

　　谢谢支持，请继续！

　　同学们，无论是在学校，还是在校外，你们都会因为一些事情，想要与老师进行交流或互动。根据不同的事件，你可能会选择通过不同的方式（网络互动、面对面互动等）去与老师交流、互动。以下是一些各种不同的事件，请你仔细阅读，并按照你平时的做法和你内心真实的想法，就你打算通过网络或者面对面方式去和老师互动的意愿程度做一个评价，请在相应的数字上打"√"。其中，1—4表示学生更愿意通过左边的方式与教师进行互动，表示的程度从左到右依次为1=非常更愿意，2=比较更愿意，3=一些更愿意，4=稍微更愿意；5—8表示学生更愿意通过右边的方式与教师进行互动，表示的程度从左到右依次为5=稍微更愿意，6=一些更愿意，7=比较更愿意，8=非常更愿意。你对问题的回答没有对错之分，仅用于研究，不会泄露你的任何信息，请你按照自己的想法放心作答。谢谢合作！

1. 就你收到一份特别精美礼物这件事情，你愿意通过面对面或者网络与老师交流的程度是？

面对面互动　1　2　3　4　5　6　7　8　网络互动

2. 就你在课堂上接听手机，被老师发现并点名批评这件事情，你愿意通过面对面或者网络与老师交流的程度是？

面对面互动　1　2　3　4　5　6　7　8　网络互动

3. 就总是有几个同学私下说你坏话这件事，你愿意通过面对面或者网络与老师交流的程度是？

网络互动　1　2　3　4　5　6　7　8　面对面互动

4. 就你被大家推选为班干部这件事情，你愿意通过面对面或者网络与老师交流的程度是？

网络互动　1　2　3　4　5　6　7　8　面对面互动

5. 就你妈妈的病终于治好了这件事情，你愿意通过面对面或者网络与老师交流的程度是？

面对面互动　1　2　3　4　5　6　7　8　网络互动

6. 就最近因为喜欢一个同学而不能集中心思学习这件事情，你愿意通过面对面或者网络与老师交流的程度是？

网络互动　1　2　3　4　5　6　7　8　面对面互动

7. 就父母决定暑假带你去你想去的地方旅游这件事件，你愿意通过面对面或者网络与老师交流的程度是？

网络互动　1　2　3　4　5　6　7　8　面对面互动

8. 就你父母吵架这件事情，你愿意通过面对面或者网络与老师交流的程度是？

　　面对面互动　1　2　3　4　5　6　7　8　网络互动

　　9. 就你和好朋友的关系又和好如初这件事，你愿意通过面对面或者网络与老师交流的程度是？

　　网络互动　1　2　3　4　5　6　7　8　面对面互动

　　10. 就你与家人的关系闹得很僵这件事情，你愿意通过面对面或者网络与老师交流的程度是？

　　面对面互动　1　2　3　4　5　6　7　8　网络互动

　　11. 就你因为嫉妒你的竞争对手而说了他的坏话这件事情，你愿意通过面对面或者网络与老师交流的程度是？

　　网络互动　1　2　3　4　5　6　7　8　面对面互动

　　12. 就你在校运动会上获得比赛冠军这件事，你愿意通过面对面或者网络与老师交流的程度是？

　　面对面互动　1　2　3　4　5　6　7　8　网络互动

附录 5　教师自我表露材料及其评定

　　一、以下是一位教师在不同场景的三张相片，请在查看之后按要求作出相应的评定：

图片 1

教师自我表露水平——低组

1. 该相片展示出了这位教师低等程度的个人信息，请在 1—5 等级上进行评价，1 表示非常不同意，5 表示非常同意，同意的程度依次递增。请在你选择的数字上打"√"。

非常不同意　　1　　2　　3　　4　　5　　非常同意

图片 2

教师自我表露水平——中组

2. 该相片展示出了这位教师中等程度的个人信息，请在 1—5 等级上进行评价，1 表示非常不同意，5 表示非常同意，同意的程度依次递增。请在你选择的数字上打"√"。

非常不同意　　1　　2　　3　　4　　5　　非常同意

图片 3

教师自我表露水平——高组

3. 该相片展示出了这位教师高等程度的个人信息，请在 1—5 等级上进行评价，1 表示非常不同意，5 表示非常同意，同意的程度依次递增。请在你选择的数字上打"√"。

非常不同意　　1　　2　　3　　4　　5　　非常同意

二、以下是有关这位教师个人信息的三段描述，请在仔细阅读之后按要求作出相应的评定：

（1）大家好，我将是你们的新教师梅子老师。从大学毕业到踏入工作岗位，已有十余年，一直担任英语教学的工作。尽管已有十余年的工作经历，但是我仍然特别喜爱教师这个职业，对它一直充满着热情，并且，我一直很庆幸自己当初选择成为一名教师。对于同学们的情况，我会尽快熟悉和了解，以便能尽快投入工作。

这段文字揭示出了这位教师低等程度的个人信息，请在1—5等级上进行评价，1表示非常不同意，5表示非常同意，同意的程度依次递增。请在你选择的数字上打"√"。

非常不同意　　1　　2　　3　　4　　5　　非常同意

（2）大家好，我将是你们的新教师梅子老师。教书已有十余年的我特别喜爱教师这个职业，当我和同学们在一起的时候，我感觉自己具有无比的活力。我不仅热爱工作，而且爱好多多。我喜爱的书籍有《沉默的大多数》《狼图腾》《简·爱》等；喜欢的电影有《音乐之声》《肖申克的救赎》《勇敢的心》等。除了看书和电影，我还爱好旅游和打球。

这段文字揭示出了这位教师中等程度的个人信息，请在1—5等级上进行评价，1表示非常不同意，5表示非常同意，同意的程度依次递增。请在你选择的数字上打"√"。

非常不同意　　1　　2　　3　　4　　5　　非常同意

（3）大家好，我将是你们的新教师梅子老师。教书已有十余年的我特别喜爱教师这个职业，我不仅热爱工作，而且爱好多多。我喜爱的书籍有《沉默的大多数》《狼图腾》《简·爱》等；喜欢的电影有《音乐之声》《肖申克的救赎》《勇敢的心》等。我还爱好旅游和打球。李娜夺得法网单打大满贯冠军，让我激动不已。这个里程碑式的胜利，既是李娜平时辛勤训练、默默付出的结果，也是属于我们中国人的骄傲。同时，今年上海迪士尼乐园正式破土动工，也令我期待，约 5 年后，我们就可以更方便地去游览兼具迪士尼特色和中国风情的度假乐园。

这段文字揭示出了这位教师高等程度的个人信息，请在 1—5 等级上进行评价，1 表示非常不同意，5 表示非常同意，同意的程度依次递增。请在你选择的数字上打"√"。

非常不同意　　1　　2　　3　　4　　5　　非常同意

三、如果这位老师在网络上对你介绍这些信息，你觉得教师向学生介绍这些内容合适吗？请你就内容的适宜性在 1—5 等级上进行评价，1 表示非常不适宜，5 表示非常适宜，感觉适宜的程度依次递增。请在你选择的数字上打"√"。

非常不适宜　　1　　2　　3　　4　　5　　非常适宜

附录6　教师发帖的三种交流风格

1. 纯文本

（1）社会情感情境——有梦想才会有希望

每个人都有自己的梦想。我在读小学的时候，就梦想着能看到美丽的大海。小学毕业后，第一次看到了大海，但却因为环境的污染，让我很是失望。高考前，我报考了大连理工大学，只因那里有大海，可结果却造化弄人。工作之后，我依然怀揣对大海的向往，去了许多海边城市。梦想对于一个人就是如此重要。当我们怀揣梦想的时候，我们会更加坚定、更有方向。有梦才会有希望，有希望才会有拼搏的激情！能与我分享你的梦想吗？

（2）任务导向情境——征集运动会开幕式方案

学校马上要召开一年一度的运动会了，每年运动会都有开幕式的入场式展示。通过入场式的风采展示，每个班级的精神面貌和班级特色可以得以充分展现。今年的入场式上，我们将采取什么方式来展示班级的特色？你是否能给出独特的想法，来点新颖的小创意呢？为了让我们班级的入场式展示在开幕式上能给广大师生眼前一亮、耳目一新的感觉，现特发动大家的力量，广泛征集你们的建议。你有什么好的方案吗，请大胆地说出来吧！

2. 文本和表情符号相结合

（1）社会情感情境——有梦想才会有希望

每个人都有自己的梦想～@^＿^@～。我在读小学的时候，就梦想着能看到美丽的大海。小学毕业后，第一次看到了大海，但却因为环境的污染，让我很是失望。高考前，我报考了大连理工大学，只因那里有大海，可结果却造化弄人－（－。工作之后，我依然怀揣对大海的向往～^o^～，去了许多海边城市。梦想对于一个人就是如此重要。当我们怀揣梦想的时候，我们会更加坚定、更有方向。有梦才会有希望，有希望才会有拼搏的激情！^o^y 能与我分享你的梦想吗？

（2）任务导向情境——征集运动会开幕式方案

学校马上要召开一年一度的运动会了：－），每年运动会都有开幕式的入场式展示。通过入场式的风采展示，每个班级的精神面貌和班级特色可以得以充分展现。今年的入场式上，我们将采取什么方式来展示班级的特色◎■◎？你是否能给出独特的想法，来点新颖的小创意呢◎■◎？为了让我们班级的入场式展示在开幕式上能给广大师生眼前一亮、耳目一新的感觉，现特发动大家的力量，广泛征集你们的建议。你有什么好 b（▽）d 的方案吗，请大胆地说出来吧！

3. 文本和表情图标相结合

（1）社会情感情境——有梦想才会有希望

每个人都有自己的梦想☺。我在读小学的时候，就梦想着能看到美丽的大海。小学毕业后，第一次看到了大海，但却因为环境的污染，让我很是失望。高考前，我报考了大连理工大学，只因那里有大海，可结果却造化弄人☹。工作之后，我依然怀揣对大海的向往😠，去了许多海边城市。梦想对于一个人就是如此重要。当我们怀揣梦想的时候，我们会更加坚定、更有方向。有梦才会有希望，有希望才会有拼搏的激情✌！能与我分享你的梦想吗？

（2）任务导向情境——征集运动会开幕式方案

学校马上要召开一年一度的运动会了☺，每年运动会都有开幕式的入场式展示。通过入场式的风采展示，每个班级的精神面貌和班级特色可以得以充分展现。今年的入场式上，我们将采取什么方式来展示班级的特色🙈？你是否能给出独特的想法，来点新颖的小创意呢🙈？为了让我们班级的入场式展示在开幕式上能给广大师生眼前一亮、耳目一新的感觉，现特发动大家的力量，广泛征集你们的建议。你有什么好👍的方案吗，请大胆地说出来吧！

附录7　开放式问卷调查

亲爱的同学：

你好！

非常感谢你抽出时间填写此份问卷，此问卷是为了更好地了解网络中老师与学生交流和互动的有关情况。请你仔细阅读问题，根据你的想法认真作答，你对问题的回答只用于整体分析。我们会对结果绝对保密，请你放心作答。

性别：男□　女□　　　　　　是否学生干部：是□　否□

专业：文科□　理科□　艺体□　工科□

年级：大一□　大二□　大三□　大四□　　年龄：

1. 你是否喜欢通过网络与老师进行交流？为什么？

2. 在哪些情况下，你会通过网络主动和老师交流？

3. 在哪些情况下，老师会通过网络与学生交流？

4. 你会积极参与到老师与同学们的网络交流中吗？如果会，你一般是怎么参与的？

5. 你认为通过网络与老师进行交流对你个人的成长有哪些帮助？

6. 你会通过网络与老师交流情感类的问题吗？对你情感的帮助体现在哪些方面？

附录8　高校师生网络互动预测问卷(学生版)

您好，非常感谢您接受我们的问卷调查，本次问卷旨在调查高校网络师生互动的现状，调查结果仅用于研究。您的个人信息不会被泄露，更不会被侵犯，回答无对错、好坏之分。本调查一共包括两部分，问卷包括正反两面，请按照自己的理解回答。由于您的回答对我们的研究十分重要，所以请认真地回答，谢谢您的合作与支持！

第一部分：请在符合自己情况的"□"内或相应的数字选项上打"√"。

性别：男 □　　女 □

专业：文科 □　　理科 □　　艺体 □　　工科 □

年级：大一 □　　大二 □　　大三 □　　大四 □　　年龄：

1. 请从以下和老师网络交往的形式中选出你最经常使用的三项（只选三个），然后在选项前面的数字上打"√"。

①QQ（QQ群）　②空间及博客　③微博　④BBS（论坛）
⑤E-mail　⑥微信

2. 你与老师通过网络交流的情况是（　　　）。

①基本没有什么交流　　②偶尔交流　　③中等交流
④经常交流

第二部分：请在每道题后最符合您情况的数字上打"√"。

题目	完全不符	不符合	不确定	符合	完全符合
1. 在班级 QQ 群中，我一般只查看消息，不发表看法	1	2	3	4	5
2. 我会经常浏览老师的博客或空间	1	2	3	4	5
3. 通过网络与老师交流更方便	1	2	3	4	5
4. 和老师在网络上的交流较为轻松	1	2	3	4	5
5. 在遇到较为棘手的问题时，我会通过网络向老师寻求帮助	1	2	3	4	5
6. 当老师与同学们在网络上交流比较重要的事情时，我会积极参与其中	1	2	3	4	5
7. 与老师的网络交流可以让我尽快弄懂学习上的疑问	1	2	3	4	5
8. 老师在网上就我的困惑或困难给予中肯的建议与帮助	1	2	3	4	5
9. 看到老师网络在线，我会主动与老师打招呼	1	2	3	4	5
10. 我会通过网络与老师分享近段时间以来的心情与状况	1	2	3	4	5
11. 通过与老师的网络交流，有助于释放我的学习、生活等方面的压力	1	2	3	4	5
12. 我更愿意在网络上给老师留言而不会给老师发短信	1	2	3	4	5
13. 我会主动对老师在网络上发表的帖子或观点进行评论	1	2	3	4	5
14. 我会通过网络向老师咨询有关个人发展的问题	1	2	3	4	5
15. 通过网络与老师交流，看不到老师的表情和神态，不直接	1	2	3	4	5
16. 与老师的网络交流中，老师能给予我鼓励与安慰	1	2	3	4	5

题目	完全不符	不符合	不确定	符合	完全符合
17. 当不好意思与老师当面交流时，我会选择通过网络与老师进行沟通	1	2	3	4	5
18. 我会通过网络与老师交流现实生活中不大提及的话题	1	2	3	4	5
19. 通过与老师的网络交流，可以使我更深入、更全面地了解自己	1	2	3	4	5
20. 由于代沟的存在，和老师在网络上的交流较为无趣	1	2	3	4	5
21. 在给老师留言之后，我会惦记老师对我的回复	1	2	3	4	5
22. 我会主动通过网络与老师交流自身面临的情感问题	1	2	3	4	5
23. 与老师网络交流不能快速解决问题	1	2	3	4	5
24. 老师在网络上和我的交流很真诚	1	2	3	4	5
25. 就老师在网络上发表的一些生活感悟，我会主动与其交流自己的看法	1	2	3	4	5
26. 我会与老师交流有关我学习上的情况	1	2	3	4	5
27. 通过网络与老师交流，可以增强对老师的了解	1	2	3	4	5
28. 老师会耐心倾听或解答我在网络中的情感问题	1	2	3	4	5
29. 当老师与同学们在 QQ 群里交流时，我会积极主动地参与	1	2	3	4	5
30. 我会通过网络向老师咨询有关专业方面的问题	1	2	3	4	5
31. 在网络中和老师交流可以避免尴尬	1	2	3	4	5
32. 我在网络上与老师缺乏情感交流	1	2	3	4	5
33. 无法通过电话或与老师当面交流时，我会通过网络与老师沟通	1	2	3	4	5

续表

题目	完全不符	不符合	不确定	符合	完全符合
34. 我会向老师和同学们群发贺卡或资料	1	2	3	4	5
35. 通过网络与老师的交流，我可以了解更多有关专业方面的知识	1	2	3	4	5
36. 我更喜欢通过网络和老师进行交流	1	2	3	4	5
37. 节日或教师生日时，我会主动通过网络向其发电子贺卡或留言送祝福	1	2	3	4	5
38. 我会通过网络与老师分享我家庭的事情	1	2	3	4	5
39. 与老师的网络交流可以拓宽我的视野	1	2	3	4	5
40. 老师会像朋友一样在网络上和我交流	1	2	3	4	5
41. 我会及时收看老师在网络上发布的通知或留言	1	2	3	4	5
42. 在网络上与老师的交往中，我会展示出自己不同于现实的其他方面	1	2	3	4	5
43. 网络交流可以消除师生之间的误会或矛盾	1	2	3	4	5
44. 在网络上和老师交流，让我感觉更自在、更自由	1	2	3	4	5
45. 网络上，我会主动查看老师的微博或签名	1	2	3	4	5
46. 在与老师进行的网络交流中，一般是老师发起话题	1	2	3	4	5
47. 通过网络与老师交流无法表达具体而细微的感觉	1	2	3	4	5
48. 和老师进行网络交流，我会心情舒畅	1	2	3	4	5
49. 当对老师发布信息的内容有疑惑时，我会及时给老师留言追问	1	2	3	4	5
50. 我会通过网络向老师述说我的苦恼	1	2	3	4	5
51. 与老师的网络交流让我对人际交往更自信	1	2	3	4	5

续表

题目	完全不符	不符合	不确定	符合	完全符合
52. 和老师在网络上交往，感觉老师更亲近	1	2	3	4	5
53. 相比同学，我会更关注老师在网络上的内容更新	1	2	3	4	5
54. 我会通过网络与老师交流有关班级的事情	1	2	3	4	5
55. 与老师的网络交流丰富了我的大学生活	1	2	3	4	5
56. 通过网络，我与老师的关系更亲密	1	2	3	4	5
57. 同学们说我在网络上和老师交流较为主动	1	2	3	4	5
58. 在网络上与老师的交流不太深入	1	2	3	4	5
59. 我在网络上与老师的交往多于现实生活中与老师的交往	1	2	3	4	5

附录9　高校师生网络互动正式问卷(学生版)

您好！非常感谢您接受我们的问卷调查，本次问卷旨在调查高校网络师生互动的现状，调查结果仅用于研究。您的个人信息不会被泄露，更不会被侵犯，回答无对错、好坏之分。本调查一共包括两部分，问卷包括正反两面，请按照自己的理解回答。由于您的回答对我们的研究十分重要，所以请认真地回答，谢谢您的合作与支持！

第一部分：请在符合自己情况的"□"内或相应的数字选项上打"√"。

性别：男 □　　女 □

专业：文科 □　　理科 □　　艺体 □　　工科 □

年级：大一 □　　大二 □　　大三 □　　大四 □　　　　年龄：

1. 请从以下和老师网络交往的形式中选出你最经常使用的三项(只选三个)，然后在选项前面的数字上打"√"。

①QQ（QQ群）　②空间及博客　③微博　④BBS（论坛）
⑤E-mail　⑥微信

2. 你与老师通过网络交流的情况是（　　　　）。

①基本没有什么交流　　　②偶尔交流　　　③中等交流
④经常交流

第二部分：请在每道题后最符合您情况的数字上打"√"。

题目	完全不符	不符合	不确定	符合	完全符合
1. 经常浏览老师的博客或空间开阔了我的视野	1	2	3	4	5
2. 通过网络与老师交流更方便	1	2	3	4	5
3. 在遇到较为棘手的问题时，我会通过网络向老师寻求帮助	1	2	3	4	5
4. 与老师的网络交流可以让我尽快弄懂学习上的疑问	1	2	3	4	5
5. 通过在网络上与老师交流，有助于自我的情绪调节	1	2	3	4	5
6. 通过与老师的网络交流，有助于释放我的学习、生活等方面的压力	1	2	3	4	5
7. 与老师的网络交流，对我个人发展的问题有一定的帮助	1	2	3	4	5
8. 在给老师留言之后，我会惦记老师对我的回复	1	2	3	4	5
9. 老师在网络上和我的交流很真诚	1	2	3	4	5
10. 就老师在网络上发表的一些生活感悟，我会主动与其交流自己的看法	1	2	3	4	5
11. 当老师与同学们在QQ群里交流时，我会积极主动地参与	1	2	3	4	5
12. 我会主动通过网络向老师咨询有关专业方面的问题	1	2	3	4	5
13. 在网络中和老师交流可以避免尴尬	1	2	3	4	5

题目	完全不符	不符合	不确定	符合	完全符合
14. 无法通过电话或与老师当面交流时，我会通过网络与老师沟通	1	2	3	4	5
15. 我会向老师和同学们群发贺卡或资料	1	2	3	4	5
16. 节日或教师生日时，我会主动通过网络向其发电子贺卡或留言送祝福	1	2	3	4	5
17. 我会通过网络与老师分享我家庭的事情	1	2	3	4	5
18. 老师会像朋友一样在网络上和我交流	1	2	3	4	5
19. 网络交流可以消除师生之间的误会或矛盾	1	2	3	4	5
20. 在网络上和老师交流，让我感觉更自在、更自由	1	2	3	4	5
21. 和老师进行网络交流，我会心情舒畅	1	2	3	4	5
22. 我会通过网络向老师述说我的苦恼	1	2	3	4	5
23. 和老师在网络上交往，感觉老师更亲近	1	2	3	4	5
24. 相比其他同学，我会更加注意老师在网络上的内容更新	1	2	3	4	5
25. 我会通过网络与老师交流有关班级的事情	1	2	3	4	5
26. 我在网络上与老师的交流多于现实生活中与老师的交流	1	2	3	4	5

谢谢您的合作与支持！

参考文献

艾传国、佐斌：《单类内隐联想测验（SC‑IAT）在群体认同中的初步应用》，《中国临床心理学杂志》2011 年第 4 期。

白淑英、何明升：《BBS 互动的结构和过程》，《社会学研究》2003 年第 5 期。

白淑英：《网络时代师生互动的结构简析》，《云南财贸学院学报》2003 年第 1 期。

曹威麟、赵利娜：《高校师生心理契约中教师期望效应的实证研究》，《黑龙江高教研究》2007 年第 12 期。

陈振中：《重新审视师生冲突——一种社会学分析》，《教育评论》2000 年第 2 期。

陈萍：《基于博客的商务英语写作中的师生互动模式》，《科技信息》2010 年第 35 期。

程建伟、刘华山、黄国辉：《中小学生互联网使用状况调查与对策研究》，《中国教育信息化》2010 年第 10 期。

楚艳民、周世杰：《网络态度及其评估》，《中国临床心理学杂志》2008 年第 4 期。

董奇：《心理与教育研究方法》，北京师范大学出版社 2004 年版。

段锦云、傅强、田晓明等：《情感事件理论的内容、应用及研究展望》，《心理科学进展》2011 年第 4 期。

方兴东、石现升、张笑容等：《微信传播机制与治理问题研究》，《现代传播》2013 年第 6 期。

傅维利、张恬恬：《关于师生互动类型划分的研究》，《教育理论与实践》2007 年第 3 期。

葛缨、张大均：《大学网络教学师生互动的调查分析》，《现代远距离教育》2005 年第 1 期。

黄希庭、时勘、王霞珊：《大学班集体人际关系的心理学研究》，《心理学报》1984 年第 4 期。

黄华新、徐慈华：《符号学视野中的网络互动》，《自然辩证法研究》2003 年第 1 期。

胡勇：《网络教学中的教师角色实证研究》，《开放教育研究》2009 年第 4 期。

蒋珊珊：《基于认知负荷理论的交互式多媒体学习环境设计》，《社会心理科学》2010 年第 6 期。

孔祥艳、任瑞仙：《网络教学中的师生交互》，《中小学电教》2005 年第 5 期。

兰玉娟、佐斌：《去个性化效应的社会认同模型》，《心理科学进展》2009 年第 2 期。

黎加厚、赵怡、王珏：《网络时代教育传播学研究的新方法：社会网络分析——以苏州教育博客学习发展共同体为例》，电化教育研究2007 年版。

李宏利、雷雳：《计算机为中介的人际沟通研究进展》，《首都师范大学学报》（社会科学版）2003 年第 4 期。

李虹：《课堂师生互动模式及其社会心理学分析》，《齐齐哈尔大学学报》（哲学社会科学版）1998 年第 6 期。

李红艳：《浅析微博在教育中的应用》，《中国教育信息化》2011 年第 2 期。

李霞、朱晓颖、李文虎：《归属需要的研究进展》，《心理学探新》2010 年第 2 期。

李长吉、金丹萍：《个案研究法研究述评》，《常州工学院学报》（社会科学版）2011 年第 6 期。

刘儒德、赵妍、柴松针等：《多媒体学习的认知机制》，《北京师范大学学报》（社会科学版）2007 年第 5 期。

刘尧、戴海燕:《课堂师生互动研究述评》,《教育科学研究》2010 年第 6 期。

刘军:《社会网络分析导论》,社会科学文献出版社 2004 年版。

卢家楣、刘伟、贺雯等:《情绪状态对学生创造性的影响》,《心理学报》2002 年第 4 期。

陆静萍:《思政课教师亲和力的养成与师生之间的心理契约》,《华中农业大学学报》(社会科学版) 2011 年第 5 期。

马维娜:《大学师生互动结构类型的社会学分析》,《教学研究》1999 年第 3 期。

马志强、刘艳:《对网络教学交互进行内容分析的应用研究》,《现代教育技术》2010 年第 9 期。

马绍奇、焦璨、张敏强:《社会网络分析在心理研究中的应用》,《心理科学进展》2011 年第 5 期。

孟威:《网络互动:意义诠释与规则探讨》,博士学位论文,中国社会科学院,2002 年。

庞维国:《认知负荷理论及其教学涵义》,《当代教育科学》2011 年第 12 期。

彭正龙、沈建华、朱晨海:《心理契约:概念、理论模型以及最新发展研究》,《心理科学》2004 年第 2 期。

平凡:《网络交往中的自我研究》,博士学位论文,华中师范大学,2011 年。

[美]乔治·H. 米德:《心灵·自我与社会》,赵月瑟译,转引自佐斌《师生互动论:课堂师生互动的心理学研究》,华中师范大学出版社 2002 年版。

覃泽宇、刘德怀:《社会网络分析法在网络学习中的应用研究》,《宁波教育学院学报》2009 年第 5 期。

覃学健、李翠白:《虚拟学习社区的社会网络分析研究》,《现代教育技术》2009 年第 2 期。

渠改萍:《符号互动理论述评》,《太原大学学报》2010 年第 3 期。

苏振东:《网络情境下的符号互动理论》,《新闻传播》2011 年第

4 期。

陶天梅、刘智斌：《班级博客在中小学教育应用中的调查研究——以
　　上海上南中学为个案》，《软件导刊》2008 年第 3 期。

田海洋：《网络德育心理机制初探——基于心理契约理论的分析》，
　　《思想政治教育研究》2008 年第 6 期。

王芳：《小学师生互动的差异性研究》，硕士学位论文，安徽师范大
　　学，2003 年。

王逻逻、宋宣、梁英健等：《QQ 群平台在外科学教学中的应用》，
　　《西北医学教育》2011 年第 3 期。

王晓：《班级博客（Blog）平台的创建与应用研究》，硕士学位论文，
　　华中师范大学，2006 年。

王勇、李怀苍：《国内微信的本体功能及其应用研究综述》，《昆明理
　　工大学学报》（社会科学版）2014 年第 2 期。

王英芳：《网络环境对师生互动的影响》，《中国青年科技》2004 年第
　　9 期。

王陆：《虚拟学习社区的社会网络结构研究》，博士学位论文，西北
　　师范大学，2009 年。

王陆：《信息化教育研究中的新内容：互动关系研究》，《电化教育研
　　究》2008 年第 1 期。

王陆、马如霞：《意见领袖在虚拟学习社区社会网络中的作用》，《电
　　化教育研究》2009 年第 1 期。

王耘、王晓华：《小学生的师生关系特点与学生因素的关系研究》，
　　《心理发展与教育》2002 年第 3 期。

魏巍、刘仲林：《跨学科研究的社会网络分析方法》，《科学学与科学
　　技术管理》2009 年第 7 期。

吴康宁：《教育社会学》，人民教育出版社 1998 年版。

吴安艳、熊才平、黄勃：《网络通讯环境下的师生互动变革研究》，
　　《远程教育杂志》2011 年第 3 期。

吴兵、叶春明：《上海电视大学与马来西亚宏愿大学学习者网上交互
　　比较研究》，《开放教育研究》2008 年第 3 期。

谢宝婷：《浅析网络互动内涵》，《社会》2002 年第 7 期。

谢新洲、安静：《微信的传播特征及其社会影响》，《中国传媒科技》
2013 年第 6 期。

谢天、郑全全、陈华娇：《以计算机为媒介的沟通对人际交流关系的
影响》，《心理科学》2009 年第 1 期。

辛娜敏：《远程教育中互动的理念及派别之述评》，《中国远程教育》
2003 年第 6 期。

辛自强、林崇德：《认知负荷与认知技能和图式获得的关系及其教学
意义》，《华东师范大学学报》（教育科学版）2002 年第 4 期。

辛自强、林崇德、俞国良：《教师互动问卷中文版的初步修订及应
用》，《心理科学》2000 年第 4 期。

徐冰鸥：《中小学教师怎样进行课题研究（五）——教育科研方法之
个案研究法》，《教育理论与实践》2008 年第 5 期。

徐伟、陈光辉、曾玉等：《关系研究的新取向：社会网络分析》，《心
理科学》2011 年第 2 期。

杨刚、徐晓东、谢海波：《从课堂到网络：多学科视角下师生互动透
视》，《远程教育杂志》2010 年第 6 期。

杨刚、徐晓东：《远程教育中网络师生互动的本质与特征》，《中国电
化教育》2009 年第 12 期。

杨惠、吕圣娟、王陆等：《CSCL 中教师的教学组织行为对学习者高
水平知识建构的影响研究》，《中国电化教育》2009 年第 1 期。

叶晓玲：《QQ 促进大学生交流互动的小样本实证研究》，《网络教育
与远程教育》2009 年第 8 期。

叶子、庞丽娟：《师生互动的本质与特征》，《教育研究》2001 年第
4 期。

叶新东、朱少华：《大学生社会网络与学习的相关性调查研究》，《电
化教育研究》2007 年第 2 期。

袁松鹤、隋春玲：《课程学习论坛中学生交互情况的分析与启示》，
《现代教育技术》2007 年第 7 期。

袁维新：《论教学过程中的师生互动》，《教育理论与实践》2002 年第

22 期。

张艳红、佐斌:《教师在网络互动中的角色分析》,《长江大学学报》(社会科学版) 2012 年第 12 期。

张豪锋、李瑞萍、李名:《QQ 虚拟学习社群的社会网络分析》,《现代教育技术》2009 年第 12 期。

张刚要、王苏平、沈大为:《基于 BlackBoard 平台的 "小组协作式" 教学模式探索》,《教育探索》2008 年第 7 期。

张大均:《教育心理学》,人民教育出版社 2004 年版。

赵颖:《网络教学平台下如何实现师生互动》,《考试周刊》2011 年第 8 期。

郑金洲:《教育通论》,华东师范大学出版社 2000 年版。

郑晶晶:《问卷调查法研究综述》,《理论观察》2014 年第 10 期。

周晓虹:《现代社会心理学》,江苏人民出版社 1991 年版。

祝建华:《网际互动对大学生社会化的影响分析》,《杭州师范学院学报》(人文社会科学版) 2001 年第 5 期。

佐斌:《师生互动论——课堂师生互动的心理学研究》,华中师范大学出版社 2002 年版。

庄锦英:《情绪影响决策内隐认知机制的实验研究》,博士学位论文,华东师范大学,2003 年。

Amichai-Hamburger, Y., Winapel, G., and Fox, S., " ' On the Internet no one knows I'm an introvert' : Extroversion, neuroticism, and internet interaction", *Cyberpsychology and Behavior*, Vol. 5, No. 2, 2002.

Amiel, T., and Sargent, S. L., "Individual differences in Internet usage motives", *Computers in Human Behavior*, Vol. 20, 2004.

Anderson, T., "Getting the mix right again: an updated and theoretical rationale for interaction", *International Review of Research in Open and Distance Learning*, October 2003.

Baumeister, R. F., and Leary, M. R., "The need to belong: desire for interpersonal attachments as a fundamental human motivation", *Psychological Bulletin*, Vol. 117, No. 3, 1995.

Baker, J. D. , "An investigation of relationships among instructor immediacy and affective and cognitive learning in the online classroom", *Internet and Higher Education*, Vol. 7, 2004.

Berge, Z. , "Facilitating computer conferencing: recommendations from the field", *Educational Technology*, Vol. 35, No. 1, 1995.

Berge, Z. , "Computer conferencing and the on-line classroom", *International Journal of Educational Telecommunication*, Vol. 3, No. 1, 1997.

Beck, R. J. , Fitzgerald, W. J. , and Pauksztat, B. , *Proceedings of the international conference on computer support for collaborative learning*, Dordrecht: Kluwer, 2003.

Blignaut, S. , and Trollip, R. R. , "Developing a taxonomy of faculty participation in asynchronous learning environments—an exploratory investigation", *Computers and Education*, Vol. 41, 2003.

Blum, K. , "Gender differences in asynchronous learning in higher education: learning styles, participation barriers and communication patterns", *Journal of Asynchronous Learning Networks*, Vol. 3, No. 1, 1999.

Bostock, S. J. , and Lizhi, W. , "Gender in student online discourse", *Innovations in Education and Teaching International*, Vol. 42, No. 1, 2005.

Bordia, P. , "Face-to-face versus computer-mediated communication: a synthesisof the experimental literature", *Journal of Business Communication*, Vol. 34, No. 1, 1997.

Brace-Govan, J. , "A method to track discussion forum activity: the Moderators' Assessment Matrix", *Internet and Higher Education*, No. 6, 2003.

Carollee Howes, Claire E. Hamilton, Leslie C. Philiosen, "Stability and continuity of child-caregiver and child-peer relationships", *Child Development*, Vol. 69, 1998.

Caspi, A. , Chajut, E. , Saporta, K. , and Beyth-Marom, R. , "The influence of personality on social participation in learning environments",

Learning and Individual Differences, Vol. 16, 2006.

Caspi, A., Chajut, E., and Saporta, K., "Participation in class and in online discussions: Gender differences", *Computers and Education*, Vol. 50, 2008.

Cayanus, J. L., and Martin, M. M., "An instructor self-disclosure scale", *Communication Research Reports*, Vol. 21, 2004.

Cayanus, J. L., "Effective instructional practice: Using teacher self-disclosure as an instructional tool", *Communication Teacher*, Vol. 18, 2004.

Campos, M., "A constructivist method for the analysis of networked cognitive communication and the assessment of collaborative learning and knowledge-building", *Journal of Asynchronous Learning Environments*, Vol. 8, No. 2, 2004.

Caspi, A., Chajut, E., Saporta, K., & Beyth-Marom, R., "The influence of personality on social participation in learning environments", *Learning and Individual Differences*, Vol. 16, 2006.

Chamorro-Premuzic, T., andFurnham, A., "Personality predicts academic performance: Evidence from two longitudinal university samples", *Journal of Research in Personality*, Vol. 37, No. 4, 2003.

Coon, C. S., "The universality of natural groupings in human societies", *Journal of Educational Sociology*, Vol. 20, No. 3, 1946.

Costa, P. T., and McCrae, R. R., "Four ways five factors are basic", *Personality and Individual Differences*, Vol. 13, No. 6, 1992.

Dawson, S., "A study of the relationship between student social networks and sense of community", *Educational Technology and Society*, Vol. 11, No. 3, 2008.

Derks, D., Bos, A. E. R., and Grumbkow, J. V., "Emoticons and social interaction on the Internet: the importance of social context", *Computers in Human Behavior*, Vol. 23, 2007.

De Wever, B., Schellens, T., Valcke, M., and Van Keer, H., "Content analysis schemes to analyze transcripts of online asynchronous discussion groups: A review", *Computers and Education*, Vol. 46, No. 1, 2006.

Downing, K. J., Lam, T. F., Kwong, T., Downing, W. K., and Chan, S. W., "Creating interaction in online learning: a case study", *Research in Learning Technology*, Vol. 15, No. 3, 2007.

Engelberg, E., and Sjöberg, L., "Internet use, social skills, and adjustment", *Cyber Psychology and Behavior*, Vol. 7, 2004.

Enriquez, J. G., "Translating networked learning: Un-tying relational ties", *Journal of Computer Assisted Learning*, Vol. 24, No. 2, 2008.

England, E., "Interactional analysis: The missing factor in computer-aided learning design and evaluation", *Educational Technology*, Vol. 25, No. 9, 1985.

Farsides, T. L., and Woodfield, R., "Individual differences and undergraduate academic success: The roles of personality, intelligence and application", *Personality and Individual Differences*, Vol. 34, 2003.

Fahy, P. J., "Indicators of support in online interactions", *International Review of Research in Open and Distance Learning*, April 2003.

Forgas, J. P., "Mood and judgment: The affect infusion model (AIM)", *Psychological Bulletin*, Vol. 117, 1995.

Furnham, A., and Medhurst, S., "Personality correlates of academic seminar behaviour: A study of four instruments", *Personality and Individual Differences*, Vol. 19, 1995.

Furnham, A., Chamorro-Premuzic, T., and McDougall, F., "Personality, cognitive ability, and beliefs about intelligence as predictors of academic performance", *Learning and Individual Differences*, Vol. 4, No. 1, 2002.

Furnham, W., and Buhrmester, D., "Age and sex differences in perceptions of networks of personal relationships", *Child Development*, Vol. 63, 1992.

Fusani, D. S., "Extra-class communication: Frequency, immediacy, self-disclosure, and satisfaction in student-faculty interaction outside the class-room", *Journal of Applied Communication Research*, Vol. 22, 1994.

Gilbert, L. , and Moore, D. R. , "Building interactivity into Web courses: tools for social and instructional interaction", *Educational Technology*, Vol. 38, No. 3, 1998.

Goodyear, P. , Salmon, G. and Spector, J. M. , "Competences for online teaching: aspecial report", *Educational Technology Research and Development*, Vol. 49, 2001.

Govindara , G. , "Enhancing oral communication between teachers and students", *Education*, Vol. 112, No. 2, 1991 .

Guadagno, R. E. , and Allmendinger, K. , "Handbook of research on compurer mediated communication", Hershey, PA: IGI Global, 2008.

Gunawardena, C. N. , Lowe, C. M. A. , and Anderson, T. , "Interaction Analysis of a Global Online Debate and the Development of an Interaction Analysis Model", *Journal of Educational Computing Research*, Vol. 17, No. 4, 1997.

Greenwald A. G. , McGhee D. E. , Schwartz J. L. K. , "Measuring individual differences in implicit cognition: The implicit association test", *Journal of Personality and Social Psychology*, Vol. 74, No. 6, 1998.

Hartman, J. , Dziuban, C. and Moskal, P. , "Faculty satisfaction in ALNs: A dependent or independent variable", *Journal of Asynchronous Learning Networks*, Vol. 4, No. 3, 2000.

Hamburger, Y. A. , and Ben-Artzi, E. , "The relationship between extraversion and neuroticism and the different uses of the internet", *Computers in Human Behavior*, Vol. 16, 2000.

Harris, R. B. , and Paradice, D. , "An Investigation of the Computer-mediated Communication of Emotions", *Journal of Applied Sciences Research*, Vol. 3, No. 12, 2007.

Hara, N. , Bonk, C. , and Angeli, C. , "Content analysis of online discussion in an applied educational psychology", *Instructional Science*,

Vol. 28, No. 2, 2000.

Harasim, L. , Hiltz, S. , Teles, L. , and Turo, M. , *LearningNetworks: A Field Guide to Teaching and LearningOnline*, Cambridge, MA: MIT Press, 1995.

Heo, H. , Lim, K. Y. , and Kim, Y. , "Exploratory study on the patterns of online interaction and knowledge co-construction in project-based learning", *Computers and Education*, Vol. 55, 2010.

Hillman, D. C. , Willis, D. J. , and Gunawardena, C. N. , "Learner interface interaction in distance education. An extension of contemporary models and strategies for practitioners", *The American Journal of Distance Education*, Vol. 8, No. 2, 1994.

Hirumi, A. , "The design and sequencing of E-learning interactions: A grounded approach", *International Journal on E-learning*, Vol. 1, No. 1, 2002.

Hill, C. A. , "Affiliation motivation: people who need people, but in different ways", *Journal of Personality & Social Psychology*, Vol. 52, No. 5, 1987.

Hiltz, S. R. , "Impacts of college-level courses via asynchronous learning networks: some preliminary results", *Journal of Asynchronous Learning Networks*, Vol. 1, No. 2, 1997.

Hou, H. T. , Chang, K. E. , and Sung, Y. T. , "An analysis of peer assessment online discussions within a course that uses project-based learning", *Interactive Learning Environment*, Vol. 15, No. 3, 2007.

Hrastinski, S. , "A theory of online learning as online participation", *Computers & Education*, Vol. 52 , 2009.

Isen, A. M. , Johnson, M. M. S. , Mertz, E. , and Robinson, G. F. , "The influence of positive affect on the unusualness of word association", *Journal of Personality and Social Psychology*, Vol. 48, 1985.

Ilatov, Z. Z. , Shamai, S. , Hertz-lazarovitz, R. , and Mayer-Young, S. , "Teacher-student classroom interactions : the influence of gender, academic dominance and teacher communication style", *Adolescence*, Vol. 33, No. 130, 1998.

Jeong, A. C. , "The sequential analysis of group interaction and critical thinking in online threaded discussions", *The American Journal of Distance Education*, Vol. 17, No. 1, 2003.

Joinson, A. N. , "Self-disclosure in computer-mediated communication: The role of self-awareness and visual anonymity", *European Journal of Social Psychology*, Vol. 31, 2001.

King, F. , and Roblyer, M. , "Alternative designs for evaluating computer-based instruction", *Journal of Instructional Development*, Vol. 7, No. 3, 1984.

Levitch, S. , and Milheim, W. , "Transitioning instructor skills to the virtual classroom", *Educational Technology*, Vol. 42, No. 2, 2003.

Luppicini, R. , "Review of computer mediated communication researchfor education", *Instructional Science*, Vol. 35, 2007.

Ma, W. W. K. , and Yuen, A. H. K. , "Understanding online knowledge sharing: An interpersonal relationship perspective", *Computers & Education*, Vol. 56, 2011.

Martíneza, A. , Dimitriadis, Y. , Rubia, B. , Gómez, E. , & de la Fuente, P. , "Combining qualitative evaluation and social network analysis for the study of classroom social interactions", *Computers and Education*, Vol. 41, 2003.

Mazer, J. P. , Murphy, R. E. , and Simonds, C. J. , "I'll see you on 'Facebook': The effects of computer-mediated teacher self-disclosure on student motivation, affective learning, and classroom climate", *Communication Education*, Vol. 56, 2007.

Mazzolini, M. , and Maddison, S. Sage. , "guide or ghost? The effect of instructor intervention on student participation in online discussion forums", *Computers and Education*, Vol. 40, 2003.

Mazer, J. P. , Murphy, R. E. , and Simonds, C. J. , "The effects of teacher self-disclosure via Facebook on teacher credibility", *Learning*, *Media and Technology*, Vol. 34, No. 2, 2009.

McNeil, S. G., Robin, B. R., and Miller, R. M., "Facilitating interaction, communication and collaboration in online courses", *Computers & Geosciences*, Vol. 26, 2000.

Mclsaac, M. S., Blocher, J. M., Mahes, V. andVrasidas, C., "Student and teacher perceptions of interaction in online computer-mediated communication", *Educational Media International*, Vol. 36, No. 2, 1999.

McBride, M. C., and Wahl, S. T., " 'To say or not to say?' Teachers' management of privacy boundaries in the classroom", *Texas Speech Communication Journal* , Vol. 30, 2005.

Michael Lynch, Dante Cicchetti, "Children's relationships with adults and peers: An examination of elementary and junior high school students", *Journal of School Psychology*, Vol. 35, No. 1, 1997.

Moore, M. G., "Three types of interaction", *The American Journal of Distance Education*, Vol. 3, No. 2, 1989.

Muirhead, B., and Juwah, C., "Interactivity in computer-mediated college and university education: A recent review of the literature", *Educational Technology & Society*, Vol. 7, No. 1, 2004.

Nisbet, D., "Measuring the Quantity and Quality of Online Discussion Group Interaction", *Journal of eLiteracy*, No. 1, 2004.

Nunn, C. E., "Discussion in the college classroom: Triangulating observational and survey results", *Journal of Higherducation*, Vol. 67, No. 3, 1996.

Oliver, R., and McLoughlin, C., "Interactions in audiographics and learningenvironments", *The American Journal of Distance Education*, Vol. 11, No. 1, 1997.

Ory, J., Bullock, C., and Burnaska, K., "Gender similarity in the use of and attitudes about ALN in a university setting", *Journal of Asynchronous Learning Networks*, Vol. 1, 1997.

Palonen, T. , andHakkarainen, K. , *Patterns of Interaction in Computer-Supported Learning: A Social Network Analysis*, New Jersey: Erlbaum, 2000.

Parkinson, B. , "Do facial movements express emotions or communicate motives?" *Personality and Social Psychology Review*, Vol. 9, 2005.

Pagnucci, G. , and Mauriello, N. , "The masquerade: Gender, identity, and writing for the web", *Computers and Composition*, Vol. 16, No. 1, 1999.

Pena-Shaff, J. B. , & Nicholls, C. , "Analyzing student interactions and meaning construction in computer bulletin board iscussions", *Computers and Education*, Vol. 42, No. 3, 2004.

Puntambekar, S. , andLucklin, R. , "Documenting collaborative learning: what should be measured and how? " *Computers and Education*, Vol. 41, 2003.

Reis, H. T. , and Wheeler, L. , *Studying social interaction with the Rochester interaction record*, *Advances in Experimental Social Psychology*, San Diego: Academic Press, 1991.

Reuven, A. , Zippy, E. , Gilad, R. , and Aviva, G. , "Network analysis of knowledge construction in asynchronous learning networks", *Journal of Asynchronous Learning Networks*, Vol. 7, No. 3, 2003.

Robert C. Pianta, "Patters of relationships between children and kindergarten teachers", *Journal of School Psychology*, Vol. 32, No. 1, 1994.

Rovai, A. P. , "Development of an instrument to measure classroom community", *Internet and Higher Education*, Vol. 5, No. 3, 2002.

Rovai, A. P, "Sense of community, perceived cognitive learning, and persistence in asynchronous learning networks", *Internet and Higher Education*, Vol. 5, No. 4, 2002b.

Rusbult, C. E. , Martz, J. M. , and Agnew, C. R. , "The investment model scale: measuring commitment level, satisfaction level, quality of alternatives, and investment size ", *Personal Relationships*, Vol. 5,

No. 4, 1998.

Rusbult, C. E., and Farrell, D., "A longitudinal test of the investment model: the impact on job satisfaction, job commitment, and turnover of variations in rewards, costs, alternatives, and investments", *Journal of Applied Psychology*, Vol. 68, No. 3, 1983.

Ryymin, E., Palonen, T., and Hakkarainen, K., "Networking relations of using ICT within a teacher community", Computers and Education, Vol. 51, 2008.

Salmon, G. E., *Moderating—the key to teaching and learning online*, London: Kogan Page, 2000.

Scealy, M., Phillips, J. G., and Stevenson, R., "Shyness and anxiety as predictors of patterns of Internet usage", Cyberpsychology and Behavior, Vol. 5, 2002.

Schrire, S., "Interaction and cognition in asynchronous computer conferencing", *Instructional Science*, Vol. 32, No. 6, 2004.

Schwarz, N., and Clore, G. L., *Affect, cognition, and social behavior*, Toronto: Hogrefe, 1988.

Shen, D., Nuankhieo, P., Huang, X., Amelung, C., and Laffey, J., "Using social network analysis to understand sense of community in an online learning environment", *Educational Computing Research*, Vol. 39, No. 1, 2008.

Sorensen, G., "The relationship among teachers' self-disclosive statements, students' perceptions, and affective learning", *Communication Education*, Vol. 38, 1989.

Sprecher, S., and Hendrick, S. S., "Self-disclosure in intimate relationships: associations with individual and relationship characteristics over time", *Journal of Social and Clinical Psychology*, Vol. 23, No. 6, 2004.

Sutton, L. A., "The principle of vicarious interaction in computer-mediated communications", *International Journal of Educational Telecommunica-*

tions, Vol. 7, No. 3, 2001.

Swickert, R. J., Hittner, J. B., Harris, J. L., and Herring, J. A., "Relationships among Internet use, personality, and social support", *Computers in Human Behavi*, Vol. 18, No. 4, 2002.

Tanner, H., and Jones, S., "Using information and communications technology to support interactive teaching and learning on secondary mathematics initial teacher training course", *Journal of Information Technology for Teacher Education*, Vol. 11, No. 1, 2002.

Tuten, T. L., and Bosnjak, M., "Understanding differences in Web usage: The role of need for cognition and the five factor model of personality", *Social Behavior and Personality*, Vol. 29, 2001.

Tung, F. W., and Deng, Y. S., "Increasing social presence of social actors in e-learning environments: Effects of dynamic and static emoticons on children", *Displays*, Vol. 28, 2007.

Van Kleef, G. A., De Dreu, C. K. W., and Manstead, A. S. R., *Advances in Experimental Social Psychology*, Burlington: Academic Press, 2010.

Vrasideas, C., and McIsaac, M. S, "Factors Influencing Interaction in an Online Course", *The American Journal of Distance Education*, Vol. 13, No. 3, 1999.

Wagner, E. D, In support of a functional definition of interaction, *The American Journal of Distance Education*, Vol. 8, No. 2, 1994.

Weiss, H. M., and Cropanzano, R., "Affective eventstheory: A theoretical discussion of the structure, causesand consequences of affective experiences at work", *Research in Organizational Behavior*, Vol. 18, 1996.

Wheeless, L. R., and Grotz, J., "Conceptualization and measurement of reported self disclosure", *Human Communication Research*, Vol. 2, 1976.

Woo, Y., and Reeves, T. C., "Meaningful interaction in web-based learning: A social constructivist interpretation", *Internet and Higher Ed-*

ucation, Vol. 10, 2007.

Wolfradt, U. , and Doll, J. , "Motives of adolescents to use the internet as a function of personality traits, personal and social factors", *Journal of Educational Computing Research*, Vol. 24, No. 1, 2001.

Yoder, P. J. , andFeurer, I. D. , *Behavioral observations: Technology and applications in developmental disabilities*, Baltimore: Brookes, 2000.

Zahoric, P. , and Jenison, R. , "Presence as being in the world", *Presence-Teleoperators and Virtual Environments*, No. 7, 1998.

后　记

本书是在我的博士学位论文《网络师生互动：特征、模式及影响因素》的基础上，融入了最近几年我对高校网络师生互动进行探讨的研究成果。高校网络师生互动研究既是对博士论文研究群体——中学师生的补充，也是对论文研究内容的延伸。基于此种考虑，把这两部分内容融合到一起，整合成了网络师生互动的心理学研究一书。

不忘初心，方得始终。回首过往，踏进丹桂飘香的桂子山之初的满怀憧憬，伏案桌台奋笔疾书时的咬牙坚持，博士学位论文答辩通过后的欣喜激动，站上三尺讲台上的热情与责任，开展研究工作中的艰辛与挑战……清晰而深刻的记忆从字里行间不断浮现。学习和工作道路中，感激与感谢是我心中永远的情怀。

"天涯海角有尽处，只有师恩无穷期。"首先，我要诚挚地感谢我的导师佐斌教授。从博士论文的设计到论文的修改过程，自始至终都倾注着恩师的心血。恩师以严谨科学的治学之道、勇于创新的探究精神、宽厚豁达的胸怀、积极乐观的生活态度，为我树立了一辈子学习的典范，我不仅要学习恩师如何探究学问，也要学习如何做人成事。他的悉心指导会促我不断成长，他的谆谆教诲将使我受益终身。

感谢华中师范大学心理学院刘华山教授、周宗奎教授、郭永玉教授、江光荣教授、马红宇教授、周治金教授、郑晓边教授与华中科技大学管理学院龙立荣教授对我学术研究中的悉心指导，你们在学术上的高深造诣和对真理孜孜以求的精神，都将永远鼓舞我在今后的学术上去不断追求。感谢刘思耘老师、王伟老师、李晔老师、高闯老师、贺金波老师、王福兴老师、赵庆柏老师、定险峰老师、唐汉瑛老师、胡萍老师、蔡旷老师在我攻读博士学位期间给予的无私帮助。

感谢我的师兄师姐张陆、孙利、赵菊、叶娜、刘峰、汤舒俊、韩磊、平凡对我研究上的帮助和指导。感谢同门好友温芳芳、任娜，师弟孙山、艾传国对我的博士论文所给予的宝贵建议和帮助，并携手一起度过难忘的三年。感谢同窗好友田媛、张凤娟、于丽霞、李静、何安明、贾留战、魏祥迁、游志麒、李斌等对我求学以来的鼓励与帮助。感谢"佐斌工作室"的所有成员。难忘那份在佐老师的带领下，在大家互相团结、彼此支持的过程中结下的深厚友谊。无论新老成员如何变化，这份深厚情谊却会亘古不变，历久弥新。

同时，也要感谢我工作单位长江大学教育学院的领导与同事们。正是因为有了他们的支持、关怀与帮助，我才能在后续研究过程中攻克一个又一个困难。当我稍有懈怠之时，他们会及时鞭策我；当我抱有畏难情绪时，他们会不断鼓励我。我也要感谢我可爱的学生们，是他们赋予了我神圣的责任与前进的动力。特别是要感谢我的研究生邓元元、骆飞莉、杨冉等同学，他们为书稿的整理与校对付出了大量的心血；感谢我的学生王路、周妮子、谭浪等同学，他们为高校网络师生互动的实证研究做了大量辅助工作。

在此，我还要感谢上海市闵行第二中学的朱靖校长和信息中心王天雄主任，他们在我实地调研与网络平台数据采集的过程中，给予了大力支持与帮助。中国社会科学出版社的罗莉主编、刘艳编辑为本书的顺利出版付出了辛勤的劳动，在此表达我诚挚的谢意。

最后，感谢我亲爱的父母、女儿杨璨宇、爱人杨春以及亲朋好友对我几年以来的默默支持。你们的无私付出使我能够安心研读，你们的包容理解使我能够静心探索，你们永远是我前进道路上的坚实后盾。

网络师生互动这一课题只是刚刚拉开了序幕，在构建美丽数字校园、发展和谐师生关系的号召下，我将铆足后劲，继续求索！

张艳红

2016 年 12 月